全国各类高等职业院校文秘专业“十三五”规划与创新教材

秘书实务

主　编　丁婷婷
副主编　陈亚辉　郑莉婷

中国商业出版社

图书在版编目(CIP)数据

秘书实务 / 丁婷婷主编. —北京 : 中国商业出版社, 2017.2

ISBN 978-7-5044-8928-9

Ⅰ. ①秘… Ⅱ. ①丁… Ⅲ. ①秘书学 Ⅳ. ①C931.46

中国版本图书馆 CIP 数据核字(2015)第 064891 号

责任编辑:蔡凯

中国商业出版社出版发行

010-63180647 www.c-cbook.com

(北京广安门内报国寺 1 号 邮编:100053)

新华书店经销

北京市书林印刷有限公司印刷

* * * * *

787×1092 毫米 16 开 16 印张 300 千字

2017 年 2 月第 1 版 2017 年 2 月第 2 次印刷

定价:36.80 元

* * * *

(如有印装质量问题可更换)

前　言

本书按照教育部教学大纲结合文秘专业、公共管理类专业教学与就业需求，以珠三角地区秘书课程教研教改实际情况为依托编写，符合以秘书相关理论为导向、以市场需求、岗位素质培养为核心的课程体系要求。

本书以介绍秘书起源与相关理论知识为起点，围绕秘书礼仪、秘书沟通、秘书写作、秘书工作方法、会议管理、办公事务管理、公关事务管理七大实务版块内容展开。与其他的同类别教材相比，本书的第一大特色就是注重秘书工作实际，在每一章节中都尽量注重培养学生的实际工作技巧与能力，在七大秘书实务相关章节中都对技巧性介绍和能力培养设计。第二大特色在于章节内容的互动性设计，在每一个章节前都设计了思考题，引导学生带着问题开始本章节的学习，在章节后都设计了实训题，鼓励师生进行知识技巧的现场应用互动。本书的第三大特色在于其资源性，在文中穿插了大量案例资料，在每一章后面还为师生提供了网络资源，供学有余力或者对课程有更多需求和更高要求的学生进行资源拓展性学习。本书第四大特色在于情景模拟的设计，每一章都根据章节内容进行了情景模拟设计，以供学生更好的理解和掌握知识。

本书由电子科技大学中山学院丁婷婷担任主编，电子科技大学中山学院陈亚辉、电子科技大学中山学院郑莉婷担任副主编。

本书编写过程中参考借鉴了国内外同类教材、著作、网站中的一些研究成果，在此对这些成果的作者们表示感谢。尽管我们力图完美，但由于课程体系庞杂，加之编者水平有限，书中若有各种疏漏、错误之处，敬请各位专家与广大读者批评指正。

编者

2017年2月

目　录

第一章 绪论

◈本章思考题

1. 什么是秘书？

2. 秘书的就业范围有哪些？

第一节 秘书的起源与发展

一、我国古代秘书的起源

我国古代秘书的起源与发展首先与文书有关，其次与官职有关。在文书方面，秘书主要指的是宫禁藏书与谶纬图录。如《汉书·刘歆传》："及歆校秘书，见古文《春秋左氏传》，歆大好之。"汉张衡《西京赋》："匪唯翫好，乃有秘书，小说九百，本自虞初。"《晋书·荀勗传》："及得汲郡冢中古文竹书，诏勗撰次之，以为《中经》，列在秘书。"这些均指的是宫禁藏书，而《说文·易部》："秘书说曰：日月为易。"段玉裁注："秘书，谓纬书。"《后汉书·郑玄传》："遂博稽六蓺，粗览传记，时覩秘书纬术之奥。"则指的是谶纬图箓等书。这些文书通常涉及经典文献、宫廷秘密或者迷信学说，因而作为统治者的"秘藏"，称之为"秘书"。

在官职方面，西周以前的"秘书"官职通常与"巫、祝、史"不分家，如原始社会后期黄帝设"六相"，以仓颉为史官；尧舜设百揆、秩宗、纳言等官职兼秘书工作；夏朝完善秘书工作，称之为"太史令、左右史、秩宗"等；殷商时期巫史合一，称为"史巫"，负责占卜、传达王命、保管文书；西周时期史巫分家，史官任秘书工作等。

春秋战国以后，秘书制度逐步完善和发展，特别是秦汉时期，秦设的御史大夫相当于现在的秘书长，汉设的尚书台掌管奏章、参与决策；主簿、书佐为中下层秘书，保管文书、写公文。北齐颜之推《颜氏家训·勉学》中记载"梁朝全盛之时，贵游子弟，多无学术，至於谚云：'上车不落则著作，体中何如则秘书。'"明确地指出了这一职位的存在。隋唐以后，三省六部制的实施，使得秘书有了更加专业化和详细的分工。在清朝，统治者建立了以内阁、南书房、军机处和地方师爷为核心的完整的中央与地方秘书体系。此外，在秘书工作制度中，还陆续出现了"贴黄制"、"引黄制"、"条旨制"等，这些都是对秘书含义的极大丰富和发展。

近现代时期，我国的秘书工作真正名实相符，彻底摆脱了传统中文字资料以及“巫祝史”身份的影响与限制。特别是孙中山先生领导的辛亥革命后，秘书的含义发生了质的变化，秘书一词已完全摆脱了“图书”的含义，从原先指物转变为特指从事秘书工作的人或职位，与此同时，对秘书人员所有的旧式称谓全部退出了历史舞台，对各级政府部门中从事秘书工作的人员或相关职位均以“秘书”相称，如承政厅、秘书长、政府文秘等称谓的出现，都较好地说明了这一点。新中国成立后，我们逐渐出现了目前通行的各级秘书以及秘书长、办公厅主任等称谓。

小资料1:渑池会盟

秦王使使者告赵王，欲与王为好会于西河外渑池。赵王畏秦，欲毋行。廉颇、蔺相如计曰:“王不行，示赵弱且怯也。”赵王遂行，相如从。廉颇送至境，与王诀曰:“王行，度道里会遇之礼毕，还，不过三十日。三十日不还，则请立太子为王，以绝秦望。”王许之，遂与秦王会渑池。秦王饮酒酣，曰:“寡人窃闻赵王好音，请奏瑟。”赵王鼓瑟。秦御史前书曰“某年月日，秦王与赵王会饮，令赵王鼓瑟。”蔺相如前曰:“赵王窃闻秦王善为秦声，请奏盆缶秦王，以相娱乐。”秦王怒，不许。于是相如前进缶，因跪请秦王。秦王不肯击缶。相如曰:“五步之内，相如请得以颈血溅大王矣!”左右欲刃相如，相如张目叱之，左右皆靡。于是秦王不怿，为一击缶。相如顾召赵御史书曰“某年月日，秦王为赵王击缶。”秦之群臣曰:“请以赵十五城为秦王寿。”蔺相如亦曰:“请以秦之咸阳为赵王寿。”秦王竟酒，终不能加胜于赵。赵亦盛设兵以待秦，秦不敢动。(节选自《史记·廉颇蔺相如列传》)。

公元前282年，秦国派大将白起攻取了赵国的两块地方。第二年，秦国又派兵攻占了赵国的石城;又过了一年，再向赵国进攻，两国交战，赵国损失了两万多军队，但秦军的攻势也被遏止了。

公元前279年，秦昭王想和赵国讲和，以便集中力量攻击楚国，于是派使者到赵国，约赵惠文王在西河外的渑池见面，互修友好。

赵惠文王害怕秦国，想不去。廉颇、蔺相如商议道:“大王如果不去，就显得赵国既软弱又胆小。”赵惠文王于是前往赴会，相如随行。廉颇送到边境，和赵惠文王诀别说:“大王此行，估计路程和会见礼仪结束，再加上返回的时间，不会超过三十天。如果三十天还没回来，就请您允许我们立太子为王，以断绝秦国的妄想。”赵惠文王同意这个意见，便去渑池与秦昭王会见。

秦昭王饮到酒兴正浓时，说:“寡人私下里听说赵王爱好音乐，请您弹瑟吧!”赵惠文王就弹起瑟来。秦国的史官上前来写道:“某年某某日，秦王与赵王一起饮酒，令赵王弹瑟。”蔺相如上前说:“赵王私下里听说秦王擅长秦地土乐，请让我给秦昭王捧上盆缶，以便互相娱乐。”秦昭王发怒，不答应。这时蔺相如向前递上瓦缶，并跪下请秦昭王演奏。秦昭王不肯击缶，相如说:“在这五步之内，我蔺相如要把脖颈里的血溅在大王身上了!”侍从们想要杀相如，蔺相如圆睁双眼大喝一声，侍从们都吓得倒退。

当时秦昭王不大高兴，也只好敲了一下缶。相如回头招呼赵国史官写道:“某年某月某日，秦王为赵王敲缶。”秦国的大臣们说:“请你们用赵国的十五座城向秦昭王献礼。”蔺相如也说:“请你们用秦国的咸阳向赵惠文王献礼。”秦昭王直到酒宴结束，始终也未能压倒赵国。赵国原来也部署了大批军队来防备秦国，因而秦国也不敢有什么举动。

讨论:秦赵两国的御史和蔺相如在渑池会盟中发挥了什么作用?

小资料2:绍兴师爷

师爷，是明清时代地方官署中的主管官吏(主官)聘请的帮助自己处理刑名、钱粮、文牍等事务的无官职的佐理人员。师爷靠自己具有的刑名律例(法律)、钱粮会计(财会)、文书案牍等方面的专门知识和才能辅佐主官，称为作幕、佐治或佐幕。

清代官场有谚语云:“无绍不成衙。”说的是清代衙门中多绍兴籍的幕友和书吏。绍兴籍(指绍兴府，下辖山阴、会稽、萧山、诸暨、余姚、上虞、嵊、新昌八县)的幕友即著名的“绍兴师爷”(注:称“绍兴师爷”者并非皆绍兴籍人，其他地方的人也有，但以绍兴籍人为多，故常以“绍兴师爷”作为师爷的泛称)，数量极多。“无绍不成衙”不仅表现为绍兴师爷遍布各地衙门，也表现为很多地方的衙门中书吏多绍兴人。

幕友和书吏所以多绍兴人，与绍兴人文化素养高、苛细精干、善治案牍等特点有关，这些特点皆适宜作幕为胥。绍兴人所以不远千里入都为胥，又与绍兴人不恋乡土的乡风和当地人多地少的经济状况有关。

绍兴师爷作为一个地域性、专业性极强的幕僚群体，作为清代各级官吏处理政务公事、行使管理职能的智囊和代办，横空出世，横行天下，既是中国幕僚制度演变发展的结果，更是特殊的地域环境、特殊的人文基因和特殊的社会背景综合作用的结果。

绍兴师爷是明清时期封建官制与绍兴人文背景相结合的产物。这个地域性、专业性极强的幕僚群体，肇始于明，盛行于清，没落于辛亥革命前后，自始至终，在我国封建统治机构中活跃了三四百年，声名扬及国内外，成为中国封建官衙幕僚阶层的重要组成部分。他们与各级地方行政官吏、绅士、商人等群体，共同操纵封建社会的政治、经济、军事、司法等诸多层面，成为封建专制统治不可或缺的工具，在封建官僚政治的实施过程中作用显著。

纵观绍兴师爷在清朝政治舞台上的发展轨迹，大致有两次高潮:

第一次高潮出现在雍正、乾隆时期。这一时期，清朝统治者从巩固封建政权、平定边疆叛乱以及发展生产、安定社会的大局出发，采取了利用汉族地主阶级知识分子进行统治的措施，从而为汉族地主阶级知识分子参与国家政事、进入各级衙门创造了条件。而绍兴师爷也乘当政者急需大量人才之机，凭藉自己的聪明才智，纷纷投身官府，并得到各级行政官吏器重而地位日隆。邬思道为这一时期师爷的代表人物，他以自己丰富的政治阅历和官场经验，不仅赢得幕主田文镜的宠幸，且为雍正帝所看重，从而成为绍兴师爷公认的祖师爷。

第二次高潮出现在中国社会进入近代以后的几十年间。中外通商，西方文化东渐，新生事物层出不穷，各级行政官吏必须广泛辟用幕僚方能适新应变，这就为绍兴师爷的进一步壮大提供了新的机遇。尤其是在镇压太平天国农民起义过程中，以曾国藩、李鸿章、左宗棠为代表的地方实权派，为扩充自身势力，以遂一己之图，趁机招兵买马，网罗谋士，如此，便为绍兴师爷投入封疆大吏帐下创造了又一个机会，从而使绍兴师爷的发展出现第二次高潮。

清末，绍兴师爷逐渐衰微以至没落。

讨论:“师爷”相当于我们现代职业中的什么职业?

二、国外秘书的起源与发展

秘书一词与英文中的“secret”和拉丁文中的“secretarius”有着密切的联系，与“秘密”和“从事秘书职位的人”等含义紧密相关。在英国，秘书早期主要是指处理国王通信、处理机密的高官，日本则指中央政府一级的部长助理，在俄法等国指的是秘密的文字材料。

到了近现代，秘书在美国体现了鲜明的职业化特征，它泛指包括政府秘书、行政、法律、公司、经理、专业、技术、医学、教育、财经、通信、首席文字处理员、文字处理员等在内的绝大多数职业化行业人员。秘书在意义上更多的偏向于“职业化工作人员”的范畴。而在英国，秘书体现了更强的政府性公务类别特征，而且尤其指向公务中的事业官类别，如英国设的内阁办公厅，内阁秘书处，内阁常务秘书、下院事物处、下议院长办事处等秘书机构，以及设立的行政－执行－文书、办事员－助理等秘书职级，都鲜明地体现了这一特色。

第二节　秘书的含义与特征

一、秘书的含义

在当今社会，“秘书”一词有着越来越广泛的含义与特征，打字员、文秘、内勤、文书、文员、办公室主任、某某主管、某某助理都代表了不同的秘书含义。尽管秘书称谓不统一，但在社会上和学术界对于它的界定可以概括为以下四类：

1. 普通行政人员

普通行政人员在我国政府、事业单位和企业里都广泛存在，也被称为是就业市场上的“万金油”职位。如政府各职能单位的行政科室人员、事业单位中的秘书科室成员、写字楼及商业机构内的普通文员职位（专长是前台接待、速记、打字、安排日程、会议、订机票、订酒店等），均属于此列。这类行政人员通常负责处理本部门的日常办公室管理、行政后勤服务等综合性行政事务，对于大多数从事普通行政秘书工作的人来说，工作内容与所处单位的需求息息相关，通常没有统一规范的工作内容要求。与国内相比，西方国家的秘书专业化程度更高，具有较明确的秘书职能分工和更加专业化的区分体系，这与我国秘书职位职能的模糊不清形成了鲜明的对比。

2. 写作班子成员或者参谋咨询人员

在我国，各级政府通常设有办公厅、秘书处、政策研究室或者秘书科等，事业单位通常设有专门的秘书科或者办公室，不同的企业根据规模的大小与业务发展的需要也常有人员专门从事或者兼任材料写作、调查调研以及参谋咨询等工作。各个部门的日常工作制度、文件以及总结、汇报、通知等常用性书面材料均由这些机构和人员负责撰写提供。除承担写作职能外，这些班子成员通常还是各个部门的智囊团或者参谋咨询人员，为这些地方的决策提供依据、论证或者建议等等，具有较为明确清晰的职能标志。在国外，除政府、企业本身所配备的写作班子成员与参谋咨询人员外，通常还有专业化的信息调查、参谋咨询类企业作为补充，为决策提供更多的依据。

3. 高级公务员

在我国，高级公务员也可以与秘书紧密相关，如我国的中共中央总书记，总书记一词在英文里为“General Secretary”。地方各级都设有秘书长、副秘书长职位，军队设有参谋长、副参谋长职位等，这些均是高级公务员的代表。这些高级公务员实际上往往已经成为高级决策人员或者重大决策的参与人员，已经在某种程度上部分承担或者完全承担领导职能。在实施公务员制度的西方国家，无论是政务官还是事务官均与秘书一词有关。以品位分类制为特色的英国公务制度中，就设有高级秘书的职位，如内阁掌玺秘书；而以职位分类为特色的美国，也设有国务卿等职位，这均与秘书相关。

4. 辅政大臣

秘书一词在英文里为 secretary，当这个单词的第一个字母 S 大写的时候，意为部长或大臣，如 Secretary of State 在英国是指国务大臣，在美国则指国务卿。美国联邦政府的部长英文名称亦为秘书，如陆军部长为 Secretary of Army，平时称为部长先生 Mr. Secretary。在西方各国，The Secretary of State for Foreign and Commonwealth Affairs 意为外相，The Secretary of State for Home Affairs 则是内政大臣。Chief Cabinet Secretary 是日本的“内阁官房长官”。此外，沙特的石油部长、印度的外交部常务副部长等，均是使用的首字母 S 大写的 secretary 来表示。

二、秘书的特征

1. 保密性

保密性是秘书的根本特性，秘书或者秘书部门通常最贴近各个部门的领导核心，参与各类重要会议、场合等，通常负责记录或者能够了解接触到所在部门内外的许多重要信息，尤其是较为敏感和关键的人事信息、薪酬信息、业务机密等等，这些信息在未经授权发布前都属于机密，不可泄露。除此类信息外，因为工作需要，秘书的工作内容通常还包括领导活动日程安排、决策过程参与等等，这些信息均属于保密范畴。

秘书的保密特性对秘书从几个方面提出了要求：一是在心理上有保密意识，在对各方面信息有全面了解和把握的同时，明确自己的保密范畴，对自己应该知道和不必知道的信息范围有清晰的认识和界定，自觉防止泄密冲动和减少泄密可能；二是熟知保密守则，通过认真学习和了解保密的有关法律、政策或者规章制度，严格遵守与遵照保密程序工作，防止出现泄密行为；三是注重保密措施到位，一方面要注重相关的电脑、磁盘、硬盘等存储设备的存储安全，做好备份、密码设置等防护措施，另一方面在涉密文件资料,的保管上注意防火防盗防遗失，做好保管工作，明确保管责任。

2. 辅助性

秘书职位是辅助性的职位，从管理体系上来看，它从属于决策管理与领导服务，不能脱离管理过程中的领导核心而存在。根据所属部门与业务范围的不同，秘书通常可以为所属部门领导或者决策提供专业技术性辅助与综合性辅助，或者提供政务类、事务类、业务类辅助。

根据所处行业和职位级别的不同，秘书可为其所属单位提供专业性辅助或综合性辅助。通常处于中级或者高级职位的秘书主要提供专业性辅助，如涉及法律政策、金融财会、人力资源、企业管理、生产管理领域的辅助等。而处于初级职位的秘书通常提供较为全面的综合性辅助服务，如办公事务、人事后勤、小额采购、差旅安排、设备保管维护等等。

根据服务对象性质的不同，秘书通常提供政务类、事务类和业务类的辅助服务。如政务性辅助通常是为领导决策提供调查研究、信息工作、参谋咨询、协调检查、建议对策、文字工作等方面的服务；事务类辅助是指提供一些具体日常事务如内勤外联、日程安排、接待礼仪、通信联络、值班和印信管理等工作的服务；业务类辅助则通常指的是提供文档管理、会务安排、公关接待、信访保密等范围内的辅助工作。

3. 协调性

秘书工作在整个所处部门工作中处于一个交通枢纽位置，上下关系、部门关系、内外关系的协调均要通过这个职位的工作来实现，因而秘书工作的协调性是其另外一个重要特征。

秘书协调工作的工作对象，是人、财、物以及具体工作内容的协调。在人的协调方面，主要包括作为个体的领导关系协调、上下关系协调、同级关系协调以及作为群体的组织领导班子关系协调、部门关系协调、对外关系协调；在财物的协调方面，主要涉及到资金物资的妥善安排与使用；在具体工作内容的协调方面，主要涉及工作日程的内容安排与时间安排。

由于秘书协调关系具有从属性、广泛性和间接性的特征，因此，在具体进行协调时，要以法律法规政策或者规章制度为依据，明确对事不对人原则，客观公正、平等协商、注重整体、灵活适度，在充分了解各方情况的基础上，找出问题关键点，恰当协调，并督促落实，及时进行检查反馈。

第三节　秘书的分类

一、纵向秘书划分

按照秘书职位级别的不同，可以从纵向上将秘书划分为高、中、低三个层级。这种层级划分体现了不同级别的秘书从低到高的不同辅助层次、不同层次秘书工作量及相应的秘书结构比例、不同层次的秘书在知识、经验和能力上的级差以及不同层次的秘书人员在级别和工资待遇上的差别。

以政府部门为例，在我国，中央级秘书行政级别可以达到省、部级，省部级秘书行政级别可以达到地、市级，地市级秘书行政级别可以达到厅、局级，厅、局秘书行政级别可以达到县、团、处级，而县、团、处秘书行政级别可以达到乡、科级，乡、科级以下为普通科员。其中县团处级以上秘书主要参与决策活动或为决策提供咨询建议，属于中、高级别秘书人员，乡科级以下秘书主要处理日常行政事务与从事简单文书工作，属于初级秘书人员。

从职业资格鉴定的角度来说，1999 年，原国家劳动和社会保障部启动了秘书职业资格鉴定制度，根据秘书的学历、经验、知识水平、技能将秘书分为高级秘书、中级秘书和初级秘书。而 2003 年修订并颁布的《秘书国家职业标准》中，将秘书的职业分为五级、四级、三级和二级，将业绩考核引入二级秘书的考核范畴，并提出相应的工作要求。

从管理决策的角度来看，高级秘书又称为决策层秘书，这些秘书通常具备专业的决策管理方面的知识与能力，善于针对风险性、战略性与复杂性、抽象性管理问题提供咨询和决策建议，通常是各级主要管理者的高级助手，直接参与领导集团的决策活动。中级秘书又称执行层秘书，他们通常负责决策方案的具体实施，并负责实施流程的管理监控工作，在既定的方案或者方针前提下，对决策的具体实施提出建议或者给出反馈信息。初级秘书又称技术操作层秘书，这部分人员主要承担具体化、细化的工作任务，工作内容技术性较强、较为琐碎。

在港台地区和欧美等国，秘书的纵向分类主要依据职业资格而定，例如在美国的企业中，行政秘书按照职位由低到高分为 B 级秘书、A 级秘书和经理秘书，而英国则在政府机关中将之分为助理文书级、文书级、执行级与行政级四个层次。

二、横向秘书划分

1. 行业性划分

根据秘书所处行业的不同，可将其分为党政、行政、经济、军事、司法、教育、文娱类秘书，其中经济类可以细分为金融、证券、工业、农业、保险、税务、商业等类别，文娱类可细分为文化、娱乐、宣传、文艺等类别。这些类别的秘书通常有较强的专业性特征，工作范围的大小与所处的职业层级与所在组织的规模大小有关。

2. 工作内容性划分

按秘书的工作内容，可分为文字秘书、机要秘书、行政秘书、通讯秘书、事务秘书、信访秘书、生活秘书、外事秘书等等，负责不同的工作内容。

文字秘书：指以撰拟、处理文稿为主要工作的秘书人员，即人们通常所说的一个机关或单位的“笔杆子”、“秀才”。

机要秘书：指在党政军机关从事机密文电的翻译、处理及保管的秘书。机要秘书常包括译电员、机要保密员等。

信访秘书：指处理信访人员来信工作的秘书人员。信访秘书的职责是通过办信、接访，沟通领导与信访人员的联系，加速政策的贯彻落实。

通讯秘书：指负责管理通讯事务以及各种通讯设备（如电话总机、电传、传真等）的秘书人员。

生活秘书：指在生活方面为领导提供服务和帮助的秘书人员。通常是专为较高级的领导人配备的。

此外，按秘书职能类型可分为：参谋型、文字型、办事型、技术型、公共关系型、财经型、综合型、法律型、涉外型等9型。按照秘书工作的类别可分为行政类、助理类、人事类、公关类、业务类五类。

第四节 秘书基本素质与职业资格

一、秘书基本素质

从事秘书职业，必须具备以下基本素质：

1. 心理素质

作为秘书，良好的心态是心理素质的第一个体现，具体而言，即在工作中能够迅速进入工作状态，不将工作外的不良情绪带入工作，也不将工作中的不良情绪堆积或者随意地发泄。遇到工作问题时能够耐心、积极地去面对与处理，尽力地去解决工作中出现的问题，敢于面对现实。

良好的心理素质的第二个体现为健康的个性特质，包括乐观开朗、积极向上，不以自我为中心，耐心细致，体贴礼让他人等。

心理素质的第三个表现为遇事镇定，不慌不乱，妥善处置，从容应对，既不违反原则，又要灵活应变，能够在最短的时间内最有效率地平复心态，解决问题。

良好的心理素质的第四个体现，还表现为较强的心理减压能力与科学的减压方式，能经常通过运动、适当倾诉、情绪宣泄、转移注意力等方式及时地排解恶劣情绪状态，有利于保持良好的心理状态。

2. 身体素质

良好的身体素质有利于秘书人员更好地胜任工作，由于秘书工作涉及到日常工作的方方面面，不能缺岗缺人，良好的身体素质是秘书工作平稳有序运行的重要保证，秘书人员应该积极锻炼身体，养成良好的生活习惯，保障身体健康。

3. 业务素质

从事秘书工作，还要有过硬的业务素质。具体而言，主要包括：基本的法律法规知识、企业生产经营与人事管理知识、心理学相关知识、公共关系学与组织行为学相关知识、电脑硬件软件与常用办公设备的基本使用维护知识、多种语言知识等等。

二、秘书职业资格

自上个世纪90年代末开始，我国要求秘书专业人员必须持证上岗，并委托原劳动与社会保障部（现人力资源与社会保障部）对从事秘书工作人员进行国家职业资格的全国统一鉴定，设立了秘书资格证考试。秘书资格证考试共设四个等级，分别为五级秘书（国家职业资格五级）、四级秘书（国家职业资格四级）、三级秘书（国家职业资格三级）和二级秘书（国家职业资格二级）。全国秘书证书考试内容包括：文书写作、公关礼仪、档案管理、办公室自动化、办公室工作、法律与经济管理概论、外语（英、日、俄等）。

随着时代的发展和秘书职业化标准的完善，办事员、打字员等这些称谓已经不能代表秘书职业的全部内容，秘书的角色变化和专业化程度的提高，要求从事此类工作者具备相应的资格条件。从目前的就业形势来看，秘书岗位通常要求应聘者具备五个方面的能力：一是多元化才能。秘书应用懂得两国甚至三国以上的语言，具有一定的语言处理能力和计算机技能。二是组织能力。秘书应当是一个组织者，他要为各种会议和活动作计划，并落实安排。同时，他还需要应付一大堆的工作日记、计划表、文件和电子档案。三是沟通能力。秘书需要和老板、同事以及客户打交道，要善于协调企业内外部的关系。四是获取新知识的能力。秘书必须通过继续深造来不断增长知识和提高技能，特别是在办公技术方面，需要跟上计算机应用的发展步伐。五是团队合作能力。秘书要参加到许多实际项目中去，需要收集信息，需要督促团队努力工作。因此团队合作能力也是秘书工作的一个关键部分。

总而言之，秘书职业的发展对于从事秘书工作的人员提出了非常具体的市场化要求，因而在专业教育和学习中，我们在了解秘书学科基本理论知识点的基础之上，应更多地关注秘书工作的实务性环节与应用性训练，让学科的发展真正与市场需要结合起来，产生实际性的指导作用。

网络资源

1. 中华人民共和国人力资源与社会保障部：http://www.mohrss.gov.cn
2. 中国秘书网：http://www.chinamishu.net
3. 中国职业资格认证培训网：http://www.chinact.org.cn

本章实训

1. 小游戏：上司的手

二人组合，一人扮上司，一人扮秘书，秘书站在上司身后，两手从上司两肋下伸出，上司两肋夹住助手手臂，形同一人。

上司只能说话和配合做脸部表情，自己的肢体动作只能依靠助手的领会及其双手的动作来代劳。上司分别就暗示、提醒、授权做出以下三种不同的要求：

详尽指示，不让秘书做任何独立决定：戴眼镜，摸脸等。

不提供任何指导，只交代做什么事，不明确怎么做。

秘书用手势随意做动作，这些动作必须表现出十分清楚明白的意思，而上司则配合这些动作做出相应的表情反应，或者用语言说明。

2. 小游戏：我的"职业愿望"

在课程开始前，约使用5～10分钟的时间，让全体学生参与我的"职业愿望"小游戏，让学生们描述对未来职业的期待，对秘书职业的认识，选出具有代表性的观点，分析秘书学课程与学生们未来职业期待实现之间的关联。

姓名：	学号：
我未来的就业选择：	
我对秘书职业的看法：	
就业选择与秘书职业的关联：	

3. PCQ 心理问卷

以下为路桑斯开发的PCA问卷（路桑斯，2008），此问卷每题最高值6分，共24题，整体问卷总评最高值144分，分值越高代表受访者的心理状态越好，越有助于发挥其工作上的积极性，越符合秘书职业心理素质的要求。请根据下表，判断每项你同意或者不同意的程度（非常不同意1分，不同意2分，有点不同意3分，有点同意4分，同意5分，非常同意6分），同学们无实习工作经验的，可将工作要求转化为学习要求来理解。

描述内容	分值
1. 我相信自己能够分析长远问题并找到解决方案；	
2. 与管理层开会时，在陈述自己工作范围之内的事情方面我很自信；	
3. 我相信自己对公司战略的讨论有贡献；	
4. 在我的工作范围内，我相信自己能够帮助设定目标、目的；	
5. 我相信自己能够与公司外部的人联系并讨论问题；	
6. 我相信自己能够向一群同事陈述信息；	
7. 如果我发现自己在工作中陷入了困境，我能想出很多办法摆脱出来；	

续表

8. 目前，我在精力饱满地完成自己的工作目标；	
9. 任何问题有很多的解决方法；	
10. 目前，我认为自己在工作上相当成功；	
11. 我能想出很多办法来实现我目前的工作目标；	
12. 目前，我正在实现我自己设定的工作目标；	
13. 在工作中遇到挫折时，我很难从中恢复过来，并继续前进(R)	
14. 在工作中，我无论如何都会去解决遇到的难题；	
15. 在工作中如果不得不去做，可以说，我也能独立应战；	
16. 我通常对工作中的压力能泰然处之；	
17. 因为以前经历过很多磨难，所以我现在能挺过工作上的困难时期；	
18. 在我目前的工作中，我感觉自己能同时处理很多事情；	
19. 在工作中，当遇到不确定的事情时，我通常期盼最好的结果；	
20. 如果某件事情会出错，即使我明智地工作，它也会出错(R)	
21. 对自己的工作，我总是看到事情光明的一面；	
22. 对我的工作未来会发生什么，我是乐观的；	
23. 在我目前的工作中，事情从来没有像我希望的那样发展(R)	
24. 工作时，我总相信“黑暗的背后就是光明，不用悲观”。	
分值总计	
注：R 代表该题为反向计分，即 7 分减去原得分。	

4. 情景模拟与问答：某次总经理办公会议结束后，总经理秘书小王的好朋友小李向她打探会议关于人事变动的内容。如果你是小王，你会如何处理？请同学们两人一组，尝试模拟此情景并设计妥当的解决方案。

第二章　秘书礼仪

◆本章思考题

1. 秘书礼仪的核心是什么？
2. 秘书礼仪应该包含哪些内容？
3. 举例说明怎样的秘书行为是符合礼仪要求的？

礼仪的核心是尊重，秘书礼仪的核心同样是尊重。作为秘书，遵守礼仪首先是自尊的一种表现，即自尊为本，自尊自爱，爱护自己的形象、尊重自己的职业、尊重自己的工作。再者，尊重还体现为尊重他人，即尊重上级、尊重下级、尊重客户、尊重同事、尊重所有人，接受且不难为工作对象、倾听他人、赞赏他人，这既是礼仪素养的展现，也是自信的表现。具体而言，秘书礼仪的实质就是通过适当的仪容仪表、符合社会礼仪规则的日常交际行为与公关接待行为表达对自己尊重与对他人尊重的一个过程。在这个过程中，除要关注礼仪规则本身外，还要关注所处行业环境、地域环境、单位具体环境对秘书身份的要求，合乎常规，照顾他人感受，入乡随俗，因时、因地制宜，采用最合适的形象、语言、动作符号等表达自己的职业身份和职业魅力。

秘书人员应该关注秘书礼仪知识的学习和礼仪素养的培养，个人礼仪素质的高低，不仅关乎个人形象，更关乎个人所处部门甚至行业的形象。一方面，秘书个人的仪容仪表、谈吐交际、接待沟通等行为关系到其工作开展的成效与效率的高低；另一方面，秘书工作中接触的对象可通过秘书本身的礼仪行为判断其所在部门、行业的工作状态，影响其所属单位的组织形象，这也是社会上为何越来越多的单位开始推行秘书形象管理或者对秘书形象提出规范化要求的重要原因。

第一节　秘书仪容仪表

秘书的仪容仪表礼仪从大体上来说应该包括秘书仪容、秘书仪态以及秘书着装配饰等三大方面的内容。这三者有机结合，构成秘书礼仪素质的第一印象，也是展现组织形象的直接窗口。

一、秘书仪容

秘书仪容包括秘书的发型发式、面部修饰以及人体其他未被服装遮盖的肌肤（手部、颈部，有时包括腿部、足部）等。

1. 发型发式的要求

作为秘书，在日常工作中给人的第一印象是从头发开始的，人们常说“头可断，发型千万不能乱”，讲的就是头发的重要性。对头发的打理和修饰应该把握干净整洁、美观大方的基本原则，选择适合自己的发型发式。具体而言，在秘书礼仪中，对发型发式的要求要考虑到以下几个因素：

（1）环境因素

在日常生活中，由于所处行业环境、地域环境、工作性质、单位氛围与具体工作岗位级别的差异，对秘书的发型发式也有不同的要求。社会上除普遍对光头发型接受度较低外，军工类部门与企业一般不接受长发造型，政府、科教文卫类行业（尤其教师、医生、护士职业）通常不接受过度烫染或过于花哨的发型，其中公安、警察、消防类行业对发型发式有强制性规定和硬性要求。工商业类企业通常对发型发式要求较为宽松，但其中一些公众服务类企业（如银行、航空公司、通讯类企业）等一般要求男性员工短发，女性员工使用统一的盘发器和盘发造型。一些传统国有企业相对发型要求较为保守，新兴的网络、设计等行业企业则对于个性化的发型发式较为宽容。通常处于办公室工作环境的秘书人员卷发普遍要求盘起，直发可留至披肩之处，需要进入车间、工地等生产性场所的秘书人员，通常不允许披发（防止意外事件发生）。

（2）性别因素

秘书人员性别不同，在发型发式的要求上也有较大差异，对于男性秘书而言，发型发式的第一个要求就是干净整洁，勤于梳洗，无异物异味，不杂乱，让人见到心生干净利落之感。在具体的发型发式要求上，主要包括：

头发不宜过长，最短标准不得剔光头。过长的头发易让人误认为是从事艺术设计类行业人员，或者过于个性人员，难以让人产生秘书职业身份的认同感和信任感，剃光头通常被人们认为是头部有疾病者、刑满释放人员、纳粹分子或是有宗教信仰者以及个性特殊者，也不利于与人建立良好的人际关系。

前部头发不遮住自己的眉毛。从卫生角度上来说前部头发过长容易产生青春痘等皮肤病，从心理角度来说，前额与眉毛都被头发遮挡，让人觉得难以信任和交流，不利于工作开展。

侧部头发不盖住自己的耳朵。侧部头发盖住耳朵容易与耳朵摩擦产生静电，使得两侧头发鼓起，不利观瞻，另外过多地遮盖头部皮肤，让人产生神秘难以接近信任之感。

不能留过长、过厚的鬓角。这容易使人产生不卫生的感觉以及不好的形象联想（如电视上的刽子手、屠夫等等形象），让人心生不悦之感，没有亲和力。

后面的头发不超过衬衣领子的上部。后面头发过长，一是摩擦衬衣领使之易脏，特别在火热的夏天，给人脏乱之感，二是摩擦产生静电，使得个人形象较为杂乱。

就女性秘书人员而言，发型发式的要求除干净整洁外，还要求时尚得体，美观大方，符合身份。在社会上，有部分秘书人员误解了礼仪的含义，片面地认为打扮得漂亮就是符合礼仪的，这是一个错误的认识。以发型发式为例，职业女性秘书应该选择突显自身职业魅力的发型发式，而不是过分突显自身性别魅力的发型发式。换言之，女性秘书人员在发型发式的选择上，应该选择突显自身的职业、干练、利落特性的发型，这样的选择会在工作中帮助女性秘书避免不必要的职场性骚扰，构建健康和谐的人际关系，促进工作伙伴对自身能力做出理性、客观的评价与判断。

具体而言，女性秘书在工作场合最好选择职业型短发、披肩直发、盘起或扎起的直发、盘起的卷发等发型，在烫染上不要违反工作单位的相关规定或者工作环境要求，选择的发饰颜色式样大气端庄，以少为宜，严格避免出现远看像圣诞树、近看像杂货铺的场面，以免贻笑大方。

(3)个人因素

在现实生活中，每个人有发质、年龄大小、高矮胖瘦、肤色肤质的区分，这就要求秘书人员在头发修饰上要结合自身实际情况进行选择，不要盲目跟风打扮，尽量做到掩瑕扬瑜，美化大方。

在选择发型时，首先要注意明显的性别区分界限，不要让人从发型上出现性别判断的混乱情况；其次要根据身高选择头发长度，一般个矮者最好不要留太长的头发，会显得个矮的视觉效果更加地明显；第三不要选择与自身年纪相差太远的发型发式；第四注意场合，隆重的场合与日常办公场合、休闲场合下对于发型的要求均有不同。此外，发型与头型、发型与脸型、发型与发质，可通过理发师与朋友建议选择适合自己的发型。

2. 面部修饰要求

(1)男性秘书人员面部修饰要求

男性秘书人员的面部修饰要求较为简单，一是要求剃须修面，保持清洁，即勤洗脸，使之干净清爽，无汗渍、无眼屎等异味异物，养成起床、用餐、运动后勤洗脸的好习惯。二是由于男性在商务活动中会接触烟、酒等有刺激性气味的物品，要保持口气清新，这一点可以通过勤刷牙、嚼口香糖、含薄荷糖等方式来做到。

(2)女性秘书人员面部修饰要求

女性秘书人员的面部修饰要求比男性要复杂一些，因为社会大众心理上对于女性的外在要求会更高。首先要做到仍然是保持干净整洁，这一点可以通过勤洗脸、护肤来实现；其次就是要美化面部，这一点常常通过化妆来实现。

在化妆方面，女性秘书主要把握的原则有几条：一是化妆应该美化自然；二是化妆应该适时适地适人适度；三是化妆应该得法；四是化妆应该避人。

要达到化妆自然美化的效果，首先要明确自身的五官特点，突出优势部位，掩瑕扬瑜，避免为了寻求他人关注过度地夸张与老化、丑化、怪异化的妆容。秘书职业要求化淡妆，保持清新自然的效果。

根据脸型的分类，我们常见的脸型有7种：椭圆型、圆型、方型、长方型、三角型、倒三角型、菱型。化妆时应该针对不同的脸型进行修饰，尽量修饰成椭圆型与倒三角型。三角脸型即额部较窄而两腮大，显得上小下阔，此类脸型的化妆秘诀跟圆脸、四方脸差不多，对眉毛宜保持原状态，胭脂向眼尾外方向抹涂，对于两腮可用较深的粉底来掩饰，嘴唇唇角稍向上翘。瓜子脸是最理想的脸型，这一脸型的化妆要着重自然，不要有所掩饰。眉毛按照眼睛的位置修成正弧形，眉头与内眼角齐，胭脂可抹在颧骨最高处，逐渐向上打圈化开，嘴唇依自己的唇样涂成最自然的样子，修改不宜过大。方脸型化妆时要注意增加柔和感，以掩饰脸上的方角。这种脸型的人，两边颧骨很突出，因此要设法加以掩饰。眉毛要稍阔而微弯，不可有角，胭脂可用暗色粉底来改变面部轮廓，在腮红的使用上，必须以圆线条来增加脸部的柔和感，将腮红以画圆的方式，由颧骨往鼻子的方向刷。圆脸型眉毛不可平直和起角，也不可太弯，应为自然的弧形和带少许弯曲，胭脂应从颧骨一直延伸到下颚部，必要时可利用暗色粉底做成阴影。画腮红时应用直线条来增加脸部的修长感，将腮红以斜线的画法，由颧骨往脸中央刷，可以创造脸部的角度。嘴唇部分上唇化成阔而浅的弓形，均匀涂成圆形小嘴。

在工作和社交场合中，化妆一定要注意避人。需要化妆、补妆时应该到洗手间等地方，不要化过浓或者过于夸张的妆容使他人感觉不适，这些行为都是秘书礼仪中应该避免的。

3. 手部、颈部等修饰要求

人体裸露在外的皮肤如手部、颈部以及夏天时的腿部、足部等，都是人的第二张脸，脖颈部位与脸部相连，应该和脸部一样保持干净整洁，在后颈、耳朵周边等容易藏污纳垢的地方都要清洁干净。对于女性而言，一是要注意脖颈部位与脸部的同步保养，防止过度老化；二是女性化妆时也应该注意脖颈部位的修饰，防止因化妆出现的脸部与脖颈部位的黑白分明，反差过大。

手部的修饰方面，首先是要勤洗手，保持手部清洁；其次是要对手部做适当的护理，防止过多死皮与过度老化；三是手指甲要定期修剪，指甲缝不要有污物残留，指甲不宜过长，且不宜涂抹过度鲜艳的指甲油。

天气炎热及某些特定场合时，秘书特别是女性秘书裸露在外的皮肤部分还包括腿部和足部，在这个环节，主要注意清洁干净，防止异味，以及勤剪指甲。另外，在正式的高级场合，一是不光腿，即要穿上裤装或者长袜；二是不光脚，即要穿着正装凉鞋，而非拖鞋式凉鞋甚至拖鞋。

二、秘书仪态

秘书仪态是指秘书在工作中展现出来的站姿、坐姿、行走步态、面部表情与交谈、气质等给人的综合感受与印象。这些通常是秘书素质与形象的无声动态展示，是秘书风度与修养的最直观的表达。

1. 站姿

基本的站姿要求为：挺胸、抬头、收腹。古人所说的“站如松”即是站姿要领的最形象化表达。男士的站姿主要体现出阳刚之美，抬头挺胸，双脚大约与肩膀同宽站立，重心自然落于脚中间，肩膀放松，双臂自然下垂，双手贴放在大腿两侧。女士则体现出柔和和轻盈，站立时挺胸、收颌，目视前方，双手自然下垂，叠放或者相握于腹前，双腿丁字步站立或并拢。

错误的站姿包括：站立时东倒西歪、左倚右靠、叉腰抱胸、曲腿撅臀，更有甚者，全身不停抖动、骚首弄姿、手插裤袋、脸戴墨镜，抑或只盯着手机屏幕等等，均为给人留下不良印象的站姿。

2. 坐姿

不论男女，入坐均要轻而稳，一般行至座位前方半步到一步距离入座，不可将座位完全坐满。其中男士入座后可双腿分开与肩同宽距离，女士着裤装入座须将腿并拢，女士着裙装要先轻拢裙摆，而后入坐，双腿并拢或交叉叠起，以防走光。双肩平正放松，两臂自然弯曲放在膝上，也可放在椅子或沙发扶手上。双膝自然并拢，双腿正放或侧放。至少坐满椅子的2/3，脊背轻靠椅背。起立时，右脚向后收半步而后起立。

入座后，不要摇头晃脑、前倾后仰，手部不要随意触摸身体各个部位，腿部不要抖抖晃晃，以免影响他人注意力，留下轻浮无礼的印象。

3. 行走步态

行走时，步态具有较明显的动态性效果。以正确的立姿为基础，秘书行走时应该保持身体挺直，肩部放松，双手自然摆动，重心稍微前倾，步幅适中、步速均匀，靠道路的右侧行走，遇到同事、主管要主动问好。在行走的过程中，应避免吸烟、吃东西、吹口哨、整理衣服等行为。上下楼梯时，应尊者、女士先行。多人行走时，注意不要因并排行走而占据路面。

4. 面部表情与交谈

面部表情是无声的语言，法国生理学家科瑞尔曾说:“脸反映出了人们的心理状态”，“脸就像一台展示我们人的感情、欲望、希冀等一切内心活动的展示器。”因此交谈时，要面对对方，保持一定的距离。尽量保持身体的挺直，不可歪斜。依靠着墙壁、桌椅而站；双腿分开的距离过大、交叉，都是不雅观和失礼的行为。手中也不要玩弄物品，显得心不在焉，是不礼貌的行为。

与人交往少不了目光或者眼神接触。目光接触也是面部表情的重要组成部分。正确地运用目光，可以塑造良好的职业形象。根据交流对象与你的关系的亲疏、距离的远近来选择目光停留或注视的区域。关系一般或第一次见面、距离较远的，则看对方的从额头到肩膀的这个大三角区域；关系比较熟、距离较近的，看对方的额头到下巴这个三角区域；关系亲昵、距离很近的，则注视对方的额头到鼻子这个三角区域。分清对象，对号入座，切勿弄错！每次目光接触的时间不要超过三秒钟。交流过程中用60%～70%的时间与对方进行目光交流是最适宜的。少于60%，则说明你对对方的话题、谈话内容不感兴趣；多与70%，则表示你对对方本人的兴趣要多于他所说的话。

在交谈过程中，保持面部表情与对方共感，是非常有礼貌的，也会给对方留下深刻的好印象。

5. 气质

气质是人的生理和心理特征，也是个人内在特征的外部展示。古希腊医生希波克拉底将人的气质概括为胆汁质、多血质、黏液质和抑郁质四种类型，他认为人体内有四种液体，黏液生于脑，血液生于心，黄胆汗生于肝，黑胆汗生于胃。几个世纪后，罗马医生认为血液占优势的称为多血质，黄胆汁占优势的称为胆汁质，黏液占优势的称为黏液质，黑胆汁占多数的称为抑郁质。不同气质类型的人有不同的特点：

气质	特征					
	感受性	耐受性	敏捷性	可塑性	兴奋性	倾向性
胆汁质	大	强	快	小	强	外
多血质	大	弱	快	小	强	外
黏液质	小	弱	慢	大	弱	内
抑郁质	小	强	慢	小	弱	内

胆汁质人勇猛、果断、顽强，暴躁、粗心；多血质热情、开朗、活跃，多变、缺乏毅力；黏液质人温顺、随和、文雅，胆小、犹豫不决；抑郁质人冷静、细心、坚定，但固执己见。气质是可以培养的，秘书不论属于哪种气质类型，均可以通过自己控制与调节、学习与调整达到职业性格要求，展现出良好的气质和风度。

三、秘书着装

秘书着装包括衣物和配饰穿着两部分，虽因性别、年龄、气质 、体型等个人因素有所差别，但总体要上符合秘书职业身份和所处层级要求，体现较强的工作风格，切忌过于鲜艳、过于杂乱、过于暴露与不合尺寸的穿着，尤其男士不着印有大花、大方格的衬衫，女士不穿露、透、短的衣服，不穿背心、短裤、拖鞋，不能赤脚穿鞋。总体说来，秘书着装要注意以下几个方面：

1.与性别相适应

(1)男性秘书着装

男性秘书着装中服饰通常包括西装、衬衣、休闲装、皮鞋、休闲鞋与袜子的穿着，配饰则主要体现在领带、皮带、皮包等上，整体上要注重三色原则和三一原则，即衣服的颜色不要超过三种，皮带、皮鞋、皮包的颜色最好保持一致。

穿着正式西装时，一定要打领带，领带与西装、西装衬衣要注意好颜色搭配，一般西装颜色较深，衬衣颜色较浅，领带深色适合庄重、正式的场合，艳色和浅色则适合相当放松、休闲的场合。衬衣的领口和袖口一定要扣好且保持清洁，正式场合中西服扣子应该扣好。在较为炎热的季节、地区和部分没有西装着装要求的单位，男秘书通常还可仅穿着长袖或者短袖衬衣上班，注意除统一配发的领带外，通常穿短袖衬衣的场合是不需要系领带的，需要系领带时，衬衣的领口和袖口都必须扣好。

在鞋袜的选择上，除少数单位允许员工穿着运动休闲装备外，多数办公文秘人员均被要求穿着皮鞋上班，凉鞋和拖鞋是极不雅观的。男式皮鞋通常以黑色和棕色为主，需要保持鞋面清洁，刷好鞋油。正如俗语中所说“血可流，皮鞋不能没有油”，可见鞋是男性的另一张脸。男士袜子通常以黑色、灰色、白色为主，要保持勤洗勤换、没有破洞、干净整洁，以防因异味破漏出现尴尬，影响形象。

在正式场合穿着西服时，注意检查袖口上的商标有没有拆掉，千万不可在正式场合穿着夹克打领带，且不可穿着尼龙丝袜与白色袜子，应选择黑色或者灰色棉袜。

(2)女性秘书着装

与男性相比，女性秘书在着装上选择范围更广，内容更多，但大体上以职业套装和包包、丝巾等配饰为主。在职业场合中，选择与自己工资十分之一水平价位的职业套装是较为稳妥的做法，既能较好地体现自己的职业身份，又不会使他人对自身角色产生误会。在衣物颜色的选择上，女性可以选择较为鲜艳的颜色，但尽量不要出现三种以上的颜色搭配，以免让人产生过于花哨之感。衣服鞋袜在颜色款式上最好能够配套，切忌出现高跟鞋搭配运动装，或者西装套裙搭配运动鞋的窘境。

在配饰的选择上，应多准备几条可与职业套装搭配的小丝巾，以及颜色大方可与服装搭配的女包，女士不戴数量过多、款式夸张或者显示财力的首饰，不穿黑色皮裙，不穿不搭配的裙、鞋、袜，避免光脚和三截腿。(所谓三截腿是指，穿半截裙子的时候，穿半截袜子，袜子和裙子中间露一段腿肚子，结果导致裙子一截，袜子一节，腿肚子一截。这种穿法容易使腿显得又粗又短，术语叫做“恶性分割”，在国外往往会被视为是没有教养的妇女的基本特征。)

2.与个人相适应

(1)与个人身份相适应

鉴于每一位员工的形象均代表其所在单位的形象及企业的规范化程度，也反映了个人的修养和见识，因此秘书人员的着装必须与其所在单位形象、所从事的具体工作相称，做到男女有别、职级有别、身份有别、职业有别、岗位有别，即“干什么，像什么”。如此这般，才会使秘书人员的着装恰到好处地反映自身的素质，反映企业的形象。

（2）扬长避短

现实生活中，每个人的高矮胖瘦都不同。工作场合着装强调扬长避短，但重在避短不在扬长。换而言之，工作场合的秘书着装更多的体现秘书职业身份和地位，而非更多的展示其个人性别魅力。

3. 与所处场合相适应

（1）工作场合

所谓工作场合，顾名思义，就是指秘书日常工作的场合，它一般包括在写字间里、在谈判厅里以及外出执行工作任务等情况。特别严肃的工作场合宜着深色套装，普通工作场合着装的基本要求为注重大方得体，宜穿套装、套裙，以及穿着制服。除此之外还可以考虑选择长裤、长裙和长袖衬衫。不宜穿过分鲜艳的时装、便装。必须注意在非常重要的场合，短袖衬衫不适合作为正装来选择。

（2）社交场合

秘书工作中不可避免的要参与一些社交活动，与同事、商务伙伴友好地进行交往应酬，这些场合往往面对的是熟人或者重要客户。社交场合着装的基本要求为时尚个性，宜穿着礼服、时装、民族服装，宜选择时尚大方的着装风格。在配饰的选择上，也应注意选择高雅不高调，低调不低俗的搭配。

第二节　秘书日常交际礼仪

在秘书日常工作中，人际交往是不可避免的，而秘书工作中发生频率最高的场景就是见面交际场景与电话交际场景，因此，在把握“尊者决定法则”（所谓尊者决定法则，即指礼仪交往中，地位较尊贵的一方享有优先的知情权、选择权和享受服务的权利）与言行适度、明确交往目的准则的前提下，秘书还应该了解和掌握常用的礼仪规范。

一、见面礼仪

见面礼仪主要指秘书在工作中与人见面交际时需要涉及到的称呼礼仪、介绍礼仪、握手礼仪和名片礼仪四个方面。

1. 称呼致意

称呼是人们见面交际的第一步，秘书工作中常用的称呼大致可以分为以下五种，即

（1）职务性称呼，可直接称呼对方职务，或者称呼对方姓氏加职务，或者称呼对方姓名加职务，如局长，王局长，王小川局长，均可指代同一个人。

（2）职称性称呼：可直接称呼对方职称，或者称呼对方姓氏加职称，或者称呼对方姓名加职称，如教授，张教授，张小川教授，也可指代同一个人。

（3）学衔性称呼：可直接称呼对方学衔，或者称呼对方姓氏加学衔，或者称呼对方姓名加

学衔，或者称呼对方所学学科加学衔加姓名。这里要注意的是，学衔包括学士、硕士、博士等，但用作称呼的通常只有博士。如博士，李博士，李小川博士，化学博士李小川。学士和硕士不用作称呼使用。

(4)行业性称呼，可称呼对方职业，或者根据年龄与性别称呼对方小姐/女士/先生。如医生、老师、法官、律师等职业均可直接以职业代替对方称呼，而其它行业的人，则可称之为小姐/女士/先生。在部分地区不接受“小姐”这一称呼的，可直接简单按性别区分称呼为女士、先生。

(5)姓名类称呼，可直接称呼对方姓名，也可根据对方年龄在对方姓氏前加上“老”、“大”、“小”等字样，如老张，大张，小张等，还可直接称呼对方名字，在我国部分地区，还习惯将对方姓名最后一个字前加上个“阿”字，如阿峰、阿莲等，以示熟悉或者亲密。

与国内不同的是，英美等国的人名通常姓与名的顺序与我们相反，名在前，姓在后，因此，称呼英美等国人士可称呼对方名字，或者姓氏加先生、女士。如比尔克林顿，可称呼对方比尔，或者克林顿先生。日本人的姓名顺序与我们相同，在日语里先生女士均用“桑”这个发音来表示，如田中先生也称为田中桑等等。

值得注意的是，在秘书工作中，要注意避免一些多音字、生僻字的误认误读而产生的误会，在难以及时查询的情况下，可直接用先生、女士进行称呼代替。一些在社会上地位不高的职业不要用来直接作人员称呼，会让对方觉得你有歧视之嫌。有些容易因谐音引发误解的称呼要尽量避免，如范局易被误听为“饭局”，穆工易被误解为“木工”等等。一些庸俗低级的和以他人面貌体型缺陷为攻击取笑对象的绰号类称呼也不要使用，以免伤了他人自尊甚至引发人际纠纷。

2. 介绍礼仪

介绍礼仪包括个体介绍礼仪与集体介绍礼仪，个体介绍礼仪中又包括自我介绍和介绍他人。在介绍礼仪中，介绍的顺序确定需要理解尊者决定法则。一般而言，女性相对于男性、上级相对于下级、长辈相对于晚辈、多数相对于少数、客户相对于客服等关系中，前者都处于相对尊贵的地位，享有优先的知情权，也就是说在这些关系中，后者通常会针对前者作主动的自我介绍，或者通过第三方将后者介绍给前者。在秘书工作中，通常需要进行自我介绍与介绍他人，甚至进行集体性介绍。介绍时介绍者应该手心向上、站立介绍，被介绍者应握手、寒暄交际或起立致意，特殊情况下(如宴会时，会谈时)作为被介绍的年长者和女士可以不起立，仅微笑点头示意即可。

(1)自我介绍

自我介绍通常是在初次见面时，出于礼貌结识他人或者回应他人的自我介绍，抑或是需要进行自我推荐时采用。根据应酬场合的不同，可以有仅告知对方自己职位、工作部门的简单式介绍，也可以有涉及具体个人信息与工作业务情况的详细式介绍，还可以有与对方进行问答的互动式介绍。不同介绍方式的选择取决于人际交往的目的，在信息交流上，要把握适度原则。

(2)他人介绍

由于工作需要，秘书通常还会充当介绍者的角色，作为第三方为另外两方作相互的介绍引见。这种情况通常是在另外两方中的一方或者两方均有结识对方的需求时发生，被介绍的两方中，地位较尊贵的一方享有优先的知情权。根据交际目的的需要，可以有简单的寒暄式介绍，也可以特意强调推荐某一方的强调式介绍，还有礼仪性场合中的礼仪嘉宾式介绍。通常被介绍的那一方会主动向对方微笑、点头、欠身或者握手寒暄致意。

(3)集体性介绍

集体性介绍通常发生在人数较多的聚集性场合，介绍时通常向多数人介绍少数人；着重强调被介绍者的地位、身份既可单向介绍，也可双向介绍。人数较多的单方或双方介绍时，需要先准备好介绍材料，可以仅介绍双方主要带队者，再由各方带队者具体负责介绍己方人员。

3. 名片礼仪

与介绍礼仪同步的，通常就是名片礼仪，作为书面化人际信息的载体，名片在现代社会生活中应用得十分广泛。

(1)名片的种类

名片按照目前常用的类别来看，大体分为业务类、个人应酬类和个人详细介绍类三种。业务类名片通常只印有所属部门名称、业务范围与办公联系方式，如各类维修、保险、工程类公司企业工作人员多半使用此类名片；人个应酬类名片使用最为广泛，大多数的秘书从业人员也使用此类名片，用于在工作交际场合进行交换，以便认识他人与相互联系；个人详细介绍类名片通常印有较为详细的个人信息和各类职务名称，不仅做联络交际之用，还有宣传个人社会地位等荣誉性功能。

××××××××有限责任公司

本公司经营范围

×××× ××××

××××× ××××××

公司地址：

联系电话：

图1 业务类名片

×××××××有限责任公司

× × ×(职位)

联系电话：

办公地址：

邮政编码：

电子邮箱：

图2 个人应酬类名片

××××××× 有限责任公司

××× (职位)

头衔1:
头衔2:
头衔3:
……
联系电话:
电子邮箱:

图3 个人详细介绍类名片

(2)名片的用途

名片在日常交际中，常常伴随着介绍进行，交际场合递上一张名片，也就相当于自我介绍了，递出与收到名片是职场交际的常见模式，一递一收之间，既进行了自我介绍，也结交了朋友，通过名片的阅读与保存，还能得知对方的联系方式和业务信息。老熟人如果长期不见，递上一张名片也可告知对方己方的信息变更，免去记录繁琐之苦。

在拜会他人时，名片相当于拜会者无声的敲门砖，若对方不在，还可在其背面做简短的留言，表明来意。在各类工作庆典活动中，在馈赠的礼品上钉上本单位或个人的名片，还可用做礼单。在替人介绍或者引荐的场合中，若本人不能亲自到场，一张名片还可承担介绍信的功能。

(3)名片的交换

在秘书交际场合中，一般进行了双方的介绍和寒暄之后，便是交换名片的时机，此外，单方或者多方有意愿结识他人时，也可作名片交换的时机。递名片时应双手拿出自己的名片，将名片的方向调整到最适合对方观看的位置，不必提职务、头衔，只要把名字重复强调即可。交换名片的顺序要先职务高后职务低，由近而远进行交换。圆桌上按顺时针方向开始交换，同时使用敬语寒暄:“认识您真高兴”“请多指教”等。接名片时应双手接过对方的名片，要简单地阅读名片内容，轻声念出对方名字，既不要直接把名片放起不看，也不要长时间拿在手里不停摆弄，更不要在离开时把名片漏带,应将名片存放在专用的名片夹内或者随身携带的公文包里。对名片交换情景的最好概括是:“递者谦逊体贴，接者赞叹有加，妥善保管，宾主尽欢”

当本人有意结识他人或索取他人名片时，可委婉地先递自己名片试探对方反应，一般情况下出于礼貌对方多会回赠一张名片,此举可有效避免尴尬(直接开口向对方索取，对方拒绝会有尴尬的情况出现)。当本人无意赠与他人名片时，可以委婉的借口拒绝，如“不好意思，今天名片正好用完了”或是“不好意思，今天没有带名片”。

(4)名片的保存

工作中搜集的名片涉及多方面的资源，应该放在专门的名片本或名片夹里进行保存，放置时可以根据名片的类别和应用性进行分类，也可根据联系的频率进行分类，妥善的保管和应用名片会为秘书提供各类信息资源，有利于工作的开展。

4. 握手礼仪

在工作场合中，初次见面、迎来送往均需要涉及到握手礼仪。根据尊者决定法则，在握手礼仪中，地位尊贵者先伸手，代表他/她享有优先选择权。握手次序一般为：女士先伸手，男士才可握手；领导或长辈先伸手，下级或晚辈才可握手。

握手时，双方距离应为半米到一米，一般是右手相握。一方伸手后，另一方应迅速迎上去，双手交握住对方的大半个手掌，用大约握两个鸡蛋的力，交握两到三秒即可。要尽量避免很多人互相交叉握手，避免上下过分地摇动。久未见面的老朋友或者表达激烈内心情感时，可与对方双手有力相握，时间可适当久一些。

在握手场合中，不能用左手与他人相握，这一种握法不仅违反社会习惯，而且在某此西方国家的人士看来，左手是不洁的，不能与他人相握；在与异性握手不可用双手，也不可握住不放，或者做些小动作，这有轻浮之嫌；握手时不能戴墨镜、不能戴帽子、不能戴手套，会与对方造成隔离和不信任感；不可在与人握手时只递给对方冷冰冰的指尖，这种握手方式被称为“死鱼式握手”，是嫌弃对方的表现；不在握手时长篇大论，或点头哈腰过分热情，这是没有风度修养的表现。

二、电话礼仪

电话联络是秘书日常工作中出现频率较高的工作内容之一，在电话交际的情境中，同样有许多礼仪规范需要秘书人员遵守。

1. 拨打电话

拨打电话主要涉及拨打的时间、拨打的内容以及拨打的表现三个方面内容。具体而言，拨打电话在拨打时间上主要需要注意拨打的时间点选择、拨打的电话长度控制，以及拨打中与对方的体谅性互动。注意拨打时间点的选择，即一般拨打公务性电话尽量选择正常工作时间内拨打，尽量避开在上午上班前，中午午休期间以及下午下班后的私人时间段，以免对他人造成不必要的惊吓与困扰，也大大影响自己电话交际的效果。拨打电话的长度控制，即在通话时间上，尽量做到内容简练，沟通有效，不罗嗦不废话，适当问候后即可直入主题，避免使得对方心生烦躁。拨打过程中与对方体谅性互动，即指一方面在电话拨通后询问对方是否方便接听，若不方便，可再约时间双方联系；另一方面在通话过程中及时体会对方的通话状态，若对方忙碌或在外，也可再约时间联系。

拨打电话特别是公务类电话，通常有着明确的交际目的或者需求，在通话前，应将通话事项进行简单的梳理与陈列，若事项较多，还可列出提纲，以防遗忘。在通话过程中，逐条逐项与对方沟通，做到通话条理清晰、简明扼要，在通话目的达到后，即可适时要求挂断电话，与对方客气道别。

拨打电话时，秘书人员应该注意礼貌用语，对方接听后，首先问候，然后自报家门，通话过程中，保持温和有礼的通话态度，既不要用居高临下的口吻与对方说话，也不要刻意点头哈脸，溜须拍马。

2. 接听电话

接听电话通常包括本人接听与代他人接听两种情况，本人接听要注意及时接听与有礼有序应对，而代他人接听则要注意做好记录，及时传达，尊重他人隐私。

本人受话时，最好在电话响两到四声之内接听，接听速度太快会让对方促不及防，有惊吓之感，而长时间让对方等候则是很不礼貌的行为，容易产生不良影响。如果电话是在响了五声后才接起，请别忘记先向对方道歉“不好意思，让您久等了”。通话过程中声音要清晰、亲切、悦耳，使用礼貌用语，不可在接电话时以“喂，喂”开头不客气的以“你找谁呀”“你是谁呀”“有什么事儿啊”来开头。

接听电话后，首先应向对方问好并自报家门，微笑着接听电话，并让对方从声音中感觉到你的笑意。其次，接听电话过程中不吸烟、吃零食、打哈欠。第三，注意接听姿势，如果你弯着腰靠在椅子上，对方也能听出你的声音是懒散的，无精打采的。此外，通话中不可以与别人闲聊，不要让对方感到他在你心中无足轻重，在接听电话过程中给予任何人同等的待遇，一视同仁，不卑不亢，这种公平的态度，容易为自己赢得朋友，也有利于公司良好待人接物形象的宣传。

代他人接听电话时，要认真做好电话记录。一般来说，上班时间打来的电话都是与工作有关的，所以即使对方要找的人不在，也切忌只说“不在”，而应做好电话记录。做电话记录时，要牢记5W1H原则，when何时，who何人来电，where事件地点，what何事，why为什么，how如何做。电话记录简洁又完备，有赖于5W1H。不要对打来的电话说：我不知道！这是一种不负责任的表现。既不利于公司形象，也影响自己与同事的人际关系。

遇到拨错的电话时，一要保持风度，切勿发脾气，要态度；二要确认对方打错电话，然后告知电话打错了；如果对方道了歉，不要忘了说“没关系”应对，不要不依不饶。

3. 挂断电话

挂断电话时，同样涉及到尊者决定法则，在电话礼仪中，此法则具体表现为地位较为尊贵的一方可以先行挂断电话。通电话时，如果自己正在开会、会客，不宜长谈，或另有电话打进来，需要中止通话时，都应说明原因，告之对方“一有空，我马上打电话给您”，免得让对方认为我方厚此薄彼。如遇上不识相的人打起电话没完没了，不宜说“你说完了没有？我还有事呢”，最好委婉、含蓄，不要让对方难堪，可用：“好吧，我不再占用您宝贵的时间了”、“真不希望就此道别，不过以后希望有机会与您联络”等语言来结束通话。

此外，重要的工作交际场合中若遇到非紧急来电，讲究不响、不听、不出去接听，以避免让人感觉你是三心二意。在与人交往寒暄后，当对方面将手机关掉，体现你对他人的尊重。

4. 移动电话

现代社会基本人人都有移动电话，它使得人们的电话联络更加方便快捷，与此同时，使用移动电话时，应该注意场合，秘书人员切忌有事无事将手机拿出来把玩，或在公众场合将较好的手机拿出炫耀。在交际场合通话时应该遵守现场纪律或者公共秩序，禁止大声喧哗，注意音量的控制。在手机放置时，应该放置在安全的位置，避免遗失、被盗以及对身体健康造成损害。

第三节　秘书接待礼仪

接待工作是秘书日常工作的重要内容之一，主要由迎客、待客与送客三个环节构成，在牢记规格对等和内外有别的接待原则以及本部门关于接待工作的各项规定的基础上，秘书人员通常充当接待工作的组织者和排头兵的角色，要做到认真负责、热情大方、确保安全、有礼有节。

一、来客接待

在安排来客接待时，首先秘书人员要弄清来访者的类型，是内宾还是外宾，是上级、下级、平级还是外部客户，是事先有约还是突然而至，不同类型的来客有不同的接待方案。

1. 接待前准备

了解客人的基本情况（单位、人数、姓名、性别、年龄、职务等）是接待工作的前提和基础，在此基础上秘书人员即可拟定接待方案（确定接待规格；拟定日程安排；提供经费列支），准备接待资料（办公用品；企业发展历史与文化；当地风景名胜等），布置接待环境（清洁、整齐、明亮、美观）并做好迎客安排。在接待规格的确定上，一定要与到访客人的级别对等（如对方到访的有部门一把手领导，己方接待也要安排一把手参加，依此类推）。

2. 迎接客人

对于临时来访的客人，当你看见来访者进来时，应马上放下手中的工作，站起来，礼貌地招呼一声“你好，欢迎”。一般情况下不用主动和来访者握手，如果来访者主动把手伸过来，你要顺其自然，最好能立即确定对方从何处来，叫什么名字。对于远道而来的客人，则应该与对方联络是否需要安排好交通问题，在对方即将到达时到单位门口迎接。在客人到达后，首先与客人握手，进行热情的问候与礼貌的交流，并将客人引入会客地点。

在引领来访者时，要配合对方的步幅，在客人左侧前一米处引导。可边走边向来访者介绍环境。要转弯或上楼梯时，先要有所动作，让对方明白所往何处。侧身转向来访者不仅仅是礼貌的，同时还可观察留心来访者的意愿，及时为来访者提供满意的服务。到达会客室前要指明“这是会客室”，如果门是向外开的，用手按住门，让客人先进入，如果门往内开，自己先进入，按住门后再请客人进入。一般右手开门，再转到左手扶住门，面对客人，请客人进入后再关上门，通常叫做外开门客先入，内开门己先入。

有时会客室的布置，经常会有使来客不知该坐何处才好的感觉，因此引导坐位的行动是有必要的。

客人来到后，秘书人员要负责端茶倒水，当然最好先征求客人的意见，问清愿意喝哪种饮料再送上。优秀的秘书人员对重要客人喜欢的饮料要记住，以便再次来访时主动送上。

3. 陪同客人

在接待活动中，秘书人员陪同客人，步行一般应在客人的左侧，以示尊重。乘车时，陪同人员要先打开车门，请客人上车，并注意“护顶”。如果接待两位贵宾，应先拉开后排右边的车门，让尊者先上，再迅速从车的尾部绕到车的另一侧打开左边的车门，让另一位客人从左边上车。

在与客人交谈的过程中，首先要注意语言文明、语言礼貌、语言准确，交谈宜选既定的主题、高雅的主题、轻松的主题、时尚的主题或者双方擅长的主题，如天气状况、风土人情、体育比赛、电影电视、旅游度假、烹饪小吃等。其次，要回避众人忌讳的话题。如个人的私生活（包括一个人的年龄、婚姻、履历、收入、住址等其他方面的家庭情况）、令人不快的事件（疾病、死亡、丑闻、惨案等）、以及某人生活习惯、宗教信仰、政治主张等均少谈或不谈为好。最后，不宜谈论自己不甚熟悉的话题。

交谈时要注意客人的表情，保持互动，倾听时神态专注、表情认真、动作配合、语言合作；

交谈中礼让对方，不始终独白、不导致冷场、不随意插嘴、不与人抬杠、不否定他人。言谈过程中，目光应以温和、大方、亲切为宜，应多用平视的目光语言，双目注视对方的眼鼻之间，表明重视对方或对其发言颇感兴趣，同时也体现出自己的坦诚。那种故意回避对方或闪烁不定的目光语言，均会形成交谈障碍，应该摒弃。但当双方缄默不语，或别人失言时，不应再看着对方，以免使已有的尴尬加剧。

4.送别客人

客人告别时，秘书人员应婉言相留，送客时要挥手道别且忌讳坐着不动。在送行时对来客的礼物应真诚的表示感谢，送客时要目送客人远去。如果到车站、码头、机场送客，要事先为客人买好车票、船票、机票。

二、接待工作中的挡驾技巧

秘书挡驾可以帮助领导节约宝贵的时间，可以帮助领导摆脱繁杂事务的纠缠，可以帮助领导避免陷入无谓的纠纷之中，挡驾的对象通常是未预约或者不受欢迎的外部来访者、内部来访者或者是心理不健康、精神上有缺陷者。

秘书挡驾的对象多是突发性拜访，这需要秘书在进行访客接待时，迅速了解来访者的情况与来访意图，并及时准确地向领导汇报，在领会领导者态度后，能够快速反应并以合理的理由向到访者解释原因。由于被挡驾者的身份有别，事项轻重有别，秘书人员要对来者都要尽量热情接待，给予关照协助。除胡搅蛮缠的人外，针对来访事项进行大致分类：一是属于领导审批和需要急办事项，可做好记录，及时转告；二是属于职能部门管理的事项，协助来者找职能部门办理；三是涉及多方面的事项，应建议领导主持开会，妥善处理。

在挡驾的具体技巧上，秘书可以使用坚定、诚恳、委婉的有声语言挡驾，也可以使用无声的距离感、表情、动作等体态语言挡驾，但所有语言与行为应保持在有礼、有理、有节的度上，不可不懂装懂，不可态度恶劣，也不可脱离大原则空口许诺，随意骗人。

小资料：

《宋史苏轼传》记载，元丰末年，杭州僧人净源死后，他的徒弟乘海船到高丽将净源的死讯告知高丽王子义天，义天则派僧徒来中国祭奠净源；同时，带来了高丽国国母所送的两个金塔，为宋朝皇帝和皇后祝寿。

当时苏轼任杭州知州，面对高丽国僧徒向皇帝转呈礼物的请求，他果断地拒绝了，并立即上表朝廷报 告这件事的原委，提出周详的处理意见。苏轼在上奏的公文中这样说：我认为高丽国因为派人来祭奠一个亡僧，就趁便让他带来了国母给本朝帝后的礼物，这样做真是轻率无礼到了极点！要是朝廷收了而不回赠，或者回赠太轻薄，那么他们今后就有了对我们无礼的借口；要是收了礼物而回赠很丰厚，那就是以重金来回报他们轻微而失礼的馈赠了。我已经令主管的官吏将他们带来的进奉物品及进奉状退还了，并特别对那位高丽僧人说："朝廷的制度很严，地方官不敢擅自奏闻外国僧人来往的事情。我料这个僧人一定不肯善罢甘休，他会说本国派他来进献礼品，若不给他上奏，回国后就要重重得罪。我打算在他的状书上写个批语'地方官不能向朝廷上奏不是他职权范围内的事情，高丽国没有正式发文，因此这件进奉状我不能转呈给朝廷，请持状回国复命。'这样的处理，是以我地方官的名义给他们的答复，不是朝廷拒绝他的礼物，似乎是一个比较稳妥的办法。陛下如认为可以，请下诏批准施行。”

从现代秘书挡驾的角度来看，苏轼的处理至少在三个方面值得肯定：首先，定位准确。苏轼认为，高丽国国母送礼给宋朝帝后，这是两国元首间很重要的外交事务，高丽国应该派专使，上呈专文。现在却通过转呈的形式乘便而为，这是无礼的行为。其次，采取最佳解决方案。苏轼的处理方式又不是鲁莽的，他仔细分析了可能遇到的几种情况，从维护皇帝尊严的角度，果断将进奉状退回。考虑到那个僧徒可能会纠缠，又机智地以职权所限作借口，既不失泱泱大国的气度，又为当朝皇帝保存了威严。第三，主动说明事情原委。决策正确与否，往往关系到事业的成败，苏轼作为一代名臣，辅助决策时主动果断，不明哲保身，事后能坦陈主张，决不贪功，真正做到了主动辅助而不越权，体现了挡驾的艺术和技巧。

网络资源

1. 中国礼仪网：http://www.welcome.org.cn
2. 中华礼仪网：http://www.zhongguoliyi.org

本章实训题

1. 秘书仪容仪表情景模拟

小A在一家公司就职秘书一职，与小A同时进公司担任秘书一职的还有小B。工作一段时间后，小A觉得自己明显被老板遗弃，觉得老板重用小B，什么重要的会议都带着小B，小A心理很不平衡。终于有一天，小A找到了老板：

小A：“老板，我的工作能力很差吗？为什么你老是偏袒小华呢？”

老板：“小明，你工作能力很强，可是你惟一比小华差的就是你追求标新立异，作为一名合格的秘书，你每天都将头发散放在一边，上班的时候也是一副没有睡醒的样子。”（小A意识到自己的头发，立马将其头发整理好）

“你看一下你现在自己的站姿。”（小A立马将原本叉开的双脚并拢起来）

“每天经过你的办公桌的时候，你都是弯腰驼背，整个人都很松散，这样不优美的坐姿容易让别人很不舒服，看不出你自然大方，稳重，文雅的一面。”

小A：“这些都是怪我平时太大大咧咧了，没有注意细节！”

老板：“一个好的员工，应该学会自我控制，接受职业的影响，清楚知道自己的不足，而不是一味的埋怨别人对你的不公。正如你就是典型的胆汁质的秘书，你有热情，上进，做事果断，可是你缺乏的是细心，冷静思考问题，不够稳重。”

小A：“是的，老板，我以后会改进的。”

从那以后，小A以后都会很注重自己的仪容仪表，头发整洁，尽可能的盘起来；服装庄重，典雅，以浅色系的服装为主；坐姿与站姿都比以前有讲究了。老板对她的表现也看在眼里，也越来越重用她了。

2. 秘书日常交际礼仪情景模拟

场景一

错误示范：办公室电话铃响了，A：喂，干嘛，有什么事情快说！

正确示范：办公室电话铃响了，A：您好，上午好。这里是某某公司某某部门，有什么能够帮到您的吗？

场景二

错误示范：由于错误的交谈，造成他人的困扰。A：对不起咯，这是没有办法的事情啊。我们都是不想这种事情发生的对不对。就这样啦。好吧！

正确示范：由于错误的交谈，造成他人的困扰。A：实在抱歉，是由于我们的失误造成对你们的困扰。我们深感歉意。为了表达我们对你们公司的歉意，我们会已经将道歉信寄到你们公司了。麻烦你们查收一下。实在抱歉。请你们见谅！

场景三

错误示范：给其他部门签收文件的时候，A：喂，签收！

正确示范：给其他部门签收文件的时候，A：您好，请问这是某某部门吗？麻烦签收一下文件！谢谢！

场景四

错误示范：合作项目完毕之后，跟合作商，A：就这样吧。幸亏你们没有出现任何差错！

正确示范：合作项目完毕之后，跟合作商，A：您辛苦了！太麻烦你们了！有你们的协助，我们的项目才能如此成功的完成，谢谢你们！

3. 秘书接待礼仪情景模拟

小敏是一位资深的高级秘书，他今天的任务就是接待合作商的一名老板：林老板。

林老板与小敏本来是约定九点钟的时候在公司门口见面的，小敏八点半的时候就已经到达公司门口了。

林老板准时到达公司门口的时候看到小敏已经在等他，

见到林老板，小敏面带笑容，主动走向林老板，在双方距离约一步之遥，小敏自然的将右臂伸出了，跟林老板握手。

他惊讶的说：是我迟到了吗？

小敏说：林老板，早上好，是我特意早点过来等您的。

林老板顿时觉得自己很受重视，心情大好。

小敏说，林老板，我们现在开始我们今天的行程吧。

林老板：可以。走吧。

小敏：林老板，这是我们公司的名片（小敏双手将名片递上）

林老板也将自己的名片双手递给小敏。小敏双手接过名片之后，仔细略读，并将名片放好。

小敏有条不紊的介绍公司的一切工作近况，时而幽默打趣，时而认真讲解。对于林老板的提出来的问题认真处理解答。避开谈论私人问题，或者忌讳的问题。

接下来，他们进行了一系列的活动。由于接待工作做得很好，接下去的行程就都很顺利。

4. 思维训练题：

2013 年 4 月，广州商品交易会，各方厂家云集，企业家们济济一堂。维新公司的王总经理在交易会上听说伟创集团的张董事长也来了，想利用这个机会认识这位素未谋面又久仰大名的商界名人。午餐会上他们终于见面了，王总彬彬有礼的走上前去，“张董事长，您好，我是维新公司的总经理，我叫王川，这是我的名片。”说着，便从随身带的公文包里拿出名片，递给了对方。张董事长显然还沉浸在之前的与人谈话中，他顺手接过王川的名片，“你好”回应了一句并草草看过，放在了一边的桌子上。委屈王总在一旁等了一会儿，并未见这位张董有交换名片的意思，便失望地走了。请问，你们觉得这个交际活动的失败之处在哪里？应该怎么做？

第三章　秘书沟通

◈本章思考题

1. 秘书有哪些沟通对象？
2. 如何处理常见的工作冲突？
3. 如何提高沟通效率？

第一节　沟通概述

一、沟通的含义

1. 字面的本义

沟通的含义，单从字面上来理解，可理解为挖沟使两地的水脉相通。如《左传 · 哀公九年》中记载有："秋，吴城邗，沟通江淮。"杜预注："於邗江筑城穿沟，东北通射阳湖，西北至末口入淮，通粮道也。"

此外，还可理解为使不同的人物、地点、景物相连相通。如胡采《 < 在和平的日子里 > 序》："在我们这个时代，人们和英雄人物的思想心灵之间，总是比较容易沟通。"郭小川《在大沙漠中间》诗："似乎有一支绵长的、不发声的音波，沟通着宇宙、太阳和这地球上的沙漠。"

2. 沟通过程论

沟通过程论的核心是把沟通看成一个过程，这个过程涉及到沟通的各个要素，如下图：

信息发出者 = = > = = > = = > 信息渠道 = = > = = > = = > 信息接收者

⇑⇑⇑

沟通环境

3. 沟通行为论

沟通行为论的核心是把沟通看成是一种行为，包括语言行为和非语言许为，行为成为了信息的载体，为实现沟通的目的而服务。

4. 沟通交流论

沟通交流论把沟通看作是一种交流互动的动态过程，强调沟通的即时反馈性与互动性。

5. 沟通原则论

美国著名公共关系专家卡特立普和森特合著了被誉为“公关圣经”的著作《有效公共关系》一书，提出了著名的“7C 原则”，对我国沟通研究影响很大。

所谓 7C 原则，指的是 7 个以 C 开头的英文单词，具体而言，即

1. Credibility：可信赖性，即建立对沟通者的信赖。信赖是沟通的基础和前提，没有可信赖性，任何沟通的效果都会大打折扣。

2. Context：一致性（又译为情境架构），指传播须与环境（物质的、社会的、心理的、时间的环境等等）相协调。直白的说，即沟通一定要适时、适地、适人、适景，否则会使人产生突兀或者滑稽之感。

3. Content：内容的可接受性，指传播内容须与受众有关，必须能引起他们的兴趣，满足他们的需要。受众对于与他们无关或者不可接受的信息是完全没有兴趣的，甚至是抗拒的，这与沟通的初衷相违背。

4. Clarity：表达的明确性，指信息的组织形式应该简洁明了，易于公众接受。明确的表达是受众接受信息的核心和关键，人们往往对于过于冗长、复杂难懂的东西有退避三舍的心理。

5. Channels：渠道的多样性，指应该有针对性地运用传播媒介以达到向目标公众传播信息的作用。多渠道的沟通往往可以使信息传播得更加快速、广泛、有效。

6. Continuity and consistency：持续性与连贯性，这就说，沟通是一个没有终点的过程，要达到渗透的目的，必须对信息进行重复，但又须在重复中不断补充新的内容，这一过程应该持续地坚持下去。比如广告在现实生活中的重复播放就查基于这一原理，现实生活中持续连续的沟通可以强化人们对它的印象，从而达到沟通目的。

7. Capability of audience：受众能力的差异性，这是说沟通必须考虑沟通对象能力的差异（包括注意能力、理解能力、接受能力和行为能力），采取不同方法实施传播才能使传播易为受众理解和接受。沟通的最终目的是为受众接受，若不考虑受众的接受能力就胡乱的发布沟通信息，容易造成沟通反应冷淡、信息误解等等不良后果，影响沟通效率。

二、沟通的理论基础

1. 理论内容

加拿大心理学家 Eric Berne 于 1964 年在《人们玩的游戏》（Game People Play）一书中提出了著名的 PAC 理论。PAC 理论又称为相互作用分析理论、人格结构分析理论、交互作用分析理论、人际关系心理分析理论。

具体而言，PAC 理论认为，个体的个性是由三种比重不同的心理状态构成，这就是“父母”、“成人”、“儿童”状态。取这三个间的第一个英文字母，Parent（父母）、Adult（成人）、Child（儿童），所以简称人格结构的 PAC 分析。“P－A－C”理论把个人的“自我”划分为“父母”、“成人”、“儿童”三种状态，这三种状态在每个人身上都交互存在，也就是说这三者是构成人类多重天性的三部份。

“父母”状态以权威和优越感为标志，通常表现为统治、训斥、责骂等家长制作风。当一个人的人格结构中 P 成分占优势时，这种人的行为表现为凭主观印象办事，独断独行，滥用权

威，这种人讲起话来总是“你应该……”、“你不能……”，“ 你必须……”。“成人”状态表现为注重事实根据和善于进行客观理智的分析。这种人能从过去存储的经验中，估计各种可能性，然后作出决策。当一个人的人格结构中 A 成分占优势时，这种人的行为表现为：待人接物冷静，慎思明断，尊重别人。这种人讲起话来总是：“我个人的想法是……”。“儿童”状态象婴幼儿的冲动，表现为服从和任人摆布。一会儿逗人可爱，一会儿乱发脾气。当一个人的人格结构中 C 成分占优势时，其行为表现为遇事畏缩，感情用事，喜怒无常，不加考虑。这种人讲起话来总是“我猜想……”，“我不知道……”。根据 PAC 分析，人与人相互作用时的心理状态有时是平行的，如父母—父母，成人—成人，儿童—儿童。在这种情况下，对话会无限制地继续下去。如果遇到相互交叉作用，出现父母—成人，父母—儿童，成人—儿童状态，人际交流就会受到影响，信息沟通就会出现中断。

2. 理论应用

基于 PAC 沟通理论的人际交往逻辑，人们可以据此分析自己和他人的信息沟通心理和状态，并以分析结果为依据进行调整。人们进行信息沟通时往往处于某一种自我状态，而且常常可以由某一种自我状态转变为另外一种自我状态，作为一个组织中的秘书岗位人员，他/她必须了解其打交道的上司、下级、平级以及内外部门人员处于何种自我状态，以便作出适当的反应和引导，从而达到预期的沟通效果或者目的。从相互作用分析的角度出发，信息沟通主要有以下两种形式：

(1) 平行沟通

平行沟通是一种正常人际交际状态下的沟通反应，或者是指符合正常预期的交际反应，即秘书在某种自我状态下与他人沟通时，他人按照秘书人员所期望的相应状态作出反应。比如秘书人员以成人的自我状态出现时，沟通对象也持相应的成人自我状态；如果秘书人员处于儿童的自我状态，沟通对象就采取秘书人员所期望的父母自我状态进行反应。在这样的情况下，沟通就可以顺利的进行下去。如：

对话 1：

A（成人自我状态）：你今天能够做完这些工作么？

B（成人自我状态）：如果没有其他突发事项安排，应该可以的。

对话 2：

A（儿童自我状态）：经理，我想今天提前半小时下班去幼儿园接下我小孩。

B（父母自我状态）：可以，去吧，正好今天也不太忙。

(2) 交叉沟通

在沟通过程中，如果得到的反应不是适当的或者预期的，就有可能成为交叉沟通，这种情况与平行沟通正好相反，相互作用是交叉的。如秘书人员希望平等的与他人沟通时，遭遇对方居高临下的指责或者教训，这种情况下，沟通就会偏离预期的发展方向，甚至出现中断等情况。如：

对话 3：

A（成人自我状态，期望对方同状态的回应）：这一次晋升，不知道我有没有机会成为总经理特助呢？

B（父母自我状态，把对方当作儿童自我状态）：就你那水平，还想升，好好呆着吧。

对话 4：

A(成人自我状态，期望对方同状态回应)：小李，今天下班后希望你留下来加一下班，我有些文件需要你处理。

B(儿童自我状态，将对方当作父母自我状态)：领导，我一会儿要去接小孩呢，为什么你不能找别人呢？

理解了相互作用分析的原理，秘书人员就能够在沟通交际中有意识的觉察自己和沟通对象所处的沟通自我状态，作出适当的反应，从而避免交叉沟通的出现，同时也增强秘书人员在沟通方向上的把控能力，如当对方是 P－C 状态时，可用 A－A 状态进行对待，往往可以将对方引导到 A－A 状态，从而进入平行沟通。了解 PAC 分析理论，有助于我们在交往中有意识地觉察自己和对方的心理状态，作出互补性或平行性反应，使信息得到畅通。倘能在交往中把自己的情感、思想、举止控制在成人状态，以成人的语调、姿态对待别人，给对方以成人刺激，同时引导对方也进入成人状态，作出成人反应，那就有利于建立互信、互助关系，保持交往关系的持续进行。对秘书人员进行必要的 PAC 分析理论教育，可以帮助他们了解人们在相互接触中的心理状态，取得了良好的沟通协调效果。

小材料 1：读一读，试分析材料中的沟通各方处于什么沟通状态？

唐太宗闲来无事，半真半假地问尉迟敬德："有人上书说你要谋反，有这回事吗？"他本以为敬德会矢口否认或者为自己辩解，而借机展现一下自己的大度。没想到这个历史上著名的猛男应声答道："是啊，我也听说我要谋反了，自从追随陛下南征北战，浑身上下伤痕累累，年轻那时候没想反，现在天下太平，我也老了，就有人怀疑我要谋反了吗？"说完这老家伙居然马上脱光了衣服，露出满身的伤痕。这下太宗可下不来台了，马上安慰道："看看你，咋还是这臭脾气呢，咱俩谁跟谁啊，快穿上、快穿上，可别得瑟感冒了！"

小材料 2：读一读，试分析材料中的沟通各方处于什么沟通状态？

A："Jane，我希望你停下手中的活，赶快去供给室把为我准备的箱子取回来。"

B："我不想去，因为我很忙；但既然你是我的上司，我不得不去取。"

A："George，你认为我们应如何处理 IC 订单的推迟交货问题？"

B："那不关我的事。你拿了钱，该由你来做主。"

A："Oscar，考虑到你在这个领域经验不多，那可真是一个很好的广告设计。"

A："早晨好，Maria。你今早遇到什么麻烦了，有我可以帮忙的地方吗？"

A："如果你多卖出 3 份保险契约，我就给你加薪。"

小材料 3：PAC 交互中的十种类型

(一)PP 对 PP 型

在这种类型中，AB 双方都表现出一种颐指气使的武断，如 A 方说："你把这任务完成一下。"B 方却说："你不见我正忙着吗？找别人干去吧！"

(二)AA 对 AA 型

在这种交流类型中，双方都能以理智的态度对待对方，如 A 问“你能把这项任务完成吗?”B 说:“如果没有什么干扰，我想是能够的。”

(三)CC 对 CC 型

在这种类型中，AB 双方都易诉之于感情。比如 A 说:“过不到一起干脆离婚。”B 答:“离就离，谁离不开谁呢!”

(四)PC 对 CP 型

在这种交流类型中，AB 双方表现出权威和服从的行为，即 A 方以长者自居对待 B 方，B 方亦能服服贴贴不以为然。如 A 对 B 说:“这件事完不成要受批评。”B 回答:“真完不成，我甘愿接受批评。”

(五)CA 对 AC 型

在这种交流类型中，一方表现为小孩子脾气，而另一方则表现为有理智的行为，这在同事之间、夫妻之间经常会发生。

(六)PA 对 AP 型

在这种交流类型中，A 方表现为有理智，但又担心自己控制不住自己。为此，A 方经常要求 B 方担作 P 的角色，起到对 A 方的监督和防范作用。这在上下级、同事、夫妻之间经常会发生和利用这种类型的相互作用。

(七)PC 对 AA 型

在这种交流类型中，A 方要求 B 方以理智对待他，但 B 方则以高压方式对待 A 方，这在上下级、同事之间经常发生。

(八)CP 对 AA 型

在这种交流类型中，A 方讲理智，而 B 方却易感情用事，这种现象也经常发生在不同人之间的交流中。

(九)PC 对 PC 型

在这种交流类型中，一方采取命令式而另一方不服，也采取同样方式回敬。这种交流方式必然会引起矛盾冲突。这经常表现在上下级、家长和子女之间。

(十)CP 对 CP 型

在这种交流型中，AB 双方都把对方作为权威看待而表现出一种服从的意向，这在同事和朋友之间经常发生。

三、秘书沟通的基本模式

1. 语言与非语言沟通模式

(1)语言沟通模式

沟通按沟通方式分包括语言沟通和非语言沟通，语言沟通是包括口头语言和书面语言沟通，是使用正式语言符号进行的沟通。口头语言包括我们面对面的谈话、开会、培训、演讲、电话沟通、口头调查等等。书面语言包括我们的信函、广告和传真、文件、布告、通知、刊物，甚至用得很多的 E－mail 等。

口头沟通的好处在于其具有亲切感，比较生动，可以用表情、语调等非语言沟通增强沟通效果，可以马上获得对方反应，与对方进行双向共感，具有双向沟通的优势，比较灵活可随机应变。其缺点在于沟通效果很大程度上取决于沟通者的口头表达能力与接收者的接收状态，不利于记录和保存。

书面沟通的优势在于其信息往往具有正式性和权威性，失真可能性较小，可以保存和记录，接收者可以根据自身速度详细了阅读了解，其缺点在于反馈速度较慢，接收者对于信息接收的意愿和速度无法掌控。随着现代化电子信息技术的发展，电子化书面语言传播也成为书面沟通的一种主流途径，它具有速度快、便捷性强、节能环保等特点，但对技术本身和终端设备有着较强的依赖性。

在语言沟通的过程中，要特别注意语言的性质，尤其要努力将消极语言转变为积极语言，如下表：

	消极语言	积极语言
1	任务失败了	没有完成任务
2	记得不要迟到	记得准时到
3	有什么问题你就打电话我	有什么需要就打电话给我
4	这次策划案做得好多了	这次策划案做得更好了
5	你的出差餐补是20元，超出自付	你可以享受20元以内的出差餐补
6	这个工作困难太多了	这个工作很有前途，但需要克服一些困难
7	我好累，不想干了	我最近状态不佳，能否休息一段时间
8	我们对上班迟到会做记录并给以惩罚	我们实行上下班打卡制度
9	你脸色真难看	你气色不佳
10	你这衣服和你太不协调了	这衣服可能不太适合你的气质类型

小材料4：邹忌讽齐王纳谏

《邹忌讽齐王纳谏》出自《战国策·齐策一》，讲述了战国时期齐国谋士邹忌劝说君主纳谏，使之广开言路，改良政治的故事。文章塑造了邹忌善于沟通、勇于进谏的贤士形象。又表现了齐威王知错能改、从谏如流的明君形象。这则小故事是成功沟通的典范。

邹忌修八尺有余，而形貌昳丽。朝服衣冠，窥镜，谓其妻曰："我孰与城北徐公美？"其妻曰："君美甚，徐公何能及君也？"城北徐公，齐国之美丽者也。忌不自信，而复问其妾曰："吾孰与徐公美？"妾曰："徐公何能及君也？"旦日，客从外来，与坐谈，问之客曰："吾与徐公孰美？"客曰："徐公不若君之美也。"明日徐公来，孰视之，自以为不如；窥镜而自视，又弗如远甚。暮寝而思之，曰："吾妻之美我者，私我也；妾之美我者，畏我也；客之美我者，欲有求于我也。"

于是入朝见威王，曰："臣诚知不如徐公美。臣之妻私臣，臣之妾畏臣，臣之客欲有求于臣，皆以美于徐公。今齐地方千里，百二十城，宫妇左右莫不私王，朝廷之臣莫不畏王，四境之内莫不有求于王，由此观之，王之蔽甚矣。"

王曰："善。"乃下令："群臣吏民，能面刺寡人之过者，受上赏；上书谏寡人者，受中赏；能谤讥于市朝，闻寡人之耳者，受下赏。"令初下，群臣进谏，门庭若市；数月之后，时时而间进；

期年之后，虽欲言，无可进者。

燕、赵、韩、魏闻之，皆朝于齐。此所谓战胜于朝廷。

(2)非语言沟通

非语言沟通主要包括声音语气(比如声调、哭笑、重音)、肢体动作(比如手势、舞蹈、武术、体育运动等)和物的操纵三个方面,是借助非正式语言符号进行的沟通。与语言沟通相较而言，语言更擅长沟通的是信息，声音语气和肢体语言更善于沟通的是人与人之间的思想和情感。语言学家艾伯特·梅瑞宾(Mehrabian,1968)对语言沟通和非语言沟通做了比较研究并给出了如下公式：

信息的传递100% =7%语言 +38%语音 +55%态势

声音语气(比如声调、哭笑、重音)包含着非常丰富的语言含义。我们在说每一句话的时候，用什么样的音色去说，用什么样的抑扬顿挫的语调去说等，这都是非语言沟通的一部分。使用不同的语调、音高和语速，对于别人怎样理解你所说的话是很大的。因为你沟通所产生的影响有三分之一是来自声音的表述，所以必须保证自己的声音可以令自己想要沟通的内容增色。低沉的声音庄重严肃的，一般会让听众更加严肃认真地对待。尖利的或粗暴刺耳的声音给人的印象是反应过火，行为失控。使用一种经过调控的语调表明你知道自己在做什么，使人对你信心百倍。急缓适度的语速能吸引住听者的注意力，使人易于吸收信息。如果语速过快，听者就会无暇吸收说话的内容;如果过慢，声音听起来就非常阴郁悲哀，令人生厌，听者就会转而他就;如果说话吞吞吐吐，犹豫不决，听者就会不由自主地变得十分担忧、坐立不安了。

适时改变重音能强调某些词语。一方面，如果没有足够的强调重音，人们就吃不准哪些内容很重要;另一方面，如果强调太多，听者转瞬就会变得晕头转向、不知所云，而且非常倦怠，除了非常耗人心力之外，什么也想不起来了。此外，站立能使身体挺直，这样能使呼吸轻松自然，声音更加清楚明亮。微笑能提升声带周围的肌肉，使声音更加温和友善，替代缺失的视觉维度。

肢体动作(比如手势、舞蹈、武术、体育运动等)是非语言类沟通中的另外一个重要方面。在沟通时，如果你自己的行为举止和言语冲突(如你在说“我挺好的”时面部肌肉在抽搐，双手也在颤抖)，人们就会相信你的身体语言，而不是你口中的言语了。因此，要产生最大的影响，就要使自己的肢体语言意图相一致。

沟通时看着别人的眼睛而不是前额或肩膀，表明你很看重他。这样做能使听者深感满意，也能防止他走神，但更重要的是，你树立了自己的可信度。如果某人与你交谈时不看着你的眼睛，你就会有这么一个印象:这家伙对我所说的话不感兴趣，或者根本就不喜欢我!

面部和双手是谈话的过程中你发出信号重要媒介。使用面部和双手如能随机应变，足智多谋就能大大改善影响他人的效果。如延续时间少于0.4秒的细微面部表情也能显露一个人的情感，立即被他人所拾获。面带微笑使人们觉得你和蔼可亲。由于人们脸上的微笑总是没有自己所想像得那么多，真心的微笑(与之相对的是刻板的微笑，根本没有在眼神里反映出来)能从本质上改变大脑的运作，使自己身心舒畅起来。这种情感使能立即进行交流传达。“能说会道”的双手能抓住沟通对象，使他们朝着理解欲表达的意思这一目标更进一步。使用张开手势给人们以积极肯定的强调，表明你非常热心，完全地专注于眼下所说的事。

身体姿势和身体距离在非语言沟通中也占有相当的份量，必要时，坐着或站立时挺直腰板给人以威严之感 。耷拉着双肩或翘着二郎腿可能会使某个正式场合的庄严气氛荡然无存，但也可能使非正式场合更加轻松友善。不由自主地抖动或移动双腿，能泄露从漠不关心到焦虑担忧等一系列的情绪。无论面部和躯干是多么平静，只要叉着双臂，或抖动着双膝，都会明白无误地显露内心的不安。

身体距离方面，站得离人太近能给人以入侵或威胁之感。如果与人的距离不足 1 米，听者会本能地往后移，这就是当对方过分靠近时产生的那种局促不安的感觉所产生的条件反射。反之，如果距离达 2 米或更远，听者就会觉得你不在乎他，并产生一种与世隔绝的感觉。不同的身体姿势能使沟通的内容增色或减色。只要意识到这个问题并加以关注，就能轻而易举地对自己的身体语言加以控制。

2. 网络沟通模式

沟通按具体结构划分可分为正式沟通网络与非正式沟通网络两种。通过对“小道消息”的研究发现，正式沟通网络有链式、轮式、全通道式、Y 式等形式；非正式沟通网络主要有集束式、流言式、偶然式等典型形式。

正式沟通网络的理论主要是由组织行为学家巴维拉斯提出的，他假设五人为群体，提出五种结构形式，即正式沟通的链式沟通、轮式沟通、环式沟通、全通道式沟通和 Y 式沟通。链式沟通（直线沟通）就是信息链条似的逐级传递，优点是速度最快，准确性高，管理者的地位高；但是由于组织层级关系，信息逐级筛选，可能造成上级不了解下级真实情况，下级不了解上级的真实意图；士气低。轮式沟通即某一个居于核心位置的沟通主体分别与其他机关沟通主体进行沟通；具有链式沟通的优点（速度快；准确性高；管理者的地位高）而且能够全面了解情况，但是组织间缺乏了解，士气低，工作中相互配合与支持困难。全通道沟通即组织成员可以不受任何限制而进行相互沟通，各成员在沟通中享有平等地位，优点是速度快，准确性高，组织成员的满意度高。环式沟通（圆周式沟通）即没有沟通核心，各个沟通主体只能和左右两个沟通对象进行沟通，优点是组织成员满意度高，但是沟通速度慢，准确性低。Y 式沟通兼有轮式和链式的优缺点，存在于纵向层级关系中，中间某一沟通主体和两个以上的上级组织进行沟通，同时又和下级组织保持链式沟通，优点是沟通速度快，但组织成员满意度低。

非正式沟通网络的理论是由戴维尔在 1953 年发表的《管理传达和小道新闻》中发表的。他在一个小制造商行里对 67 个管理人员作了调查，采取顺藤摸瓜的方法，跟踪小道新闻来源，结果发现只有 10% 的人是小道新闻的传播者，从而提出了非正式沟通网络的四种类型：单串式传播，是指通过一连串的人把信息传递给最终的接收者；饶舌式传播，是指消息由一个人主动传给其他人；偶然式传播，是指按照偶然机会传播小道消息，由一个人将消息传播给某一部分人，这一部分人又将消息传播给别人；集串式传播，是指把小道消息有选择的告诉自己的亲戚朋友或者有关的人，这种模式是传播小道消息的最普通的形式。

作为秘书人员，必须熟知和了解正式沟通与非正式沟通网络的特点，掌握它的特性，才能在组织沟通中处于有利位置，既不违反工作原则，又能完成工作中所必需的沟通协调任务。

第二节 秘书横向沟通

一、秘书横向沟通概述

1. 秘书沟通要考虑的基本因素

首先，良好的感知和思维方式是有效沟通的前提。人们感知外部世界的方式在他们产生思维的过程中起着至关重要的作用。人的感知是自出生以来通过基本的学习而形成的，包括态度和假设、动机和兴趣。思维方式在许多方面会影响到想问题与沟通的角度，如在信息选择方面，经历相同事物的人极少获得相同的信息；在解释情景方面，使用相同信息的人几乎会相当肯定地根据各自评价对信息作出完全不同的解释；在作出假设时，解释情景的人可能把互不关联的事件或事实当作相关联的，反之亦然。每个人都会依据自己的印象、先前的经验和企望以迥异独特的方式进行思考，即对信息进行加工。且这种加工的余地是相当大的，明显带有偏见，它本身会影响沟通的过程。作为秘书，必须理解这些知识，并且能够根据沟通环境和对象的不同，进行敏锐的感知和多角度的思考，以便选择最适合的沟通方式。

再者，情绪状态是秘书沟通时要考虑的第二个基本要素。人的情绪状态会过滤吸收接收和输出的信息，接收或输出的同一信息会根据情绪是否高涨、平静作出不同的处理。例如：如果你觉得情绪激动或紧张，沟通就有可能受阻，因为你本应更为理智的思想过程可能被这些情绪所蒙蔽。你还有可能以一种比预期更加肯定或否定的态度接受信息。因此，人们的情绪状态不仅能左右接收和传送信息的方式，还直接影响到信息的接受和理解的方式。在这种情况下，秘书沟通还要注意把握对方的情绪特点，以防沟通失效，甚至事与愿违。

第三，性别因素是影响沟通效度的第三个重要因素。正如一篇有名的作品《男人来自火星，女人来自金星》中所描绘的，男女大脑的结构有一定的差别，这种差别也影响着各自的沟通方式。例如：男性大脑的语言和视觉结构似乎彼此联系较少，而女性则不然。女性具有较强的整合视觉和语言的能力。这意味着男性长于集中精力处理个别事物，而女性则更能通观全局。男性更加注重理性思考与客观事物，女性则更加关注感性层面与直觉感受。因此，在面对不同性别的沟通对象时，秘书也必须考虑到对方的接受特点与接受习惯。

小材料5：男人来自火星，女人来自金星

《男人来自火星，女人来自金星》一书是由国际知名的人际关系和情感问题研究专家约翰·格雷（心理学博士）用了整整7年时间，咨询调查了25000人后推出的，一经推出，立刻轰动世界。以下部分节选自第一章：

男人从火星来，女人从金星来。

请想像男人从火星来、女人从金星来的景象。久远以前的某一天，火星人从天文望远镜中发现了金星人，仅只一瞥，就觉知与金星人素未相识，但他们互相仰慕，火星人受邀做了一趟太空之旅，飞向金星。

金星人展开双臂迎接火星人。他们会觉这天终将来到，心里充满了过去未曾有过的爱的感觉。

金星人和火星人的爱情真不可思议，他们喜欢互相作伴、一起做事、一起分享。因为来自不同世界，他们显现了彼此的不同，不过他们花好几个月时间彼此学习、摸索，并感激双方各自有不同的需要、嗜好及行为模式。他们亲爱和谐地一起生活多年。

接着，他们决定飞向地球。刚开始住地球时，每件事都美好可爱，可是有天早上，每个人一醒来都得了独特的健忘症....选择健忘。

火星人和金星人都忘了他们是从不同的星球来，本来就有差异，这天早上，他们过去互相学习的每一件不同的事情都从记忆里消失了，从这天开始，男人和女人便陷入了冲突。

记住彼此的差异。

男人和女人因为没有警觉彼此应该有所不同，因此纷争不断。由于忘记彼此是不同的重要事实，我们常对异性生气或失望，我们期待异性和我们相像，希望他们“要的是我们所要的”及“以我们的方式去感受”。

我们误以为如果配偶爱我们，他们必会以确定的方式反应和表达——如同当我们爱某些人时的反应与表达方式一般。这种想法使我们不断的感到失望，也阻碍我们花时间温柔地沟通彼此的不同。

男人错误地期待女人要以男人的方式思考、沟通和反应；女人也错误地期待男人要以女人的方式去感觉、沟通和反应。我们都忘了男人和女人应该是不同的，结果我们的关系充满了不必要的摩擦与冲突。

清楚认识和尊重这种差异，在与异性相处时，可大大地减少许多迷惑。你只要记得男人是从火星来、女人是从金星来的，每件事都可得到解释了。

2. 影响秘书有效进行横向沟通的障碍

(1)不当的表达方式

在语言与非语言表达上，秘书的表达方式如果不恰当，就极有可能产生不良的沟通后果，比如类似“如果你的意思正是这样，那又为何不这么说?”这种谴责含义的问句，或者当有些话秘书人员根本就不会说出口时，只是以皱眉或叹息的形式表达出来，或是频繁的让对方感觉到个人的消极情绪与不满，即使这种情绪并不是针对目前的沟通对象，也会令对方感觉到难受，进而影响到沟通效果。

(2)错误的信息阐述

不能对沟通的内容进行清晰而有逻辑的思考。例如，当要表达“我们需要些信封”时却说“信封用完了。”不能理解对方的关注所在并正确地表达信息，以便获得对方的全部注意力和理解。例如，该用通俗上口的口语时，却用了晦涩拗口的学术语。如果秘书的信息没有得到清晰的表达，它便不能被听者正确的理解和加工，有效的沟通也无从谈起。

(3)令人误会的印象

秘书人员与他人沟通时，着装打扮、言行举止均会给对方留下印象，比如在外表上，如果着装时不拘礼节表明你要么对交流沟通的另一方漠不关心，要么你想先声夺人。破烂的牛仔裤和邋里邋遢的运动鞋与笔挺气派的西装给人以截然不同的印象。根据场合的不同，两种着装风格都会给人以完全错误的信息。在沟通过程中，不当的措辞、不假思索地使用乡言俚语会得罪他人，也会扭曲信息。比如私下里把顾客或主顾称为“伙计”似乎给人以一种哥们义气的感觉，但它也不知不觉地传达出对别人的轻慢。在行为习惯上，不准时赴约表明不把别人当回事。如果某人守时，别人就会认为他很在意，把别人放在心上，但如果总是迟到，就会给人“沟通的内容是不重要的”这种印象。

(4)没有恰当地聆听

在沟通过程中，即使你说话时沟通对象在干些其他事，如看报，或者转着手上的笔，他们也会告诉你，他们在听你说话，但是，如果听者没有按你的要求行事，你就有理由怀疑，认为他们根本就没有把你的话听进去，因为他们把“听”和“听进去”混为一谈了。

如果人们没有聆听，他们也是有可能听到片言只语的，但会错失至关重要的部分，因为他们的注意力已开小差了，或者，他们只拾得你的一些牙慧，反把它当做全部了。这些话可能被听到并进行了加工，但不会照单全收而进入他们意识的深处。很明显，如果人们没有用心聆听信息或注意说的内容，他们是很难记住的。如果没有适当的汲取说话的内容，错误理解的余地就大了。这下情况都是现实工作、生活中极可能发生的、秘书人员在沟通中要加以注意。

3. 有效进行秘书横向沟通的技巧

(1)选择恰当的表达方式

在进行横向沟通时，秘书人员要选择恰当的表达方式，所谓恰当的表达方式，是指在健康合理的沟通逻辑思维前提下，充分考虑沟通的环境以及沟通对象的年龄、情绪状态、性别、性格等因素，选择对方易于理解和接受的表达方法。语言与非语言的沟通技巧在交际情境中灵活综合使用，往往会使沟通达到比较好的效果。

(2)准确的信息阐述

沟通过程中准确的信息阐述是有效沟通的重要保证，它是涉及到沟通的目标能否顺利实现的关键问题。沟通前，秘书应该根据自己的表达能力，对沟通内容做书面上或者心理上的认真理解，划分时间、地点、人物、要素条件、目标指向等关键信息内容，同时结合沟通对象的特点以及沟通环境进行必要的信息加工，确保信息能够完整、真实的被沟通对象理解和接受，防止信息失真甚至扭曲的情况出现。

(3)良好的形象展示

在工作情境中，秘书在与他人沟通时，应该遵守秘书着装的准则，体现职业性特征，展现良好的职业素养，同时，因时、因地、因人调整自己的语言风格与表达方式，端正工作态度，避免拖沓等坏习惯影响自身形象。

(4)积极的询问与倾听

通过询问的技巧你能够导引沟通对象的谈话，获取更多的信息，如果人们看上去不相信或听腻了你的话，你也许已经低估了自己的表情和手势是怎样反映并加强你的言辞的。也有可能是你没有重视自己的视觉和声音的影响力。要想让人把自己当作一个可信的交流者，你必须关注自己的行为举止和声音语调及语言的使用。询问时必须使听者有这样一种强烈的印象，即你是信心百倍而且认真诚恳的。要做到这一点，只须表现自己在声音和视觉两方面协调一致就行了。无论你的信息是多么光彩夺目，如果接受者觉得你这个人不可信，也就不会相信你的信息了。

倾听能鼓励他人倾吐他们的状况与问题，而这种方法能协助他们找出解决问题的方法。倾听技巧是有效影响力的重要关键，而它需要相当的耐心与全神贯注。

倾听技巧由 4 个个体技巧所组成，分别是鼓励、询问、反应与复述。在倾听过程中，鼓励可以通过眼神肯定、点头肯定等非语言行为来表示，询问可以通过语言交流和眼神询问来表示，反应主要体现在面部表情的专注程度和身体的紧张程度上，而复述则主要体现为语言上的重复，这些均可表明你在认真的倾听，表达对对方沟通内容的专注与重视。

小材料6:失败的沟通

小李是一个典型的北方男孩子，在他身上可以明显地感受到北方人的热情和直率，他喜欢坦诚，有什么说什么，总是愿意把自己的想法说出来和大家一起讨论，正是因为这个特点他在上学期间很受老师和同学的欢迎。今年，小李从吉林某大学的人力资源管理专业毕业，他认为，经过四年的学习自己不但掌握了扎实的人力资源管理专业知识，而且具备了较强的人际沟通技能，因此他对自己的未来期望很高。为了实现自己的梦想，他毅然只身去北京求职。

经过将近一个月的反复投简历和面试，在权衡了多种因素的情况下，小李最终选定了北京市的一家研究生产食品添加剂的公司。他之所以选择这家公司是因为该公司规模适中、发展速度很快，最重要的是该公司的人力资源管理工作还处于尝试阶段，如果小李加入他将是人力资源部的第一个人，因此他认为自己施展能力的空间很大。但是到公司实习一个星期后，小李就陷入了困境中。

原来该公司是一个典型的小型家族企业，企业中的关键职位基本上都由老板的亲属担任，其中充满了各种裙带关系。尤其是老板给小李安排了他的大儿子做小李的临时上级，而这个人主要负责公司研发工作，根本没有管理理念更不用说人力资源管理理念，在他的眼里，只有技术最重要，公司只要能赚钱其他的一切都无所谓。但是小李认为越是这样就越有自己发挥能力的空间，因此在到公司的第五天小李拿着自己的建议书走向了直接上级的办公室。

“张经理，我到公司已经快一个星期了，我有一些想法想和您谈谈，您有时间吗?”小李走到经理办公桌前说。

“来来来，小李，本来早就应该和你谈谈了，只是最近一直扎在车间里就把这件事忘了。”

“张经理，对于一个企业尤其是处于上升阶段的企业来说，要持续企业的发展必须在管理上狠下功夫。我来公司已经快一个星期了，据我目前对公司的了解，我认为公司主要的问题在于职责界定不清;雇员的自主权力太小致使员工觉得公司对他们缺乏信任;员工薪酬结构和水平的制定随意性较强，缺乏科学合理的基础，因此薪酬的公平性和激励性都较低。”小李按照自己事先所列的提纲开始逐条向张经理叙述。

张经理微微皱了一下眉头说:“你说的这些问题我们公司也确实存在，但是你必须承认一个事实——我们公司在赢利，这就说明我们公司目前实行的体制有它的合理性。”

“可是，眼前的发展并不等于将来也可以发展，许多家族企业都是败在管理上。”

“好了，那你有具体方案吗?”

“目前还没有，这些还只是我的一点想法而已，但是如果得到了您的支持，我想方案只是时间问题。”

“那你先回去做方案，把你的材料放这儿，我先看看然后给你答复。”说完张经理的注意力又回到了研究报告上。

小李此时真切地感受到了不被认可的失落，他似乎已经预测到了自己第一次提建议的结局。果然，小李的建议书石沉大海，张经理好像完全不记得建议书的事。小李陷入了困惑之中，他不知道自己是应该继续和上级沟通还是干脆放弃这份工作，另找一个发展空间。

试分析小李此次沟通失败的原因在哪儿？

二、秘书与同事沟通

同事关系是秘书工作中最为普遍的一种横向关系，良好的同事关系会为秘书工作提供和谐的人际环境，大大降低工作难度和提高工作效率，而糟糕的同事关系会极大的增加秘书工作量，并且为工作目标的实现增加许多障碍。在现实工作中，良好的人际沟通是建立和保持和谐同事关系的重要途径，因此，在秘书日常沟通工作中，与同事的沟通占据了非常重要的地位。

1. 秘书与同事沟通的情境：

秘书在工作中不可避免的会接触到组织中的新员工和老员工，如何与这样的员工打交道，或者如何处理他们之间的关系，是秘书沟通工作经常遇到的情境。

新员工与老员工由于生长的环境和时代不同，在性格、表达、为人处事各个方面都有不同的特点。新员工刚刚进入职场，对待工作较有激情和创造力，与之沟通时大体上要多鼓励多肯定，老员工对待工作较有经验，沉稳练达，对待他(她)们要尽量尊重。在新老员工的相处过程中，通常出现的冲突和问题都取决于员工的特点与心态，需要逐一进行分析，寻找应对方法。

(1)老员工沟通

对于老员工而言，通常难以沟通的类型有：欺生型，这类人有一个习惯，即对待同事特别是新来的人都要排挤或役使一下，以显示自己在这个地盘上的重要地位。对待这类人，要明确区分其动机，是恶意欺生还是习惯使然，吃些小亏做些无关紧要的事情，对待原则问题敢于拒绝，等到个人在单位环境中的地位确定，自然而然可以避免这类员工的欺生行为。

发号施令型，这类员工总是告诉同事，你"应该"怎么做、最好"怎么做，在与此类员工沟通时，同样在区分动机的前提下，对于无恶意的此类表达可以予以适当的包容和忍让。

讽刺挖苦型，这类员工总是用暗示性或者中伤性的语言来表达自己的不满，如"你讲话的水平真高啊，也许以后会有人请你当我们老总啊。"或者"你的策划案写得太好了，我的水平太差，实在看不懂!"

隔靴搔痒型，这种类型的老员工通常喜欢讲些不切实际的空话，要么空口安慰，私下取笑，要么泛泛而谈，不中要点。如："不要着急，你还年轻，人生之路长着呢"，在这些并不能解决实际问题的、没有意义的安慰中，隐含着一丝"哀其不幸"式的怜悯感甚至幸灾乐祸的喜悦感；再如"我也不知道对你说什么好，你自己好自为之吧"，不带情感的或者过于笼统的表述，让人摸不着头脑，云里雾里。对于此类员工，在沟通时，要明确讲出自己的感受、想法和期望，不批评、不责备、不抱怨、不攻击、不说教，明确双方应该相互尊重的要求，绝不口出恶言，不说不该说的话。

(2)新员工沟通

对新员工而言，通常难以沟通的类型有：性格怪异型，这些员工并不是专门与谁作对，只是在性格、行为上与常人有些不同，或许缺乏热情，或许不善交流，或许爱发脾气，但本身并无恶意，对待这种员工，千万不要有任何先入为主的偏见，秘书人员要在交往中了解其内心世界，应对其特殊的性格采取不一样的交往方式，机智灵活，沉着应付，才会收到良好的效果。

目中无人型，这种新员工可能本身资质条件不错，往往自以为是，认为自己在什么方面都比别人强，因此高高在上，目中无人，对待他们，与其争辩毫无意义，不妨一笑而过，脚踏实地地用事实说明一切。经过一段时间的相处与磨合，就会有比较和谐的人际关系。

傲慢无礼型，此类员工与人沟通时，通常会使用"你应该……""你必须……"等强制性语言表达，应该委婉的提醒他们注意；或者使用"我早就知道你不行！因为你水平太次了！"等语句来表达对他人的轻视，以起到抬高自己的目的，这种情况应该用事实说话，适当的予以反击。

2. 秘书与同事沟通的原则

(1)尊重原则

尊重是人与人交际的前提，也是秘书与同事进行沟通的基本原则这一。尊重分为自尊和尊他，指的是在秘书与同事进行沟通时，在着装打扮、言行举止等各方面体现对自己的尊重与对同事的尊重。只有沟通的对象感受到了你尊重的诚意，沟通才能良好有序的进行下去，沟通目标才有可能实现。

(2)宽容原则

严以律己，宽以待人，是秘书与同事沟通的另一个重要原则。宽容体现在沟通过程中对他人的形象、语言表达、行为举止进行适当的包容，尤其在不违反原则的前提下，理解和允许他人个性的存在，心胸宽广，有容人之量，才能保持以公正、客观的心态面对工作中的各种工作问题与人际关系，才能获得周围同事普遍认可和接受。

(3)距离原则

秘书与同事的沟通距离原则，包括在沟通时的人际距离和内容距离两个方面的内容。沟通时的人际距离体现在身体距离和语言距离的控制上，恰当的沟通身体距离应该是70厘米到120厘米之间，太近了显得过于亲密，太远了显得沟通氛围非常的僵硬生疏。语言距离是指采取什么模式的语言沟通方式，亲密随意的聊天式语言可以使得沟通气氛轻松，但沟通内容的正式性和严肃性会受影响，而正式的公务化语言使沟通对象可以意识到沟通的正规性，但与此同时也会使得沟通显得僵硬化程式化。身体距离和语言距离的选择和控制取决于沟通事项的性质与沟通双方的熟悉程度，可以灵活掌握。

沟通的内容距离是指秘书在沟通内容的选择上所要把握的适当距离，具体包括涉密内容的距离和隐私内容的距离。涉密内容包括所属部门人事变动、工资福利、领导行程、业务机密等等，隐私内容包括秘书个人与他人的档案记录、人际往来、个人私生活等内容。同事沟通时可以聊些轻松的个人兴趣爱好等话题，但要避免涉密内容和隐私内容的话题。

(4)赞美原则

赞美原则是秘书与同事沟通中优化人际关系的神器。每个人都有优点和缺点，但在现实工作和生活中，都希望得到他人真诚的赞美。在工作交际中，对他人所作的工作努力、形象展示、风度举止等进行真诚而友善的赞美，可以更多的获得他人好感。而且，秘书作为经常处于沟通协调中心的人员，养成赞美他人的习惯，强化从他人身上发掘闪光点的能力，有利于自身取长补短，不断进步，也有利于培养积极心态和阳光气质，带动所属部门的人际氛围向正能量和积极的方向发展。

小材料7:纳喀索斯的传说

河神刻菲索斯娶了水泽神女利里俄珀为妻，生下一子名叫纳喀索斯。纳喀索斯出世以后，他的父母去求神示，想要知道这孩子将来的命运如何。神示说:“不可使他认识自己。”可是谁也不明白这句话的意思。

光阴荏苒，日月如梭，不觉纳喀索斯已经长到十六岁，他成长为一个十分俊美的少年。他的父母因为记住了那句神示，一直不让他看见自己的影子。所以纳喀索斯并不知道自己长得是什么模样。他常常背着箭囊，手持弯弓，从早到晚在树林里打猎。树林中有许多神女在游玩，她们都很喜欢纳喀索斯的美貌和风姿，都愿意与他亲近。其中有一个神女，名叫厄科，一见了他立刻便爱上了他，紧紧地追随在他的左右。

厄科是一个非常美丽的姑娘。她喜欢高山和森林，终日里流连于山林之间。她有一个毛病，就是特别爱说话，不论谁在讲话，她都要插进去说上几句。

有一次宙斯来到树林里同神女们游玩，被神后赫拉发现了，便到树林里来寻找。厄科惟恐赫拉找到，便故意地缠住赫拉唠叨个没完没了，这样，神女们便赢得了时间，一个个从宙斯身边跑掉了。赫拉得知实情以后非常生气，便对厄科说道:“因为你的舌头欺骗了我，你将永远失去讲话的权利。我只给你留下一种本领，就是跟在别人之后不断的重复别人说过的最后几个字。”

从此厄科纵然有千言万语也只能张口结舌，一句完整的话也说不出来了。

有一次，纳喀索斯同他的伙伴走散了，他高声喊道:

“有谁在这里?”

厄科应声道:“在这里!”

纳喀索斯四下望望，不见人影，便又喊道:“你过来!”

厄科又应声道:“过来!”

纳喀索斯回头望望，仍不见人影，便大声说道:“你为什么躲避我?”

厄科又应道:“躲避我?”

纳喀索斯一定要见见这个同他说话的人，便说道:“让我们在这里相会吧!”厄科心里乐得什么似的，她一面回应说:“相会吧!”一面急忙的从林子里跑出来，一看见纳喀索斯，便伸出双臂去拥抱他。

纳喀索斯大吃一惊，一面连连后退，一面高呼:“放开手！我如果接受你的爱，还不如早死的好!”

厄科轻轻的说到:“不如早死的好!”说完，便羞得满脸绯红，飞快逃入林中。

从此以后，她整天藏在山洞和峡谷里，不再与人来往，忧伤充满她的心，她一天天憔悴下去，可作为一个神女她是不会死的，她的声音永远留在山谷里，不断的回应着人们的呼唤，重复着最后几个字“厄科”的意思就是“回声”。

纳喀索斯不仅对厄科这样冷淡，他对所有的神女都很冷淡。他拒绝了所有向他求爱的神女。于是神女们举手向众神祈祷说:“但愿他有朝一日爱上一个人，却永远也得不到她的爱!”命运女神涅墨西斯听见了这个祷告，便答应了她们。

有一天，纳喀索斯又到林中打猎，他发现了一片清澈的湖水。这湖水还没有一个牧羊人发现过，所以不曾有一只山羊饮用过，不曾有一只野兽游玩过，也从没有一只鸟雀飞掠过。湖面上没有一枝枯枝或败叶。湖的四周长满了绿茵茵的细草，高大的岩石遮蔽着太阳的光和热。纳喀索斯觉得有些累，又热又渴，便来到湖边，低下身去准备喝几口清凉的水。突然他看见了自己水中的影子。这影子是那么美丽：一双明亮的慧眼，有如太阳神阿波罗那样的卷发，红润的双颊，象牙似的颈项，微微开启的不大不小的朱唇，妩媚的面容，真如出水的芙蓉一般。

他想这一定是水中的神女在向他窥视。他心中喜悦，竟然爱上了自己水中的倒影。他想伸手去拥抱水中的情人，当他的手一触到水面，那影子便悄然不见了。他用嘴去吻一吻他的朱唇，当他的嘴一接触水面，水面便化作一片漪涟。过了好一会儿，那水中的神女才又重新出现。

他这样在湖边流连，频频望着湖中的影子，不觉得累，也不觉得饿。他站得远，她也站得远；他站得近，她也站得近。只要他一想要碰碰她，她便消失得无影无踪。他只得站在湖边，望着自己的影子，过了一天又一天。他不吃也不喝，痛苦异常。他面颊上的红润消褪了，他的青春活力枯竭了。他轻轻地倒在地上，头枕着岸边的嫩草，永远地闭上了他那双被人赞赏，又被他自己深深地爱着的眼睛。

神女们闻讯赶来悼念他。她们发自内心的深深悲痛感动了宙斯。几天后，在湖边的草丛中，在纳喀索斯倒下的地方，长出一株株娇黄的水仙花，它散发出淡淡的幽香。在扁扁的，细长的绿叶的映衬下，在白色的花瓣中央装点着金黄色的花蕊。它斜生在岸旁，在晶莹的湖水里清晰地映照出它美丽的影子。它就是纳喀索斯的化身，是宙斯为了抚慰那些深情的神女们而创造出来的。

今天，在希腊，水仙花就叫纳喀索斯。

这个神话故事在提示自恋由来的同时，也提示了人类具有得到他人赞美和肯定的天性。

3. 秘书与同事相处的禁忌

(1)忌有好事儿不通报。单位里发物品、领奖金等，你先知道了，或者已经领了，一声不响的坐在那里，像没事似的，从不向大家通报一下，有些东西可以代领的，也从不帮人领一下。这样几次下来，别人自然会有想法，觉得你太不合群，缺乏共同意识和协作精神。以后他们有事先知道了，或有东西先领了，也就有可能不告诉你。如此下去，彼此的关系就不会和谐了。

(2)忌明知而推说不知 。同事出差去了，或者临时出去一会儿，这时正好有人来找他，或者正好来电话找他，如果同事走时没告诉你，但你知道，你不妨告诉他们；如果你确实不知，那不妨问问别人，然后再告诉对方，以显示自己的热情。明明知道，而你却直通通地说不知道，一旦被人知晓，那彼此的关系就势必会受到影响。外人找同事，不管情况怎样，你都要真诚和热情，这样，即使没有起实际作用，外人也会觉得你们的同事关系很好。

(3)忌进出不互相告知。你有事要外出一会儿，或者请假不上班，虽然批准请假的是领导，但你最好要同办公室里的同事说一声。即使你临时出去半个小时，也要与同事打个招呼。这样，倘若领导或熟人来找，也可以让同事有个交待。如果你什么也不愿说，进进出出神秘兮兮的，有时正好有要紧的事，人家就没法说了，有时也会懒得说，受到影响的恐怕还是自己。互相告知，既是共同工作的需要，也是联络感情的需要，它表明双方互有的尊重与信任。

(4)忌随意谈及个人隐私。有些私事不能说，但有些私事说说也没有什么坏处。在工作之余，可以谈及个人爱好、服饰旅游等个人私事，它可以增进了解，加深感情。倘若这些内容都保密，从来不肯与别人说，这怎么能算同事呢？你主动跟别人说些私事，别人也会向你说，有时还可以互相帮帮忙。你什么也不说，什么也不让人知道，人家怎么信任你。信任是建立在相互了解的基础之上的。

(5)忌有事不肯向同事求助。轻易不求人，这是对的。因为求人总会给别人带来麻烦。但任何事物都是辩证的，有时求助别人反而能表明你对别人的信赖，能融洽关系，加深感情。比如你身体不好，你同事的爱人是医生，你不认识，但你可以通过同事的介绍去咨询。倘若你偏不肯求助，同事知道了，反而会觉得你不信任人家。你不愿求人家，人家也就不好意思求你；你怕人家麻烦，人家就以为你也很怕麻烦。良好的人际关系是以互相帮助为前提的。因此，求助他人，在一般情况下是可以的。当然，要讲究分寸，尽量不要使人家为难。

(6)忌总是拒绝同事的“小吃”。同事带点水果、瓜子、糖之类的零食到办公室，休息时分吃，不要以为难为情而一概拒绝。有时，同事中有人获了奖或评上了职称，或是有各种喜事，大家高兴，要他买点东西请客，这也是很正常的，对此，你应该积极参与。若是冷冷坐在旁边一声不吭，一口回绝别人的分享，表现出一副不屑为伍或不稀罕的神态，会对同事关系造成伤害。人家热情分送，你却每每冷拒，时间一长，人家有理由说你清高和傲慢，觉得你难以相处。

(7)忌常和一人“咬耳朵”。同办公室有好几个人，对每一个人要尽量保持平衡，尽量始终处于不即不离的状态，也就是说，不要对其中某一个特别亲近或特别疏远。在平时，不要老是和同一个人说悄悄话，进进出出也不要总是和一个人。否则，大家会以为你们在搞小团体。如果常和同一个人咬耳朵，别人进来又不说了，那么别人不免会产生你们在说人家坏话的想法。

三、秘书与内部部门沟通

每一个工作单位都是由许多不同的部门构成的，各个职能部门在统一的组织目标指引和控制下，各自负责某一方面的业务工作并且进行合作。秘书人员作为连接各个部门的沟通纽带，常常需要出面协调沟通各个部门的合作事项，要想做好本职工作，实现工作目标，必须重视与工作单位内部各部门的沟通合作关系。

1. 秘书与内部部门沟通时可能遇到的障碍

(1)割裂的部门观念与部门短视

不完善的工作业绩评估体系的存在，是造成割裂的部门观念与部门短视行为的主要原因。对各个部门来讲，为获得本部门的地位与业绩认可、为获得部门员工的晋升和嘉奖机会，会不自觉地表现出维护本部门利益、强调本部门业绩的倾向，这种倾向会为部门间的沟通和合作带来困难，使得各个部门都趋于追求本部门利益最大化和风险最小化的合作方案。

(2)傲慢与偏见的影响

有些部门对其他部门产生的先入为主的偏见会影响部门沟通的顺利进行。如生产、销售、人事、财务部门通常被认为是工作单位中的“高级部门”，这种认为组织部门有贵贱等级之分的成见，会影响和干扰组织中的合作氛围，会降低正常横向沟通的效果，也会为秘书的沟通工作增加很多人为的障碍与难度。

（3）性格冲突

在工作中，冲突是无处不在的。秘书人员跨部门沟通失败、低效的另一个主要原因是沟通各方性格、思维、行为、习惯的冲突。每个人因为其独特的工作领域、成长经历和生活体验，会形成独特的社会行为和沟通方式。如果缺乏对沟通对象特定的沟通方式的了解，沟通往往失败。

（4）猜疑、威胁和恐惧

猜疑、威胁和恐惧的产生是缺乏信任的直接后果。由于过去经历的负面沟通，会使人产生猜疑，或感觉到威胁，尤其在内部沟通中，沟通对象感觉到沟通事项对本部门有可能产生不良后果时，猜疑、威胁和恐惧感的到来会使得他们不自觉的启动知觉防卫机制，来抵制沟通及沟通后果产生的可能性。

2. 部门横向沟通策略

为了提高部门沟通的效率，针对横向沟通中出现的问题和存在的障碍，秘书可以通过以下策略来进行消除：

（1）选择针对性强的沟通形式

比如，对决策性事项，参加决策的人数尽可能倾向于少而精，以提高集中程度和减少受众面；对于咨询性的事项，其目的就是集思广益，应该扩大参与人数和放宽参与人员的资格条件要求，以提高覆盖面；对于通知性的事项，只要让所有需要知晓信息的人员接收到信息就可以，因此可以采取灵活便捷即时的通知形式。与此同时，注意反馈环节的设计，确保沟通接收者准确无误地理解信息并且畅通无阻的进行反馈。

（2）树立“内部客户”的理念

“内部客户”的理念认为工作的下一个环节就是本工作的客户。要用对待外部客户、最终客户的态度和热情去服务内部客户。因此，秘书人员在与内部各部门沟通时，如果能用对待外部人员的热情与周到去服务，沟通效果会得到大大的优化。

（3）耐心倾听而不是叙述

在内部交流过程中，每个部门的参加者都倾向于表述本部门的困难和遇到的问题，同时指责其他的部门如何不合拍、不协同、应该负什么样的责任，而很少花时间去耐心倾听。当沟通的各方仅仅关注本组织发言时，各方都只找到了自身的利益点而罔顾其他部门的利益和单位整体利益，必将导致沟通的分裂与无效化。耐心的倾听其他部门的意见，积极探索建设性的解决问题多赢方案，而非关注责任与风险承担，会使得沟通更加的积极富有成效。

（4）换位思考

试着采用他人、他部门的思维和沟通框架、设身处地地替其他部门及其人员着想，并体会其他部门的看法，会很有助益。跳出自我的模式和部门本位主义观念框架，从大局考虑，换位思考，有利于真正取得内部部门沟通的实效性成绩。

小材料8:跨部门沟通与协调成功案例

案例一:

我是一名秘书，如果把企业比喻成一台运转的机器，那么沟通就是润滑剂，秘书就是给机器上润滑剂的具体操作者，经常润滑能确保机器运转良好，信息沟通不畅是企业管理成本中最大的浪费。制造部在生产过程中与商务部、技术部、供应部、质管部进行及时有效沟通，确保客户订单及时交付率达100%，具体表现为:商务部接到客户订单时召集制造部、技术部、供应部开订单评审会，明确技术资料准备周期、原材料采购周期、生产制造周期。制造部在组织生产时会遇到材料未能及时到位、图纸工艺不完善等问题，生产调度科项目调度会及时与相关部门进行沟通解决，当时解决不了的会在制造部主持召开的每日8:30生产推进会上反映。生产推进会由相关部门部长参加，原则上会后1小时解决问题，极大的提高了生产运营效率！这种沟通模式成为我工作中经常要使用的工作程序之一，使用多了轻车熟路，得心应手，为企业解决了很多问题。

案例二:

2011年初，杭州盛世房地产公司的星光广场项目深基尚未开挖，需要增加技术和成本管理方面的力量，领导要求我到那儿去几个月，协助项目领导班子一起工作。在刚到达工地时，我接到一份关于全部项目的技术文件，(该项目负责人和监理等都已开专题会议认可并签字盖章)，我根据自己的工作经验和对该项目技术报告的分析，提出一些技术问题。虽然当时所有的人都反对，但在深基开挖后，情况和我分析的一模一样，经预算部门测算，该技术费用高达一百万。在这种情况下，我再也不能坐视不管，就该项目继续和该领导班子团结合作了三年，直到竣工交房后才回到了本部门。如果当时只考虑本部门和个人的利益，不得罪人或得过且过，集团公司将蒙受巨大的损失，这是我们都不愿看到的结果。部门合作并不都是一帆风顺的，需要我们每个人不但要坚持原则，还要和其他部门的同事精诚团结，这样才能事办功倍。

案例三:

今年初，本部门得知顺昌商业街二、三期工程决算马上要进入工程量核对阶段，本部门承担对上述所有号房结构钢筋的计算核对任务，主要由张利负责用鲁班软件CAD图形法加班加点计算，目前已能跟上工程核对进度。在我们收集图纸和结算技术资料时，置业公司的成本和技术管理部门，都在第一时间无私地提供了帮助;如果部门之间没有很好的合作，这件事情就无人会过问，占土地成本近30%造价的钢筋数量，就由别的单位掌握，其风险不言而喻。

我们项目部与成本部之间的配合特别多，成本部为了配合项目部工作，主动派王川工程师常驻工地工作，对现场已发生的签证进行严格把关审核，对正在发生及将发生的签证做到心中有数，大大提高签证的流转效益。同时，确保了签证审核的正确性、合理性，加强了我项目部与成本部之间沟通，提高了我们对合同、成本的了解。

案例四:

当我初拿到通知，看到好多数据都要问财务，就直接去找财务部的领导，但由于那段时间财务的领导出差去了，我只好先跟当班的财务人员沟通。把评50强的资料复印一套给财务人员，让他们可以先与领导沟通，等领导回来，审核之后再盖章，这样可以节约时间，避免时间过期。通过沟通最终我们达成共识，先做材料，再做汇报，事情最后很顺利的完成了。

案例五：

从去年开始搜集各部门之间的数据至今，在整整一年时间内，我们进行了良好的部门合作。由于每一段时间节点房管局就会与此同时准备好相关资料，要求公司上交一些报表数据以及相关财务凭证复印件，而当时杭州项目的财务部尽管距离总部那么远，却总是急我们之所急，把我们需要的材料以最快速度快递到置业办公室。这样使我公司的工作提高了效率。通过各部门齐心协力，这次的评选我公司成功胜出，这归功于跨部门之间互相协作、互相沟通、互相理解，我们的团队的凝聚力越来越强了。

四、秘书与外部客户沟通

外部客户是秘书人员沟通对象中的一个重要构成部分，一个单位的业务发展离不开内部沟通，也离不开外部合作，所以秘书人员作为工作单位的形象代表，不可避免的要与外部客户进行沟通。外部客户包括群体客户与个人客户，群体客户主要指的是外部合作的业务单位，个人客户主要指的是外部合作业务单位的主要代表。要做好外部客户沟通，要把握好沟通处理的原则与技巧。

1. 秘书与外部客户沟通的原则

(1)自信原则

秘书人员代表本部门、本单位与外部客户进行沟通时，首先应该把握自信原则。自信原则通常表现为：不随波逐流或唯唯诺诺，有自己的想法与作风，但却很少对别人吼叫、谩骂，甚至连争辩都极为罕见，对自己了解相当清楚，并且肯定自己。这种自信的展现会使得外部客户重视你个人及你所代表单位的沟通事项，用平等尊重的态度对待你们的沟通事宜，有利于搭建平等的沟通平台，提高沟通效率。

(2)体谅原则

体谅原则包含“体谅对方”与“表达自我”两方面。所谓体谅是指设身处地为别人着想，并且体会对方的感受与需要。与外部客户沟通过程中，当我们想对他人或者对方单位某些事项表示体谅与关心，惟有我们自己设身处地为对方着想。由于我们的了解与尊重，对方也相对体谅你的立场与好意，因而做出积极而合适的回应，双方的合作关系才能进入良性的互动状态。

(3)留有余地原则

在沟通中，与外部客户产生矛盾与误会时，我们可以采用提示或者直接告知等方式，顾全对方脸面，为对方留下转圜的空间和余地。如果问题出自于对方的健忘，我们的可提示对方信守承诺；反之若是对方有意食言，提示就代表我们并未忘记事情，并且希望对方信守诺言。在沟通过程中，经常以“我觉得”（说出自己的感受）、“我希望”（说出自己的要求或期望）为开端，结果常会令人极为满意。其实，在时间、气氛和对象都恰当的前提下，这种行为就是直言无讳地告诉对方我们的要求与感受，为对方留下进行反应的空间，会有效帮助我们建立良好的人际网络。

2. 秘书与外部客户沟通障碍成因

(1)秘书与外部客户沟通代表的个人原因

人们对人对事的态度、观点和信念不同造成沟通的障碍。知觉选择的偏差是指人们有选择地接受，例如，人们在接受信息时，符合自己利益需要又与自己切身利益有关的内容很容易接受，而对自己不利或可能损害自己利益的则不容易接受。个人的个性特征差异引起沟通的障碍。在组织内部的信息沟通中，个人的性格、气质、态度、情绪、兴趣等差别，都可能引起信息沟通的障碍。语言表达、交流和理解造成沟通的障碍。同样的词汇对不同的人来说含义是不一样的。在一个组织中，员工常常来自于不同的背景，有着不同的说话方式和风格，对同样的事物有着不一样的理解，这些都造成了沟通的障碍。

(2)人际原因

人际原因主要包括沟通双方的相互信任程度和相似程度。沟通是发送者与接收者之间“给”与“受”的过程。信息传递不是单方面，而是双方的事情，因此，沟通双方的诚意和相互信任至关重要。秘书人员与外部客户之间的猜疑只会增加抵触情绪，减少坦率交谈的机会，也就不可能进行有效的沟通。沟通的准确性与沟通双方间的相似性也有着直接的关系。沟通双方的特征，包括性别、年龄、智力、种族、社会地位、兴趣、价值观、能力等相似性越大，沟通的效果也会越好。

(3)结构原因

信息沟通者在组织中的地位、信息传递链、团体规模等结构因素也都影响了有效的沟通。许多研究表明，地位的高低对沟通的方向和频率有很大的影响。信息传递层次越多，它到达目的地的时间也越长，信息失真率则越高，越不利于沟通。另外，组织机构庞大，层次太多，也影响信息沟通的及时性和真实性。因此，秘书人员与外部客户在各自组织中所处的地位与信息传递结构都会影响到沟通的效果。

3. 秘书与外部客户的沟通技巧

(1)询问与倾听技巧

询问与倾听的技巧，是用来控制沟通节奏的主要手段。尤其是在对方行为退缩，默不作声或欲言又止的时候，可用询问行为引出对方真正的想法，了解对方的立场以及对方的需求、愿望、意见与感受，并且运用积极倾听的方式，来诱导对方发表意见，进而对自己产生好感。具体的技巧有：

谦和的氛围营造与不“抢功”的心态表达。心理学发现，当人们发现沟通对象出现一点个人主义的苗头，或者以自我为中心，就会变得冷漠，甚至出现敌对的情绪。相反，低调、谦和、设身处地为对方考虑的沟通者会赢得对方的好感和尊重。学会谦让，在人际交往中绝对是“退一步海阔天空”。在询问和倾听的过程中，让对方感觉到你的谦让以及对功劳的淡定，会使得沟通更加愉快自然。

询问与倾听伴随的最优语言：使用目光接触；展现赞许性的点头和恰当的面部表情；避免分心的举动或手势；要提出意见，以显示自己不仅在充分聆听，而且在思考；复述，用自己的话重述对方所说的内容；有耐心，不要随意插话，和随便打断对方的话。

(2)沟通传递的技巧

秘书与外部客户沟通时，信息传递链过长，会减慢流通速度并造成信息失真。同时，也影响对方对己方的信心，因此，在沟通时既可以采取面对面、直接通话等即时性沟通方式，也可以采用电视会议、微平台互动等技术化沟通手段，尽量缩短信息传递链条，提高传递效率。

(3)沟通语言的技巧

秘书人员与外部客户沟通时，可以多使用一些语句，表达与对方的共感，从而赢得对方的心理共鸣和好感，使得双方沟通更加顺畅和谐。如“我很理解你的处境和做法”、“你从……赶过来，辛苦了”、“你的这种想法真的是棒极了”等等。这些语言使用的关键，是要结合事实情况与对方的情绪、性格特点，设身处地地从对方的角度出发，让沟通的语言在对方听起来，不仅真实，而且悦耳。

第三节　秘书纵向沟通

一、纵向沟通概述

纵向沟通包括自上而下、自下而上两种沟通，也称为下行沟通和上行沟通。纵向沟通中，下行沟通是纵向沟通的主体，而上行沟通是纵向沟通的关键。公司管理层所涉及的种种活动，基本上依赖下行沟通去实现。而上行沟通则开辟了一条管理人员听取员工意见、想法和建议的通路，提供员工参与管理的机会，从而减少了员工因不能理解下达的信息而造成的损失。在上行沟通和下行沟通中，秘书处于承上启下的关键位置，既要熟悉上行沟通的技巧与方法，也要掌握下行沟通的技巧与方法。下行沟通在组织中的表现形式通常为:公司政策、报告、信函、备忘录、谈话、口头指示、会议、传真、电子信箱等。上行沟通在组织部的表现形式通常为:建立建议系统、申诉和请求程序、参加员工座谈会、设置巡视员等。

1. 纵向沟通可能遇到的障碍

(1)接收者障碍

对单位里的每一个成员来说，无论是领导还是员工，沟通能力之一是理解力。但由于个人在组织内部所处的时间长短不一，自身的理解能力和理解习惯等因素的存在巨大的差异性。没有哪一种沟通方法适用于所有的沟通类型，需要在具体工作中去把握去应用。尽管沟通对象的接收能力千差万别，但基本上都与他们的受教育程度、性别、性格等因素有关，对沟通对象的背景做了详细了解之后，沟通的成功率会大大地增加。

(2)各方心理障碍

上行沟通中，秘书与领导之间由于地位差别、经历差异会导致心理上存在沟通障碍，处于不同的位置影响对同一事项的认知和判断，而下行沟通中信息传递方对沟通的效果的顾虑会使得信息本身容易出现膨胀和扭曲。比如在向领导汇报预算时，基于领导习惯砍去部分预算的预期，秘书人员会在真实预算的基础上加上预计领导砍去的部分，以期达到沟通目标。在通知员工开会时，基于员工会迟到的预期，秘书人员会把实际开会的时间通知提前十分钟，以保证大家都不迟到，而当员工习惯了这种行为后，会习惯的把通知下发的开会时间延后十分钟做为开会的准确时间来认定。

(3)不善聆听

为了在领导和员工面前表现自己，表达成为许多沟通者的第一选择，而往往忽视了聆听。于是，在别人说话时，有些人甚至会粗暴插进谈话议论，将关注的焦点引到自己身上来。要做到聆听，首先必须自我克制，控制插嘴抢话的冲动;再者需要设身处地为他人着想，让沟通者都有表达自我的机会;三要边听边思考，他人的观点哪些是主观的，哪些是客观的，所谓兼听则明，偏听则暗，仅听某一方面的观点会误导自身，形成工作失误。

2. 纵向沟通策略

(1)建立科学合理的沟通体系

科学合理的沟通体系，包括明确的沟通要求、合理的沟通环节设计、高效的沟通手段组合、畅通的反馈渠道四个方面。无论是上行沟通和下行沟通，要想达到预期目标，必须依赖科学合理的沟通体系。明确的沟通要求可以有效的剔除沟通过程中偏离目标和拖沓冗长的部分;合理的沟通环节可以保证信息的真实性，防止信息失真;高效的沟通手段可以使得沟通更加的迅速便捷;畅通的反馈渠道有利于即时对沟通的效果进行检验，提高信息使用效率。

(2)塑造信任和谐的沟通氛围。

信任是有效沟通的前提，信任和谐的氛围有助于消除上行和下行沟通中沟通各方的心理障碍，可以更加开诚布公的提出问题、分析问题、解决问题。不仅如此，沟通中的信息会更加真实的展现在沟通者的面前，可以有效的避免信息失真，防止出现误解。

(3)设计合理的沟通制度

沟通制度的设计是将沟通以制度化形式固定下来，如海尔的大脚印制度，工厂管理中的走动管理制度，非正式的社交性活动的安排等等，领导接待日制度、总经理信箱制度等等，在这样的制度环境下，来自信息接收者的抵触意识会薄弱得多，有利于取得较好的沟通效果。

二、秘书与领导沟通

秘书与领导是工作伙伴，秘书是领导的助手，具有辅助性作用。秘书要与领导形成良好的合作关系，必须了解领导的管理风格、领导的性格特点，并注意一些沟通的方式方法和技巧，因时、因地制宜选择恰当的沟通方案，方可达到预期的沟通效果。

1. 了解领导管理的风格类型

以管理方格理论为例，秘书需要了解自己领导通常属于哪种管理风格。

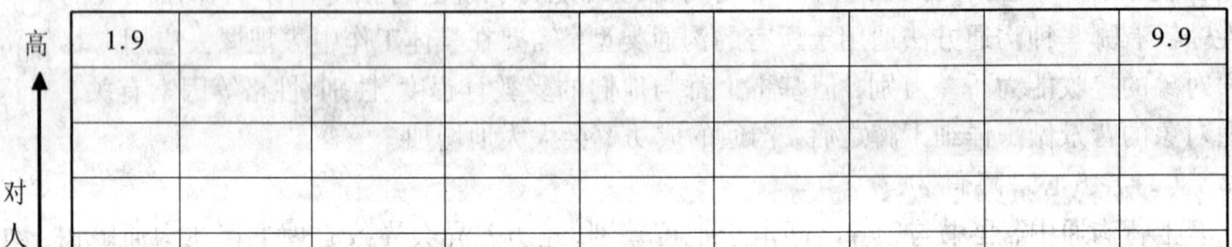

管理方格理论(Management Grid Theory)是由美国德克萨斯大学的行为科学家罗伯特·布莱克(Robert R·Blake)和简·莫顿(Jane S·Mouton)在1964年出版的《管理方格》(1978年修订再版，改名为《新管理方格》)一书中提出的。管理方格图的提出改变以往各种理论中“非此即彼”式(要么以生产为中心，要么以人为中心)的绝对化观点，指出在对生产关心和对人关心的两种领导方式之间，可以进行不同程度的互相结合。在秘书与领导的沟通关系中，我们可以把以生产任务为中心的领导理解为以工作为中心的领导类型。

如上图所示，“1.1”方格表示领导对员工和工作都很少关心，这种领导必然失败。“9.1”方格表示重点放在工作上，而对人很少关心。领导人员的权力很大，指挥和控制下属的活动，而下属只能奉命行事，不能发挥积极性和创造性。“1.9”方格表示重点放在满足职工的需要上，而对指挥监督、规章制度却重视不够。“5.5”方格表示领导者对人的关心和对工作的关心保持中间状态，只求维持一般的工作效率与士气，不积极督促下属发扬创造革新的精神。只有“9.9”方格表示对人和工作都很关心，能使员工和生产两个方面最理想、最有效地结合起来。这种领导方式要求创造出这样一种管理状况:职工能了解组织的目标并关心其结果，从而自我控制，自我指挥，充分发挥生产积极性，为实现组织的目标而努力工作。

除了那些基本的定向外，还可以找出一些组合。比如，5.1 方格表示准生产中心型管理，比较关心生产，不大关心人;1.5 方格表示准人中心型管理，比较关心人，不大关心生产;9.5 方格表示以生产为中心的准理想型管理，重点抓生产，也比较关心人;5.9 方格表示以人为中心的准理想型管理，重点在于关心人，也比较关心生产。还有，如果一个管理人员与其部属关系会有 9.1 定向和 1.9 定向，就是家长作风;当一个管理人员以 9.1 定向方式追赶生产，而在这样做的时候激起了怨恨和反抗时，就又到了 1.9 定向。

在处理与领导的沟通问题时，管理方格理论有利于秘书人员一目了然的定位领导管理风格的关键点，找到领导关心的问题，并且对他们的管理风格有明确的认知。处于管理方格不同位置的领导在沟通指向和沟通倾向上也会有明显的区分，这有利于秘书沟通活动的开展。

在现实工作中，管理方格理论提供了一个解析管理行为的理论框架，认为领导都是五种类型管理风格的混合体。常见的管理类型组合有以下几种。

(1)家长作风。家长作风是权威型管理同乡村俱乐部型管理的第一种组合，既具有(9，1)型的强制，又具有(1，9)型的体谅。这种领导会把他麾下的组织当做一个大家庭，对部属兼具“严父”和“慈母”两种身份。比如，在与秘书进行沟通时，他可能毫不留情地训斥，但事后，他又会递上一支烟，或者赔礼道歉，表现出对秘书真诚的关心。正是这两种风格的组合，会使秘书陷入不确定性的泥沼，秘书只能私下揣摩，把握不准就只好请示汇报。而这种请示又可能招致胆小怕事的训斥。秘书在这种情况下，就会逐渐形成唯唯诺诺的习惯，还有可能退缩到不求有功、但求无过的贫乏型工作状态。

(2)大弧度钟摆。大弧度钟摆是权威型管理同乡村俱乐部型管理的另一种组合。同家长作风不同的是，这种组合不是同步的，而是在两种管理类型之间荡秋千，也可称之为跷跷板式管理。当一个领导因为推行权威型管理而积累了一定程度的怨恨和反抗时，为了稳定局势，他有可能会摆到乡村俱乐部型管理一边。随着员工关系的恢复，生产下降，利润减少，他又可能会摆到权威型管理的一边。周而复始，等到领导与部下的关系再度绷紧了弦后再摆回去。由于管理风格的周期性震荡，员工会由于领导多变而不再信任，每一次摆动的背后，都会带来相应的管理水平下降，相互信任冲减，对立情绪加深。而秘书则会在这样的管理风格中选择沟通风格的同步改变。

(3)平衡。平衡是权威型管理同乡村俱乐部型管理的第三种组合。与前两种组合不同，这种组合表现在管理组织的分工和管理人员的配置上。假定一个企业的直线指挥系统采取权威型管理方式，那么，很有可能会产生出对立和紧张，人际关系恶化。而为了弥补这一问题，组织往往用参谋组织推行乡村俱乐部型管理方式，以缓解压力。比如，在工厂除经理外，往往设置人事福利部门，这种福利机构以为员工说话的面孔出现；在车间除有车间主任和工段长外，还有劳资关系协调员。平衡式管理是有效的，使用也较为普遍。但其问题在于治标不治本，而且会形成两种部门或两种管理人员的效能互相抵消。面对这种管理风格的领导，秘书在沟通时要着重把握领导关注平衡的工作思路。

(4)双帽方法。这种组合同大弧度钟摆类似，不同处在于摆动的幅度和频率有差别。有些领导，不能够把对生产的关心和对人的关心融合到一体中，而是分别使用，就好像有两顶帽子轮换着戴。比如，一个经理，周一开会专门讨论生产效率问题，这时他戴的是工作帽子，采用的是权威型管理方法，专门讨论提高效率等等。而到了周三，他又换上了人际关系帽子，还是同一批人，甚至还是同一个会议室，而议题却变成了人际沟通的改善。与这种领导沟通，要注意跟随领导改变的节奏选择合适的沟通主题。

(5)统计的中庸定向。这种组合同前面的不一样，它不是固定模式，而是一种权变形态。如果一个领导的管理风格不好确定，瞬息万变，那就很可能是这种组合。它的具体做法是看人下菜，对症服药。如果部下是工作好手，领导者会要求他再加一把劲，鞭打快牛；如果部下是个窝囊废，领导者会不给他派重要工作，晾在一边。对心高气傲的部下和颜悦色，对唯唯诺诺的部下颐指气使。总而言之，这种组合严格意义上不是组合，而是在不同的管理方格上跳来跳去，就好像小孩玩的“跳房子”游戏。具体到每一种管理措施，可能多数都不是(5，5)中庸型的，然而统计平均，却能表现出(5，5)中庸倾向，所以把这种组合称为统计的(5，5)定向。面对这种领导进行沟通时，秘书需要展现自己的工作个性，与领导进行互动式的沟通交流。

2. 了解领导的性格类型

领导的性格可分为积极性格与消极性格两种，积极型性格即包括沉稳细心型、魄力型、自信积极型、民主宽容型以及责任担当型五种，而消极型性格则包括优柔寡断型、刚愎自用型、顽固保守型三种。面对积极性格的领导，秘书可以更多的从建设性的角度进行沟通，坦诚的进行交流，面对消极性格的领导，秘书在沟通时应该更加的委婉、谨慎。

(1)积极型性格的领导沟通

根据蜘蛛理论，蜘蛛在没有结网以前，都不主动出击，蜘蛛结网有顺序的，先经后纬，网结上后，只要有小动物就马上出动。在沟通过程中，沉稳细心型领导通常谋定而后动，不会主动先表达观点和意见，而是先默默倾听，细心辨明事情性质与关键点，再做出决定，因此与这类领导沟通时，秘书往往需要做充分的准备，做好参谋性和建议性的资料准备工作，为领导的思考和决策提供客观依据，而不要依据自己的主观判断去下结论或者表达主观倾向性较强的观点。与细心沉稳的领导共事，秘书也应养成细心沉稳的习惯，以配合领导的工作风格，提高工作的效率。

魄力型领导通常较有胆识，也一定的风险意识，做事情往往果断、肯冒险，一旦做出决定，就不会瞻前顾后，在大家争论不休的时候，通常力排众议。如美国的林肯总统在一次内阁会议上就某个问题征询意见，结果7名内阁成员全部反对，但林肯在宣布会议结果时却说：“7票反对，1票赞成，赞成票胜利。”与这一类领导进行沟通时，应该大胆的提出具有建设性的想法与建议，或者做出充分而理性的分析，通常此类领导会更加欣赏有想法有主见的下属。

自信积极型领导通常心态非常阳光，一个人在内心如果非常积极，外表表现出来的是一种坚持，一种认真，一种投入，他(她)会主动的投入工作，以饱满的精神状态开始和完成具有创造性的工作。作为这类领导的秘书，也应该有饱满的工作状态、积极自信的工作态度，坚持以投入的热情对待工作事项，唯有如此，才能得到领导的欣赏和认可，奠定良好的沟通基础，形成和谐的工作合作关系。

民主宽容型领导通常对同僚、下属和客户都表现出包容和谦和，往往能够容忍各种不同性格的人一起共事，有利于发挥各种人才的积极性和创造性。与这种领导进行沟通，要有宽和的心态和客观的工作态度，切忌对他人斤斤计较和打小报告，以免留下为人刻薄、人品低劣的印象。

责任担当型领导通常敢于负责，面对工作中出现的问题，有担当的领导不推辞责任，做事情的时候先检讨自己有没有错，积极探讨问题的解决之道而不纠结于责任的分担问题。这种领导通常关注自身性格的完善与工作问题的建设性发展，与其沟通时切忌争功讳过，推三阻四。

(2)消极性格的领导沟通

优柔寡断型领导做事情往往会做全面了解，要求将一切信息了解清楚后再做决策，希望能把各方面因素考虑周全，以防万一。因此，在与此类领导沟通时，要按照对方的要求，多请示，多汇报，准备好多份方案，以供领导选择。刚愎自用型领导通常自我感觉良好，较为自负，在与此类领导沟通时，不要过多的发表个人意见，只需遵照执行对方的命令即可。而顽固保守型通常固步自封，对原有的工作方法和工作制度颇为坚持，不会轻易做出改变，与此类领导进行沟通，只需依惯例行事，按程序规程完成工作事项即可。

3. 沟通方法与技巧

(1)请示汇报技巧

秘书是领导的助手，定期计划按时报告，这是作为秘书最基本的工作行为标准，不管上司有无能力，都必须给予尊重，并即时反馈工作进展的情况，让领导即时掌握秘书最新工作状况，而不是老让上司来督促工作进度，承诺的任务一定要如期完成，完成不了一定要主动告知，并主动设定一个可做到的期限。

向领导进行请示汇报时，首先应该弄明白领导意图与工作要点，并将自己对于工作事项的理解简单的向领导陈述，获得领导确认后再开展具体工作，事项较多时，要做好纸质记录，并请领导过目。在初步开展工作后，及时向领导汇报工作情况，并制定详细的工作计划，及时听取领导意见和建议，工作完成后，做好汇报和总结。

(2)尊重领导技巧

尊重领导还体现在对领导尊严的维护上，秘书对待领导，应该公开捧场，私下劝谏，切忌大庭广众之下给领导拆台，让领导难堪。维护领导权威时，要做到捧场而不吹嘘，支持领导各方面工作，主动应对工作矛盾，承担责任，为领导排忧解难。在请求汇报时，积极与领导沟通但不过份依赖，沟通态度积极主动但不越权，尊重领导知情权但不丧失自己工作的主动权。

(3)说服的技巧

说服领导时，首先挑选恰当的时机，通常不选择刚上班或者即将下班的时间做为沟通时间，而选取工作时间的中间时段，这时候领导的工作状态最好。不选择领导心情不好或者过份忙碌的时机，这时候的沟通通常达不到完整的信息传递效果。第二，要做好充分的说服资料准备。以客观的资料和数据来说服人比单纯依靠主观表达更有力，以详实和充分的资料为参考依据，妥善应答领导提出的质疑，简明扼要，思路清晰，都将为沟通加上不少的分数。第三，要给领导留有思考的空间，沟通结束后，适时告退，不要即时逼问领导决定，留给领导足够的思考时间，以免显得咄咄逼人，引起气氛紧张。

(4)相处的技巧

与领导相处，首先要做好本职工作，在工作中兢兢业业，苦思巧干，让领导即了解你所付出的艰辛，也赞赏你的工作效率，留下良好的工作印象；再者，对待领导的工作命令，要坚决的执行和服从，让领导感受到他的命令得到了有效率的不折不扣的执行，在服从中显示不平凡的才智；第三，在各项工作任务执行前，要向领导争取工作资源与工作利益，进退得当，张弛有度，留下不卑不亢的印象；第四，与领导保持距离，做到亲密有度，不做酒肉朋友，不上下不分，不过于亲昵，保持工作之个人人格的独立与自尊。

小资料9：沟通与协调

1

兴业公司的业务员小陈一脚踏进办公室，就上气不接下气地说："张经理，快，快，快去劝劝李经理，他和赵总吵起来啦！"

李经理是兴业公司经理，赵总是创达酒业总经理，两家企业常有业务往来。上次，因创达酒业公司失约，给兴业公司经营造成了一定亏损，李经理很不满意。昨天，赵总来兴业公司推销香槟酒，李经理不冷不热地说："哟，陈总，还记得起我们这小小兴业公司啊？你找的是哪家医生，怕是吃错了药哟！"赵总自然知道这句话的含义，但想到目前产品积压，资金紧张，又不得不忍气吞声向对方求情。结果，双方仍是不欢而散。

今天，赵总再次登门，在门市部找到了李经理。李经理指着货架上的香槟酒没好气地说："你看看，这就是你们生产的酒，我这里还有上百瓶存货呢！嫁不出的女儿就往我这里送，我们是收破烂的吗！"赵总一时性起："你话说得那么难听做啥哟！你李经理今后就不求人啦，皇帝老儿死了还要借铲锹呢！我给你那么多优惠条件，你还说三道四，难道今后就不打交道了吗？"办公室张经理和业务员小陈来到门市部时，只见两人都伸长脖颈，争得面红耳赤。这种难堪场面，使看热闹的人越聚越多。张经理知道再这样下去，两位领导都下不了台，对双方都没有好处。

刚才，赵总所说的优惠条件是指：创达酒业公司以出厂价给东兴兴业公司五千瓶香槟酒，先付款五分之一，其余五个月以后一次付清。兴业公司管业务的戴副主任同业务员小陈详细算了一笔账，觉得这生意可做。除税金外，这笔资金兴业公司还可以借用三个月。

再说，目前春天来临，香槟酒容易推销。这是刚才小陈在路上告诉张经理的。这时，只见张经理落落大方地走进人群。他先向赵总点头，以示对客人的尊重，同时，分别递给李经理和赵总一支"红塔山"香烟，又给他们分别点上火。这些都是在悄无声息中进行的，然而，"此时无声胜有声"。张经理知道李经理见了"红塔山"，即使气冲牛头，也会安静下来。然后，张经理凑近李经理耳语了几句，小陈便同李经理离开了门市部。这时，张经理又转过身来说："赵总，怠慢了，对不起！走，去办公室坐坐吧！"以后的事情，自然可以搞定了。

问题讨论：请你分析一下张经理是怎样化解两位领导的矛盾的？

2

欣达公司秘书小陈，是刚调来公司办公室工作的。一天，办公室主任交给她一项新任务，负责全公司的黑板报宣传工作。但是陈秘书不会编排版面，美术字也不过关，主任又选派了同一办公室有美术功底的杨秘书负责版面编排工作，让陈秘书专门负责组稿、改稿等工作。杨秘书很有才干，编排版面、写美术字、画画在公司是小有名气的，他根本就没把陈秘书这“黄毛丫头”放在眼里。碰到他工作忙起来，就把出黑板报的事儿抛到九霄云外去了，弄得主任常常催促陈秘书：“怎么黑板报又延期了？”陈秘书又不好明说，只好硬着头皮去催杨秘书，可杨秘书根本不配合，还拿冷眼对她，陈秘书只恨自己没用，不能动笔画。面对这种情况，陈秘书有几种方案可选择：

1. 凭自己的关系，在公司内部另外找一个人来帮忙，按时把黑板报办好。

2. 把杨秘书不愿合作的事直接告诉办公室主任，并向主任表明责任不在自己，看主任怎样处理。

3. 再一次去催促杨秘书，并和他摊牌，告诉他：“如果再这样下去，就当面到主任那里去解决。”

4. 过一天算一天，听之任之。

5. 抱着与人为善的态度，采取委婉的劝说方式，启发他与自己合作。

3

旺运实业总公司张总经理与王副经理，因为工作上的分歧，产生了误解，最近一段时间，隔阂越来越大，矛盾也在加剧。总经理办公室阎秘书想方设法在其间协调，但收效甚微，分歧和矛盾依然存在，双方都认为，是对方故意给自己过不去。

机会终于来了。一天，总经理病了，住进了医院，阎秘书到医院看望，把带来的礼品放到床头，然后对总经理说：“我是代表王副总经理来的。总经理病了，王总听说后，很关心，叫我同他一起来看望你，但在来医院的路上被销售部经理叫去了，说有急事，非要他去处理不可。”张总听后很感动。过了一段时间，王副总经理病了，住进了同一家医院，阎秘书到医院看望，又买了礼品放到床头，然后对王总说：“我是受张总委托来的，张总原定下班后与我一起来医院看望你，临时业务部经理有急事，硬把他给拉走了。张总要我转达他对您的问候，并祝您早日恢复健康，说公司离不开您！”躺在病床上的王总听后，感动得热泪盈眶，心想自己过去是错怪张总了。今后一定要配合张总积极工作。

经过阎秘书从中协调，缩短了两位经理之间的距离，驱散了笼罩在他们心头的乌云。王总出院后，主动与张总打招呼，张总也热情问候，两人和好如初。

问题讨论：这个案例给做秘书的你有什么启迪？

4

党委书记把工会秘书小张叫到办公室，问道：“你们工会是怎么回事？听办公室的同志说，就差你们的学习计划没有报上来了！刚才打电话找你们主席也找不到。上次常委扩大会工会主席也没有出席，你们工会这种拖拖拉拉的作风要改一改了！”小张心里明白，工会主席最近因为儿子出差，小孙子患病住院，没有参加上次会议，也耽误了报学习计划。在书记面前没有机会解释，只好回去向工会主席汇报：“党委书记批评我们作风拖拉，说您上次没有参加会议，计划也没有交。”“我小孙子住院一个多星期了，哪有时间讨论计划？上次会议我不是向党办老李请了假吗？这个书记也太官僚了！”

问题讨论：作为秘书应该怎样"上传下达呢"？

小资料10：不鸣则已，一鸣惊人的沟通典故

《滑稽列传》：孔子曰："六艺于治一也。《礼》以节人，《乐》以发和，《书》以导事，《诗》以达意，《易》以神化，《春秋》以道义。"太史公曰：天道恢恢，岂不大哉！谈言微中，亦可以解纷。

淳于髡者，齐之赘婿也。长不满七尺，滑稽多辩，数使诸侯，未尝屈辱。齐威王之时，喜隐，好为淫乐长夜之饮，沉湎不治，委政卿大夫。百官荒乱，诸侯并侵，国且危亡，在于旦暮，左右莫敢谏。淳于髡说之以隐曰："国中有大鸟，止王之庭，三年不蜚又不鸣，王知此鸟何也？"王曰："此鸟不蜚则已，一蜚冲天；不鸣则已，一鸣惊人。"于是乃朝诸县令长七十二人，赏一人，诛一人，奋兵而出。诸侯震惊，皆还齐侵地。威行三十六年。语在《田完世家》中。

威王八年，楚大发兵加齐。齐王使淳于髡之赵请救兵，赍金百斤，车马十驷。淳于髡仰天大笑，冠缨索绝。王曰："先生少之乎？"髡曰："何敢！"王曰："笑岂有说乎？"髡曰："今者臣从东方来，见道旁有禳田者，操一豚蹄，酒一盂，而祝曰：'瓯窭满篝，污邪满车，五谷蕃熟，穰穰满家。'臣见其所持者狭而所欲者奢，故笑之。"于是齐威王乃益赍黄金千镒，白璧十双，车马百驷。髡辞而行，至赵。赵王与之精兵十万，革车千乘。楚闻之，夜引兵而去。

威王大说，置酒后宫，招髡赐之酒。问曰："先生能饮几何而醉？"对曰："臣饮一斗亦醉，一石亦醉。"威王曰："先生饮一斗而醉，恶能饮一石哉！其说可得而闻乎？"髡曰："赐酒大王之前，执法在傍，御史在后，髡恐惧俯伏而饮，不过一斗径醉矣。若亲有严客，髡帣(juàn)鞲(gōu)鞠跽，侍酒于前，时赐馀沥，奉觞上寿，数起，不过二斗径醉矣。若朋友交游，久不相见，卒然相睹，欢然道故，私情相语，饮可五六斗径醉矣。若乃州闾之会，男女杂坐，行酒稽留，六博投壶，相引为曹，握手无罚，目眙(chì)不禁，前有堕珥，后有遗簪，髡窃乐此，饮可八斗而醉二参。日暮酒阑，合尊促坐，男女同席，履舄交错，杯盘狼藉，堂上烛灭，主人留髡而送客，罗襦襟解，微闻芗泽，当此之时，髡心最欢，能饮一石。故曰酒极则乱，乐极则悲。万事尽然，言不可极，极之而衰。"以讽谏焉。齐王曰："善！"乃罢长夜之饮，以髡为诸侯主客。宗室置酒，髡尝在侧.（成语出自西汉·司马迁《史记·滑稽列传》："此鸟不飞则已，一飞冲天；不鸣则已，一鸣惊人。"）

孔子说："六经对于治理国家来讲，作用是相同的。《礼》是用来规范人的生活方式的，《乐》是用来促进人们和谐团结的，《书》是用来记述往古事迹和典章制度的，《诗》是用来抒情达意的，《易》是用来窥探天地万物的神奇变化的，《春秋》是用来通晓微言大义、衡量是非曲直的。"太史公说："世上的道理广阔无垠，难道不伟大么！言谈话语若能稍稍切中事理，也是能排解不少纷扰的。"

淳于髡是齐国的一个入赘女婿。身高不足七尺，为人滑稽，能言善辩，屡次出使诸侯之国，从未受过屈辱。齐威王在位时，喜好说隐语，又好彻夜宴饮，逸乐无度，陶醉于饮酒之中，不管政事，把政事委托给卿大夫。文武百官荒淫放纵，各国都来侵犯，国家危亡，就在旦夕之间。齐王身边近臣没有一个敢进谏。淳于髡用隐语来规劝讽谏齐威王，说："都城中有只大鸟，落在了大王的庭院里，三年不飞又不叫，大王知道这只鸟是怎么一回事吗？"齐威王说："这只鸟不飞则已，一飞就直冲云霄；不叫则已，一叫就使人惊异。"于是就诏令全国七十二个县的长官全来入朝奏事，奖赏一人，诛杀一人；又发兵御敌，诸侯十分惊恐，都把侵占的土地归还齐国。齐国的声威竟维持长达三十六年。这些话全记载在《田完世家》里。

齐威王八年(前371),楚国派遣大军侵犯齐境。齐王派淳于髡出使赵国请求救兵,送(赵国)黄金百斤,驷马车十辆。淳于髡仰头朝天大声地笑,将系帽子的带子都笑断了。威王说:"先生是嫌礼物太少么?"淳于髡说:"怎么敢嫌少!"威王说:"那你笑,难道有什么说辞吗?"淳于髡说:"今天我从东边来时,看到路旁有个祈祷田神的人,拿着一个猪蹄、一杯酒,祈祷说:'狭小的高地上收获的谷物盛满竹笼,低田里收获的庄稼装满车辆;五谷繁茂丰熟,五谷丰盛堆积满仓。'我看见他拿的祭品很少,而所祈求的东西太多,所以笑他。"于是齐威王就把礼物增加到黄金千镒、白璧十对、驷马车百辆。淳于髡告辞起行,来到赵国。赵王拨给他十万精兵、一千辆裹有皮革的战车。楚国听到这个消息,连夜退兵而去。

齐威王非常高兴,在后宫设置酒肴,召见淳于髡,赐他酒喝。问他说:"先生能够喝多少酒才醉?"淳于髡回答说:"我喝一斗酒也能醉,喝一石酒也能醉。"威王说:"先生喝一斗就醉了,怎么能喝一石呢?能把这个道理说给我听听吗?"淳于髡说:"大王当面赏酒给我,执法官站在旁边,御史站在背后,我心惊胆战,低头伏地地喝,喝不了一斗就醉了。假如父母有尊贵的客人来家,我卷起袖子,躬着身子,奉酒敬客,客人不时赏我残酒,屡次举杯敬酒应酬,喝不到两斗就醉了。假如朋友间交游,好久不曾见面,忽然间相见了,高兴地讲述以往情事,倾吐衷肠,大约喝五六斗就醉了。至于乡里之间的聚会,男女杂坐,彼此敬酒,没有时间的限制,又作六博、投壶一类的游戏,呼朋唤友,相邀成对,握手言欢不受处罚,眉目传情不遭禁止,面前有落下的耳环,背后有丢掉的发簪,在这种时候,我最开心,可以喝上八斗酒,也不过两三分醉意。天黑了,酒也快完了,把残余的酒并到一起,大家促膝而坐,男女同席,鞋子木屐混杂在一起,杯盘杂乱不堪,堂屋里的蜡烛已经熄灭,主人单留住我,而把别的客人送走,绫罗短袄的衣襟已经解开,略略闻到阵阵香味,这时我心里最为高兴,能喝下一石酒。所以说,酒喝得过多就容易出乱子,欢乐到极点就会发生悲痛之事。所有的事情都是如此。"这番话是说,无论什么事情不可走向极端,到了极端就会衰败。淳于髡以此来婉转地劝说齐威王。威王说:"好。"于是,威王就停止了彻夜欢饮之事,并任用淳于髡为接待诸侯宾客的宾礼官。齐王宗室设置酒宴,淳于髡常常作陪。

讨论:这则小故事说明了在与领导沟通时要注意些什么呢?

网络资源

秘书沟通(百度百科):http://baike. baidu. com/link? url = WqQoXeAti - FmMURkk8DxoVb8FFlKulCyQBQbcZAi7TPCaDu0XfDRFiYLns5O2e9B__4ahmqEUPPyW9v8IkfVa

本章实训题

1. 纵向沟通情景模拟

某某公司在关于选择哪家广告公司的时候,出现了纠纷,老板认为应该选择价格便宜的广告公司,而小伟则选择价格相对较高的广告公司。而他知道老板这样的选择是不对的。于是,有一天,小伟进去了老板的办公室。

小伟:老板,我想跟你谈一下关于选择哪家广告公司的事情。

老板:已经决定好了,选择价格便宜的广告公司。

小伟:老板,出于对成本的考虑问题,确实价格便宜的广告公司是比较适合我们公司的。

可是，老板你看，这是近几年来这家广告公司所策划出来的成品，市场对他们的评价都不是很高。而且，我们这次需要广告的是我们本年度重点推的产品，如果效果不好的话，可能会对我们公司的收益产生很大的影响。

老板：确实是我们主推的产品，可是价格高的广告公司广告效果能好到哪里去。

小伟：老板，你看，这是我在市场上调查的关于这家广告公司推出的产品的评价，大家的评价都是很高的。而且，这家广告公司很擅长策划年轻人领域的市场，而我们需要的不就是这些吗？

老板：听你这么说，看来你是做好功课的。

小伟：我只是在老板谋划的基础上，自己再添加一点点东西而已。主要还是老板眼光好，能够观察到这两家广告公司有对比性，这样我才能够给老板你看啊。

老板：好吧。那就用价格相对高的那家广告公司啦。希望这样产品推广可以很成功。

小伟：在老板的正确选择下，我相信我们一定可以很成功的。这次的产品推广一定可以让公司收益不少的。

小伟跟老板都笑开来了！

2. 横向沟通情景模拟

某某公司想举办一个活动，小刘是这个活动的总负责人，他觉得财务部的小黄文笔不错，所以他想让小黄来负责这次活动的策划工作。可是当小黄在负责这个项目策划的时候，处处碰壁。

小黄：策划部的同事，你们好，我这边想询问你们关于这个活动的一些资料。

策划部：这不是我们负责的事情。对不起。帮不了你。

小黄：可是你们是策划部的啊。这些事情只有你们才清楚。

策划部：项目不是我们负责的。

小黄欲言又止了。

因为策划部的同事认为既然是小黄负责了，所以他们就不必要再插手。所以当小黄想寻求策划部的帮助的时候就一直没有办法。

活动一直搁置。

3. 口头沟通与书面沟通情景模拟

经理交代小刘跟小吴分别去通知王老板跟梁老板，介绍这次活动的目的以及活动时间。小刘与小吴选择了不同的沟通方式。

小刘选择用口头沟通的形式去通知王老板。

小刘：王老板，你好，我是某某公司的小刘。

王老板：你好，请问有什么事情呢？

小刘：我们这次的活动准备在下周五即（六月十号）举办，到时候请王老板参加。我们这次的活动主要是为了宣传我们公司的产品以及推广我们的项目，到时候会让你对我们公司有个全新的认识。

王老板：好的。到时候我会准时参加的。

小吴则选择了书面的形式跟梁老板进行沟通。给梁老板发过去了 E－MAIL

梁老板：

你好，我是某某公司的小吴，六月十号（下周五）下午两点我们公司将在某某广场举办大型活动，本次活动主要是宣传我们公司的产品，同时推广我们公司的大型项目。

期待你的光临！

某某公司

4. 沟通小游戏

请每位同学在作业纸上画出下表并找到符合相应条件的同学在表格后的签名处签名：

条件设定	签名处	检验结果
会讲三种以上语言		
会唱外文歌		
会几个武术动作		
会一些舞蹈动作		
微笑迷人		
会做一些家常菜		
会几个潇洒动作		

要求每个同学只能在同一位同学的表格中选择一项签名，必须是本人确认亲自签名，然后收齐交给老师。

老师在课堂上随机选取部份签名单进行信息真实性的检验，检验结果符合条件者打 O，不符合者打 ×，最后统计随机检验的效果值，并结合沟通过程与要素对本游戏进行解析。

5. PAC 分析

以下这份问卷有助于帮助你了解自己的沟通风格，它的理论基础源自伯恩(E. Berne)的研究。

1. (A)我说出我的想法

   (B)我倾向接受他人的想法

2. (A)我常为同事服务

   (B)我对他人严格

3. (A)我非常有逻辑性

   (B)我比较感性

4. (A)我不喜欢多管闲事

   (B)别人认我的关心让人窒息

5. (A)别人认为我专横

   (B)我寻求共赢

6. (A)我敢于展示自我情感

   (B)我较会掩饰自我情感

7. (A)我常同情他人

   (B)我喜欢控制书面

8. (A)我会三思而后行

   (B)我问题很多

9. (A)我人际关系好

(B)我帮助他人解决问题

10. (A)我让别人知道我拥有一些坚定的主张

(B)我将其它人纳入决策过程中

11. (A)我富有创造力

(B)我有时缺乏自信

12. (A)我喜欢关心他人

(B)我喜欢制定规则

13. (A)我通情达理

(B)我不幽默

14. (A)我不会拒绝别人

(B)我许多时间用在替别人办事上

15. (A)我常知道答案

(B)我在压力下保持平静

16. (A)我有极大好奇心

(B)我在开会时喜欢安静的坐着

17. (A)我会帮助别人打消疑虑

(B)我喜欢谈论甚于倾听

18. (A)我听取所有的观点

(B)我喜欢做我想做的事情

19. (A)我很难开口说不

(B)我常关心新员工

20. (A)我喜欢领导他人

(B)我尊重他人观点

21. (A)我常给人们带来惊喜

(B)我的着装风格与环境一致

22. (A)我挑剔

(B)我喜欢指挥

23. (A)我对人一视同仁

(B)我的工作充满乐趣

24. (A)我喜欢有礼貌的人

(B)我常为大家提供支持

25. (A)我喜欢遵守规则

(B)我较有逻辑性

分数计算:请在下表中记下你各题的选择,然后统计你每一列中得分的数目,即为得分。

问题	NC	AC	NP	CP	A
1	A	B			
2			A	B	
3	B				A
4		A	B		
5				A	B
6	A	B			
7			A	B8	B
9		A	B		
10				A	B
11	A	B			
12			A	B	
13	B				A
14		A	B		
15				A	B
16	A	B			
17			A	B	
18	B				A
19		A	B		
20				A	B
21	A	B			
22			A	B	
23	B				A
24		A	B		
25				A	B
总计					

注:NC为天真孩童型，AC为顺应孩童型，NP为哺育父母型，CP为挑剔父母型，A为成人型。

讨论:请举例说明你所喜爱的沟通风格，这种风格与他人沟通时，应该注意些什么?

第四章　秘书写作

本章思考题

1. 秘书常用的写作文体有哪些？

2. 对于你来说，困难的写作类型是什么？

3. 你有写作的习惯么？如何培养写作习惯呢？

第一节 发言讲话稿

发言讲话稿是秘书写作中最常见的内容之一，在时令节气、礼仪庆典以及各种随机性场合，秘书常常要准备相关发言稿，以供领导者或者个人在各种公开场合发布演讲。发言讲话稿应用广、写作篇幅长、专业化水平要求高、使用频率高，因此，是秘书岗位人员要重点关注的一种文体。

一、讲话稿的分类

根据应用场合的不同，讲话稿大致上可以分为时令性讲话稿、礼仪性讲话稿、会议性讲话稿以及其他随机性讲话稿四类。时令性讲话稿一般是在固定的节庆日使用，比如新年致辞：

小资料1：

新年致辞

各位来宾，各位朋友：

大家新年好！

骏马贺岁福满门，快乐相伴庆新春！在这欢乐祥和、充满希望的美好时刻，我谨代表某市新希望有限公司，向广大新老客户及公司全体员工致以诚挚的问候和衷心的祝福！

2014年，我们新希望公司在您及广大朋友同仁的关心、理解、支持和帮助下，跨越了一座又一座的高峰，不断成长。这和全体员工的共同努力以及广大的客户及朋友长期的关注与支持是密不可分的！在这里我代表我们这个大家庭对广大的客户及朋友表示感谢！

回顾一年来的工作，我们有过艰辛，也有过坎坷，各种不利因素导致项目盈利空间缩小、债权催讨难度大、资金压力加大，在各种艰难情况下我们仍然取得了令人鼓舞的成绩，这些成绩的取得凝聚着公司每个员工的心血和汗水，是全体员工众志成城一心、团结奋斗工作、尽心竭力拼搏的结果。机遇蕴含精彩，创新成就伟业，新的一年开启新的希望，新的历程承载新的梦想。2014 年，正是我们创造梦想、扬帆启航的关键之年，我们将紧密依托行业的优势，以提高经济效益为重心，以改革改制为动力，迎难而上，锐意进取，团结协作，大胆创新，力争尽快实现运营结构的全面优化，共创 2015 事业辉煌！

新年的脚步临近，我们新希望有限公司也将迈入新的一年。在此，祝愿大家在 2015 年，能够与广大客户共同进步、合作愉快，能够与许许多多的新老朋友携手共进、增进友谊。祝所有的新老朋友们及同事们在 2015 年，大展鸿图！事业有成！身体健康！家庭幸福！

礼仪性演讲稿一般用于各种开业庆典、周年庆典、成立仪式等场合。举例如下。

小资料 2：

在“某市社会发展研究院”成立仪式上的讲话（基层代表讲话稿）

各位领导、各位专家、各位嘉宾：

大家上/下午好！

首先，请允许我代表社会发展研究院全体成员，对各位关心某市社会发展领域研究、关心我院科研发展的各位来宾表示最热烈的欢迎！对某市社会发展研究院的成立表示衷心的祝贺！

社会发展与进步是是人类文明的重要特征之一，是社会安定、人民幸福的重要保证。在某市这块热土上，数百年来诞生的伟人们在社会发展领域进行了无数有益的、积极的理论探索和实践活动，为形成关注社会发展、开拓发展视野的良好传统奠定了坚实的基础。

为了继承社会创新精神，支持某市社会发展领域的改革与创新发展，我们整合了某市研究优势资源，特为其提供办公场地支持、研究人员支持，进行前期学术资源与科研资源积累；在机制上支持鼓励某市社会发展研究院的创立和发展，支持并鼓励该研究院围绕加强社会建设和创新社会管理这个主题，紧密结合某市社会建设实际，开展以保障改善民生为重点的社会事业研究、基层服务管理研究、社会组织培育发展研究、创新社会服务管理研究、民主法治环境建设研究、社会精神文化建设研究、社会体制机制改革创新研究、社会建设绩效监测与评估研究等，广泛进行社会调查，系统开展相关课题研究，为促进某市社会建设和创新社会管理提供智力支持。

某市社会发展研究院隶属于某某科技大学，是由政府扶持、高校支撑、政校合作共建的按照高校研究机构模式管理的相对独立的研究机构。研究院由某某大学某某学院按照高校研究机构模式进行行政管理，由某市民政局进行业务指导。值此研究院成立之际，我们殷切希望该研究院能在某市以下领域的改革发展中发挥应用的作用：

（一）某市社会发展战略研究领域，特别是人口资源、收入分配、文化教育、社会保障、公共安全等领域的理论和政策研究；

（二）地方社会管理科学研究领域，特别是基础性理论研究、应用性研究、地方社会管理理论创新和学科建设领域；

（三）地方社会管理领域政策咨询研究领域，特别在承担地方党委和政府委托的课题研究任务，提供有价值、有影响力的决策咨询成果方面要发挥积极作用；

（四）地方社会治理体制机制创新设计研究与推广实践研究领域；

（五）为机关、事业单位、社会团体、社区、基层组织等提供社会管理体制改革设计、研究、咨询、推广服务；

（六）社会管理绩效评估领域、对外交流与合作领域、社会管理相关业务培训、社会管理改革论坛活动组织等领域。

某市社会发展研究院今天的成立体现了某市社会各界对我们科研团队科研能力和科研成果的认同与支持，同时也是其自身多年积累和各方关注关心的实体化表达。在这个充满喜悦和希望的时刻，我衷心祝愿某市社会发展研究院能够在某市的建设和发展中发挥更大的能量和作用，真正做到：博学慎思聚群智，求真创新多果实。

谢谢大家！

小资料3：

在“某市制度创新研究院”成立仪式上的讲话（单位领导讲话稿）

各位领导、各位专家、各位来宾：

大家下午好！

首先，请允许我代表某某科技大学人文学院，对各位关心某市制度创新领域研究、关心我们科研发展的各位来宾表示最热烈的欢迎！对某市制度创新研究院的成立表示衷心的祝贺！

某市自近代以来就开风气之先，勇立改革创新的潮头，以孙中山先生为代表的一大批杰出的革命家、思想家对国家法律制度、行政制度、经济制度、社会制度等方面进行了一系列伟大的理论探索与创新实践，缔造了中国近代史上的一段传奇，其思想理论的影响源远流长，其开创的民主共和制度开启了中国走向现代的大门。改革开放以来，某市大力弘扬“敢为天下先”的精神，开创了无数个“第一”，谱写了一页又一页的改革创新的动人篇章。无数事实证明，某市是一个勇于创新、善于创新的城市；也正是因为不断创新，某市在弥久日新地彰显着这个城市的独特魅力。

随着改革开放的持续深入，某市的政治、经济、文化建设取得了令人瞩目的成绩，但改革过程中也出现了一些影响和制约我们发展的新矛盾、新问题。在《珠江三角洲地区改革发展规划纲要》的指引下，结合某市“十二五”规划的目标要求，进行制度创新研究和加强研究成果的应用，对于促进某市经济社会改革和发展，建设幸福和美某市具有重要意义。

为支持某市制度创新研究院的建立和发展，我们整合社会科学研究优势资源，特为其提供办公场地支持、研究人员支持，进行前期学术资源与科研资源积累；在机制上支持鼓励某市制度创新研究院的创立和发展，支持并鼓励该研究院开展制度设计、新制度推广与咨询、相关学术研讨、学术讲座、信息交流、社会调查和课题研究等活动；鼓励研究院加强制度研究，开展基础性理论研究和应用性研究，积极推动学科建设；鼓励其开展制度领域的政策咨询研究，承担政府各职能部门委托的课题研究任务，提供有价值、有影响力的决策咨询成果；鼓励其开展地方制度设计研究及推广实践，并通过对外交流合作为机关、事业单位、企业、社会团体、社区、基层组织等提供某市设计、研究、咨询、推广服务。

值此某市制度创新研究院成立之际，我在此提出几点希望，与研究院的同仁们共勉：

第一，要全方位牢固树立创新的理念。创新是高校的一项重要历史使命，贯穿于高校的人才培养、科学研究、社会服务、文化传承等各项工作之中，是提高高等教育质量的根本要求。当今社会，已步入日新月异的创新时代，也是一个高度需要创新的时代。作为高校的研究机构，只有站在时代的前沿，只有将创新理念全方位融入到人才培养、科学研究、社会服务、文化传承的实践之中，为社会培养创新型人才，为社会提供创造性研究成果，才能在社会中不断体现其价值，实现其价值，真正发挥为地方经济社会发展提供智力支持和人才支撑的作用。

第二，创新的关键是最大限度地调动和激发教师的主观能动性。办学以人为本，教师是主体；科学研究，同样需要以教师为本，需要充分调动教师的积极性、主动性，激发教师的潜能。我们社会科学研究领域的教师队伍，普遍学历高，90%以上是硕士研究生毕业，85%以上来自于是“985”、“211”大学，他们科研基础厚实，正年富力强，正是想干一番事业、能干一番事业的时候。某市制度创新研究院的成立，为他们搭建了一个良好地施展才华的平台。希望我们的社会科学类教师，充分发挥自己的主观能动性，借助这一平台，抓住良好的契机，发挥自己的优势，在相关领域的研究中，在为某市经济社会发展服务中，提升自己的科研学术水平，茁壮成长。我衷心希望，这一平台的建立，能促进一批又一批拔尖人才的不断涌现，一项又一项创新性学术成果不断出炉。

第三，立足某市，服务某市，走向全国。用好校内校外两种资源，多出成果，快出成果，出好成果。某市制度创新研究院的成立，是我校与某市合作共建的成果，是某市经济社会发展的内在需要，其目的也是为某市经济社会发展出谋划策、献计献策。研究院在各项工作开展中，既要充分发挥高校的人才优势、学术研究优势，更要立足于实践，立足某市经济社会发展需要，加强与政府各部门、社会各方面的合作，密切研究院与国内外高校及科研院所的联系，共同攻关，做到优势互补，充分利用校内校外两种资源，勇于承担攻关项目的研究，在促进某市经济社会发展服务的过程中，不断拓展自身的发展空间。

创新是一个民族的灵魂，是社会不断向前发展的不竭动力。我们相信，在某市领导的关怀下，在某市人大常委会、某市依法治市领导小组办公室的业务指导下，在社会各界的广泛关心支持下，在不远的将来，制度创新研究的汗水将在某市各行各业开出芬芳的花朵，某市制度创新研究院将在某市现代化建设的美好蓝图上绘上浓墨重彩的一笔。

谢谢大家！

小资料4：

在“某市制度创新研究院”成立大会上的讲话（某市领导）

各位领导、各位专家、各位来宾：

大家下午好！

丹桂飘香，香菊争艳，艳阳高照。在某某科技大学人文学院和某市依法治市办的共同努力下，经过近半年的精心筹划，今天，某市制度创新研究院终于成立了！这是我市与某某科技大学合作共建人文学院过程中取得的又一项重要成果！也是我市依法治市发展进程中的一件大事！它标志着我市依法治市建设又上了一个崭新的台阶。这也是某某科技大学人文学院发展史上的一大幸事！它标志着某某科技大学人文学院在人才培养、科学研究和为社会服务之道上又辟新径。在此，我代表市委、市政府对某市制度创新研究院的成立表示热烈祝贺！对远道而来支持、帮助、关心某市制度创新研究院成立的各位来宾、社会各界人士表示衷心的感谢！对筹办某市制度创新研究院的工作人员表示诚挚的问候！

制度是一种规则，规范人们的行为和社会关系，从而保证社会在既定的轨道上正常运转。没有规矩，不成方圆。缺乏制度，社会就不可能实现良性运行。好的制度是建设美好社会的基础；坏的制度是毁坏人类社会发展的罪魁祸首。不断创新和建设好制度，是人类社会之所以能繁衍生息、有序运转的奥秘所在。

我们要发展，就要改革。改革的本质就是改革旧制度，创造新制度。没有制度，改革不成。制度陈腐，改革难行，甚至会倒退。我们要改革、要发展，必须要不断创新制度。珠三角《发展规划纲要》明确提出了珠三角地区要"再创体制机制新优势"，要"以行政管理体制改革为突破口，深化经济体制和社会管理体制改革，健全民主法制，在重要领域和关键环节先行先试，率先建立完善的社会主义市场经济体制，为科学发展提供强大动力。"为了落实珠三角《发展规划纲要》，我市在《十二五规划纲要》中，也明确提出了"争创体制机制新优势"，"全面推进经济体制、社会体制、文化体制改革"，"为加快建设'三个适宜'的新型城市提供强大动力和体制保障"。制度创新研究先行。因此，我们相信，成立"某市制度创新研究院"，对某市新一轮的改革发展，对某市争创法治广东建设示范市工作，将起到重要的推动作用。

在未来的发展中，我们希望某市制度创新研究院能秉承孙中山先生的"敢为天下先"之精神，大胆创新，锐意进取，积极进行制度创新研究，为建设创新型某市建言献策、提供智力支持。我们期待，在不久的将来，某市制度创新研究院能立足某市、走出某市，成为某市、珠三角、乃至广东省经济社会发展制度研究的智库高地，不断为我国的制度创新提供可资借鉴的、切实可行的研究成果和示范样本。

某市制度创新研究院使命光荣，任务艰巨。希望某市制度创新研究院的成员尽职尽责，努力发挥"智囊团"的作用，为某市的改革与发展号好脉，把好关，努力解决制约某市改革发展的各项体制机制障碍，为某市在新世纪的跨越式科学发展做出更大的贡献！

谢谢大家！

小资料5：

深入开展制度创新研究 提高地方法治建设水平

——在某市制度研究院成立大会上的讲话（省领导讲话稿）

各位领导、各位专家、各位来宾：

大家下午好！

创新，是一个民族进步的灵魂，是一个国家兴旺发达的不竭动力。敢闯敢试、敢为人先、勇于创新，是经济社会科学发展的核心动力。新时期建设幸福广东、法治广东，对制度建设与创新提出了更高的要求，需要我们全面深入践行创新、敏行精神。

某市秉承孙中山先生"敢为人先"精神，卓有成效地开展制度创新实践与理论研究。现在又率先成立制度创新研究院，这对于探索创新发展思路、提高法治建设水平具有重大意义。省依法治省办对某市开展制度创新研究工作，给予充分的肯定和大力的支持！在此，我代表某某省办并以我个人的名义，对某市制度创新研究院的成立表示热烈的祝贺！

下面，我就深入开展制度创新研究、提高地方法治建设水平，谈几点意见和期望：

一、围绕地方经济社会发展的重点难点问题，加强制度创新研究

制度创新是经济社会科学发展、和谐社会构建的基本条件和保障。制度创新，涉及经济、

政治、社会、文化等众多领域。从宏观看，国家法律法规，从中观看，地方政策与社会管理制度，从微观看，单位的内部规章制度，都是制度创新研究的重要方面。社会管理体制、社会监管制度、社会信用体系等方面的制度创新，都是当前我们迫切需要着力开展研究的内容。我国经济社会发展中的矛盾和问题，往往涉及诸多制度体制创新领域，需要采取综合措施手段才能得以有效解决。因此，探索解决社会热点难点问题，要求我们整合各方资源，发挥多学科专业领域专家的才智，深入具体地加强制度创新的整体研究。

二、创新规范性文件制订、实施、监管制度

没有立法权的地方、基层各领域改革的制度措施，最终往往体现为规范性文件。改革开放以来，大量的法律制度就是立足于基层制度创新实践和理论研究的。作为地级市的某市，本身不具有立法权。但是，地级市的国家机关、人民团体、社团组织、企事业单位，可以出台法律法规范畴以外、非立法性的规范性文件。大量的规范性文件，属于地方基层制度创新的基本方面。因此，加强规范性文件的制订、审查、执行及其监管、效果评价等方面的制度创新研究，是某市加强制度创新的基本形式。此外，在法律法规具体实施机制的探索方面，也是可以有所作为的。事实上，创新精神和法治原则的辨证统一关系，在实践中是可以科学地处理好的。近年来，某市在流动人口积分管理、社会保障制度建设、“诉调对接”的纠纷解决机制、行政审批方式改革、行政复议运行机制、行政处罚自由裁量权规范等方面的制度创新，就取得了显著的成效。我们期望，某市在制度机制创新实践和理论研究上，能为我省制定、修改地方性法规、地方政府规章、地方规范性文件，提供更多的有益经验。

三、突出应用性研究，理论探讨与应用推广相结合

基层制度创新研究，应以应用性研究为主，为地方经济和社会发展服务。创新理论来源于实践，我们应立足某市实际，加强社会调查，发掘提炼本地创新实践的新经验。同时，也要走出去、引进来，借鉴国内外先进经验，加强理论研究以形成优秀成果，并运用于实践，发挥理论对实践的指导作用，在实践中检验和丰富理论。省依法治省工作领导小组已经明确将“引导某市争创法治广东建设示范市”列为今年重点工作之一。某市正着手创新十项制度，推进法治建设水平。我们相信，某市必将为法治广东建设创造先进经验。

最后，祝某市制度创新实践与理论研究取得更大的成绩，为我省制度创新先行先试、建设法治制度创新做出新的更大的贡献！

会议性讲话稿通常用于举办各种会议时的会议发言。举例如下。

小资料6：

某市社工委研讨会发言稿

各位领导、各位专家：

大家下午好！

关于社区之中社会组织的主题，我有以下几个方面的观点和看法：

一、社区社会组织的作用

社区性社会组织，是由街道办事处或者居委会辖区内的自然人、法人和其社会力量自愿组成的，在街道或居委会范围内开展活动，为本地区居民提供不同需求服务的非营利性、公益性、服务性的社会团体和民办非企业单位。它的主要作用有以下几个方面：

(一)弥补政府之不足

1. 人力不足………

2. 财力不足……..

3. 服务不足……..

(二)推动社区服务专业化，缓解社区矛盾……

(三)带动家政服务业……..

(四)促进社区文化生活建设……..

(五)是物业管理的有益补充……..

二、社区社会组织的培养与规范……..

(一)培养

1. 提供政策引导……..

2. 转移支付(政府购买服务、承托外包)……..

3. 提供培训交流机会……..

4. 加强宣传(观念培养)……..

(二)规范

1. 加强立法(法制手段)……..

2. 强化监管(行政手段)……..

3. 经济手段(经济处罚)……..

4. 社会手段(市场竞争)……..

5. 积极导向(社区风气建设)……..

以上是我的一些基本看法，不足之处，敬请各位批评指正！

其他随机性演讲稿可用于各种公开场合，如竞聘、个人演讲等等。举例如下。

小资料 7：

个人演讲稿

尊敬的各位评委，亲爱的同事们：

下午好！

我是来自某市某某医院的王小丽，我演讲的题目是《选择我所爱，爱我所选择》。

2000 年，我毕业后进入某某医院从事助产护理工作，迄今已经 13 年。13 年光阴荏苒，在我心中积累的，是一点一滴浓浓的感动和一份对当初选择无怨无悔的赤诚之心。作为一名助产士，虽然我没有创造出什么惊天动地的奇迹，但日常工作中，每一个温暖的微笑，一句简单的问候，都传递着温暖的力量。每当我用双手抚去孕妇额头的汗珠，每当我细语平复着待产准妈妈的恐惧与惊慌，都感觉到我的鼓励和笑容为她们增添继续前行的信心与勇气。我将我的青春定格在了“助产士”这个岗位上，用我的奉献丈量着生命的长度，我不曾后悔，因为我“选择我所爱，爱我所选择”。

自我工作以来，以优质的服务和忘我工作的精神赢得了身边同行的认同，孕妇的信赖。在平凡的工作岗位上屡创工作佳绩，得到了院领导的充分肯定。

一、勇挑重担，有一种力量叫执着

产房是产科的重点部门，2009年，我担任某某医院医生产房护士长，成为我院最年青的中层干部。面对我院分娩量持续上升，、工作人员少、孕产妇多的情况，保持并提高服务质量成了我要面对的首要问题。为此，我一方面制定了“六个前面”的护理原则（即帮助在孕产妇前面；解答在孕妇及家属前面；服务在孕产妇要求前面；沟通在孕产妇治疗前面；质控在问题发生前面；巡走在呼叫机亮灯前面），以达到提高服务质量的目的。另一方面我们至始至终把孕产妇的安全和利益放在第一位。如为了减少孕妇的痛苦，我们在推出各种止痛方法的基础上又推出了硬膜外镇痛分娩，此法目前来说这是解决孕妇痛疼最好的办法，但需要助产士寸步不离的观察，增大了工作量。但我坚信，只要是对产妇有好处的，我们就会努力去做，再苦再累也能坚持。在我的带领下，我们的助产士纷纷响应。这使我们很多的助产士错过了吃饭时间，错过了下班时间，有的为了减少去洗手间的机会连水也不愿多喝一口。有的孕妇对硬膜外镇痛分娩存在误解，我们助产士不厌其烦的为她们解说，每当使用并顺利分娩后，她们都对我们充满了感激之情，都说现在分娩是一件很快乐的事情，产妇们口口相传，我们的分娩量不断上升，而我们的服务质量更是得到了前所未有的提升。

二、热情满注，有一种品格叫奉献

产房是一个风险很大的科室，助产士的压力非常的大，因为她掌握了母亲及婴儿的两条生命。我深知如果在分娩的过程中出现了任何的意外，对于母亲和孩子来说都是一辈子的事情，也会造成一个家庭的破碎。我深知自己责任重大，于是我利用自己的休息时间参加各种课程来提高自己的专业水平，带领大家在科里组织成小组的形式来训练操作技术。就在2010年我院“三甲”评审时，我科组织了操作大练兵，不幸的是，我婆婆就在这个时候被查出患有食道癌，而且已经到了晚期。按理，我应该多陪在她身边照顾她，可是我想着领导对我的信任，同事期盼的眼神，强忍着悲痛的心情，继续投身在医院的创甲工作上，日夜加班，家里年幼的儿子和患病的婆婆都托付给丈夫和公公照顾。

不久后，我的婆婆在离开了人世，我感到很内疚，但是，我院顺利通过了三级甲等医院的评审的消息，让我的心灵得到了一些慰藉。

是的，生为女性，我为人母、为人妻、为人女，在平常日子我为了工作常错过了一场非常精彩的电影，错过了和丈夫的约定，失约了对孩子的诺言；在节日里我们不能和亲朋好友欢乐共聚；在亲人生病的时期，我从未给予过细心的呵护。面对这些我也心存愧疚，但是每当我听到那一声轻脆的哭声，那一句“谢谢你”，看到那一家三口像花一样的笑脸，我就会感到欣慰，就会感到无愧，更会感到无悔！

通过自己的努力工作，我每年都被评为院“优秀护士”、“优秀团员”、“先进工作者”，2010年评为某市先进工作者，2012年评为某市优秀团干，2012年获得国家卫生部“先进助产士”称号。上述的成绩的取得离不开领导的关爱，同事和朋友的竭力支持，在以后的工作和学习中，我会再接再励，助产士的工作是我无悔的选择，我也将继续将所有的热情投入到这份工作中去。最后，祝在坐各位“最美的助产士”们幸福安康，为我们的助产事业创造出更多的佳绩！我的汇报完毕，谢谢大家！

二、讲话稿的基本框架

讲话稿的写作，通常需要由标题、礼仪性称呼、问候语、开头语、主体内容、结束语几大部分构成。其中标题可以选择“主题＋文种”的形式，如“关于某某单位60周年庆典活动的演讲稿”、“新年致辞”等，也可以直接使用“演讲稿”作为标题。礼仪性的称呼通常包括“女士们，先生们”、“各位来宾、各位朋友”、等统称，即对演讲致辞的对象进行分类统称。问候语通常为“新年好”、“大家好”等较为笼统的问候。开头语需要结合当时的天气、时令、地域、历史背景、人文环境和讲话者本身的身份进行描写，要符合当时当地的实际情况。主体内容即本次讲话所要表达的核心含义，通常有表达某种祝愿、总结成绩、描绘愿景、提出要求等等内容。而结束语部分通常包括礼仪性的感谢与号召类言辞。具体而言，不同类型的讲话稿在内容框架上有细微的差别：

1. 时令性讲话稿。

时令性讲话稿通常在逢年过节的时候使用，主要为了衬托节庆的喜悦，总体上结构通常为：标题－称呼－问候－节庆介绍－过去的总结－感谢与展望未来。

2. 礼仪性讲话稿。

礼仪性讲话稿通常是在一些开业典礼、周年庆典、成立仪式上使用，总体上要衬托出喜庆、热烈、祥和、充满希望的气氛，它的结构大体上为：标题－称呼－问候－礼仪事由－祝贺－相关主办单位简介－感谢－期望。

3. 会议性讲话稿。

会议性讲话稿通常在各类会议上使用，主要衬托会议严肃、严谨的风格和气氛，它的框架基本为：标题－称呼－问候－会议发言主题及发言纲要－具体发言条款－感谢与谦逊之语。

4. 随机性讲话稿。

随机性讲话稿通常涉及公开选拔竞聘、个人演讲总结等，它的框架结构基本为：标题－称呼－问候－个人情况简介/目标简介－陈述观点－支持性理由－感谢与期望。

三、讲话稿写作的注意事项

1. 注重领导讲话稿写作与普通个人发言稿写作的区别

领导讲话稿和个人发言稿因为发言的场合、层次、身份不同，对于讲话稿的写作水平、严谨程度等的要求也不同。一般而言，领导讲话稿要体现其权威性、政策性以及导向性，而个人发言稿只需要有针对性和观点性即可。领导讲话稿的主要目的在于宣传思想、传达政策、部署工作、落实措施、鼓舞士气、凝聚人心，而个人发言稿主要是阐述立场、申明观点或者简单交流个人经验。领导讲话稿的写作水平通常代表领导水平和单位形象，而个人发言稿水平通常只代表个人水平和个人形象。领导讲话水平高，言之有物，能激发和调动群众积极性，体现领导干部良好的人格魅力和形象，个人讲话水平高，可以体现演讲者的性格与个人魅力。

2. 要关注受众

讲话稿的受众是讲话稿的宣讲对象，在进行讲话稿设计时，要关注受众的人群特点、心理特点、利益要点等，做到有的放矢。在语言设计上要考虑到受众的接受能力与接受倾向，尽量使用受众较为熟悉的表达方式，与受众找到共同点，这样的讲话稿才能引起共鸣，起到较好的宣传效果。

3. 讲话稿的语言要通俗易懂、风趣幽默

讲话稿是一种用来进行口头沟通的稿件，通俗易懂、风趣幽默的语言表达会使讲话稿本身显得更加的生动和吸引听众。如朱镕基总理在1999年3月15日九届全国人大二次会议记者招待会上回答中外记者提问记者招待会上曾经说过："美国国务卿奥尔布赖特最近访问中国时，我告诉她一句话。我说："我参加争取和保障人权运动的历史比你早得多。"她说："是吗?"表示她不同意我的意见。我就说"不是吗？我比你大10岁，当我冒着生命危险同国民党政权作斗争，参加争取中国的民主、自由、人权运动的时候，你还在上中学呢。"这种幽默易懂的讲话风格引发在场记者阵阵笑声，即抓住了听众注意力，又活跃了气氛。再比如在一些讲话稿中，使用一些新兴的网络语言，如"给力、神马都是浮云、淡定"等等，即让听众觉得新鲜，又能准确的表达讲话者的意图。

第二节 秘书其他常用办公写作文体

除讲话稿的写作外，秘书在日常办公活动中还经常需要写作其他一些类型的工作性文体，如计划、总结、通知、请示、报告、通讯、信函、单位管理规定等。

一、计划与总结的写作

1. 计划的写作

计划是一种在工作活动开始前拟定的活动开展具体步骤和内容的一种常用办公文体，它从层次上看分为宏观计划、中观计划和微观计划。宏观计划一般是战略性和长期性的，比如我国的"三步走"战略目标、"十二五"规划等等都属于此类，一般需要专业团队来完成，与秘书日常办公写作关联不大。中观计划通常是一定时期和一定范围内的工作安排与预案设定，微观计划通常与日常办公活动有观，均属于常见秘书写作的范围。

计划一般具有前瞻性和指导性，进行工作总结时通常都要与工作计划进行对比参照，部分较为严谨的计划如科研项目计划、经济计划等，在进行总结时要严格对照计划指标的完成情况，它的写作要点如下：

(1)标题：可直接以"计划"作标题，也可以"主题+计划"作标题，如"生产计划"，还可加上时间、地点、计划者、计划种类等限制性定语在标题当中。

(2)正文：计划通常可以采取条文式或者表格式来写作正文，以达到一目了然的效果。如：

小资料8：

××科技大学公共管理系教师及专业发展研讨会计划

会议主题：教师及专业发展研讨会
会议时间：7月9日15:00~17:00。
会议主持人：张小利，王小川
初步议程： 7月9日下午：开会(必须参加) 7月9日下午：晚餐(公共管理系活动，小A邀请)(无特殊情况一般参加) 7月9日晚上：晚餐及活动(小B邀请，小C具体组织)(自由选择，可带家属)

续表

参加人员:公共管理系全体老师(会议很重要，如有人请假，则会议延后，直至全部人都参加)
会议说明:此会议非常重要，很有必要通过会议沟通，对公共管理学科发展达成共识，努力建设好这个专业，对专业形成强烈认同感，努力搞好个人发展，努力支持系内同事发展。
建议:公共管理系从下学期开始，真正落实会议制度，除上课、出差外，每个老师都必须准时参加会议，把会议的重要性提高到与上课同样水平。会议的功能不只是下达任务或指令，更重要的是在教学、教研、科研、指导学生等方面深入沟通交流，真正提高自身教学科研水平。

一、教师与专业发展

议题1:专业间的横向比较(校内专业比较分析)(讨论，找出本专业优势和劣势)

议题2:教师间的横向比较

比较1:学生评教(理论课)。(小A做主题交流。)

比较2:教学优秀奖。(核心指标为“学生评教”，“教学质量工程”)。(小B做主题交流。)

比较3:优秀教师评奖。(指标1“评教”，指标2“教研”，指标3“科研”，指标4“荣誉”)。(小C做主题交流。)

比较4:“十二五”期间的职称结构预测(指标1“科研论文”，指标2“科研课题”，指标3“教学教研”，指标4“荣誉及其他”)。(小D做主题交流)

二、实践平台及实习基地建设

议题1:校内实践方式的开拓与落实(小E做主题交流)

议题2:校外实习基地的开拓与落实(小F做主题交流)

实习的明确分工:

系主任及专业负责人职责:在院领导的支持和专业教师的协作下，开拓实习基地，并签署合作协议。

指导老师职责:在院领导，系主任的支持下，联系已签署协议的实习单位，安排学生实习，分配实习任务，并在实习过程中予以指导，批改实习报告。校内实习也必须要有明确的时间和计划安排。

议题3:毕业设计模块化的落实(讨论)

议题4:毕业论文质量提升(讨论)(选题“小题大做”，过程控制严格)

三、专业发展趋势(讨论)

议题1:公共管理发展(小A做主题交流)

议题2:公共管理发展(张小利做主题交流)

议题3:新专业方向开设“公共管理”探讨。(王小川做主题交流)

基本原则:公共管理方向大类培养，基础课程相同，交叉课程增多，方向做精。

四、教师及专业发展路径(讨论)

(一)大幅度提高学生评教成绩。

目标

(二)参加教学质量工程建设、指导学生竞赛、指导学生项目。

(三)大力加强科研:科研是公共管理学科最容易出特色之处，要加大科研力度。

1. 科研项目
2. 科研论文
3. 科研奖励

科研项目要与指导学生竞赛、指导学生项目、毕业设计模块化有机结合。

(四)积极争取各种荣誉

1. 教学优秀奖 2. 优秀教师 3. 年终评优

(以数据来争取，而不是破坏团结)

(五)落实学生校内实习和校外实习

(六)加强专业建设

(3)结尾:位于计划部分最后一个段落，但因计划的风格一般是简明扼要、言简意赅，有时计划也可不写结尾。

小资料9:

"某市制度创新研究院"成立仪式议程(征求意见稿)

时间:2012年10月下旬 下午15:00~17:30

地点:某某科技大学人文学院实验楼报告厅

参会人员:特聘专家、某某省发改委领导、某市领导、某市发改局领导、某某科技大学人文学院领导、经济管理学院和公共管理学院师生。

主持人:王小丽(院长)

议程:

第一阶段:"某市制度创新研究院"成立仪式

1. 某某科技大学人文学院院长张小光宣读"某市制度创新研究院"成立的通知;

2. 某省发改委领导致辞;

3. 某市领导致辞;

4. 某某科技大学人文学院领导致辞;

5. "某市制度创新研究院"名誉院长聘任仪式【某省发改委领导为名誉院长(某市领导1名，人文学院院长张小光)颁发聘书】;

6. "某市制度创新研究院"特聘专家聘任仪式(某某科技大学人文学院院长张小光为首批特聘专家颁发聘书);

7. "某市制度创新研究院"院长聘任仪式(市发改局领导为"某市制度创新研究院"院长张小光颁发聘书);

8. "某市制度创新研究院"院长张小光讲话;

9. "某市制度创新研究院"揭牌仪式(省发改委领导、市领导、市发改局领导、人文学院院长张小光、公共管理学院党委书记刘小川、某市制度创新研究院院长张小光)(如有其他重要领导再补充)

10. 参会嘉宾合影。

第二阶段:学术讲座

地点:实验楼报告厅:

题目:待定

主讲人:赵田教授

讲座主持:小 A(职务介绍)或小 B(职务介绍)

某市发展和改革局
某某科技大学人文学院
某市制度创新研究院
2015 年 3 月 3 日

小资料 10:

某市社会发展研究院筹备工作安排

一、筹备小组成员

小 A, 小 B, 小 C……

二、具体工作安排

总负责:小 A

总协调:小 B

联系人:小 C

三、会务组组长:小 D

会务组成员:小 E, 小 F, 小 G……。

会务组主要任务:

(1)对会务工作进行全面安排。

(2)查漏补缺, 保障会务工作顺利完成, 尽量避免差错。

会场布置:小 A, 小 B

会场布置的主要任务:(1)会场沟通、联系、落实。

(2)做“某市社会发展研究院”竖牌一个, 揭牌用的横排一个。

(3)会场成立仪式暨讲座大背景制作。

(4)校门口水牌一个, 条幅一张。

(5)报告厅门口水牌一个, 条幅一条, 气球条幅两条。

(6)会场整体环境布置。

(7)会场现场布局。

(8)其他行政事务

会场礼仪:小 C 及学生会成员

主要任务:(1)揭牌相关安排

(2)会场礼仪

(3)会场座位布置

(4)现场接待

(5)安排参加仪式学生

(6)协助其他会场布置事宜

礼品后勤组:小 E, 小 F, 小 G……

礼品后勤组主要任务:(1)购买分发礼品。

(2)打印水牌所需名单。

(3)专家费用安排。

(4)各种费用处理。

四、接待组组长:小 H

接待组成员:小 I, 小 J, 小 K……

接待组主要任务:接待与会重要领导与专家。

五、材料组组长:小 D

成员:小 B, 小 C, 小 E……

主要任务:

(1)Logo 设计及宣传册撰写。(小 B)

(2)会务流程撰写。(小 B)

(3)主持词撰写。(小 B)

(4)××市社会发展研究院成立的决定。(小 C)

(5)××市社会发展研究院院长张小川讲话。(小 C)

(6)市领导讲话。(小 C)

(7)发改局领导讲话。(小 E)

(8)校领导讲话。(小 E)

(9)协助材料组的行政事务。(小 E)

六、课题筹备组组长:小 K

成员:小 I, 小 J, 小 K……。

要求与任务:

1. 根据某市社会发展现状拟定若干重要选题。

2. 如需要,对选中申报的选题要求认真撰写申报书。

3. 对最终申请到的题目要有足够的能力和充分的时间主持或作为骨干成员撰写课题,并能按时完成,确保质量。

2. 总结的撰写

总结是把一定时间阶段内的工作情况进行概括和分析,以获得经验和指导性意见的一种文书。总结的对象即可以是个人,也可以是集体,既可以是全面性的,也可以是单项性的,既可以是长期阶段总结,也可以是中期总结和短期总结。与计划的前瞻性和指导性不同,它具有事后性和概括性的特征,具体的写作框架如下:

(1)标题:总结的标题可以直接用"总结"来表示,也可以使用"单位名+时间+事由+文种"的标题形式,常用的工作总结还可结合具体事项使用双行标题。

(2)正文部分:正文部分通常由两个模块构成,第一个模块中交待进行总结的背景、基本情况以及进行总结的主要目的,第二个模块详细介绍总结范围内的工作情况,包括主要的做法、体会、经验、教训、成绩、问题、原因、规律等等。

(3)结尾:结尾部分对全文进行概括总结,说明过去阶段内工作范围内取得的成绩,存在的不足,并对未来的发展提出希望和建议,或者指出未来努力的目标和方向。

进行总结的写作要一要从实际出发,实事求是,对过去取得的经验和存在的不足都客观的描述；二要注意语言的精练性和概括性，做到条理清晰、层次分明、逻辑结构合理；三要使用平实的说明叙述性语言，不要用过于华丽和夸张的词藻，不要夸大事实，不要过多的抒情，只需要摆出事实和观点即可。

小资料 11：部门年终总结

某市民政局 2013 年年终总结

2013 年，在市委市政府的正确领导下，我局全面贯彻落实《珠三角地区发展纲要(2008－2020 年)》和《民政工作改革发展协议》，进一步加强民生建设、创新社会管理体制机制，各项工作进展顺利。

一、社会救助体系逐步完善

2013 年，我市采取多项举措进一步完善了社会救助体系。至 11 月，全市有 9696 户 8468 人纳入了最低生活保障(其中，城镇“三无”人员 23 人)；低收入家庭 1003 户 1569 人。一是投入近 3456 万元对 456 户低保家庭危房进行修缮重建；二是提高低收入群体补贴水平，启动临时价格补贴机制对 1569 名低收入群体发放 1－5 月份临时价格补贴每人每月 68 元，共 273 万元；三是 1－11 月为全市 1346 名“三无人员”共发放救助资金 9768 万元，100% 保障了城镇“三无”人员基本生活；四是完成新增 55 万台老年人应急呼叫装置安装任务；五是从 3 月 4 日起新增“重度残疾人”、“单亲家庭”、“未成年人的低保家庭成员”三个分类救助项目；六是提高了城乡低保标准至 123 元/月；七是我市社会救助网上协同平台网站已完成平台系统建设，进入数据对接调试阶段；八是完成《民政求助服务地方标准》的起草工作，已提交省民政厅征求各市意见；九是开展了 512 防灾减灾日宣传活动及应急培训班。

二、双拥优抚工作扎实有力

今年我市第 6 次蝉联全国双拥模范城，第 4 次蝉联全省双拥模范城荣誉称号，双拥工作成效显著。一是圆满完成军队离退休干部服务管理社会化改革试点工作；二是为 633 户优抚对象住房进行改造，提升优抚对象的住房条件；三是在部、省有关标准的基础上，对 263 名重点优抚对象增发 436 元/人(即提高到 943 元/人)的临时性价格补贴；四是提高部分优抚对象抚恤补助标准；五使继续开展重点优抚对象体检住院医疗补助费用“一站式”结算和免费体检工作，落实优抚对象医疗待遇；六是做好 2013 年冬季退役士兵接收安置工作，向 566 名退役士兵发放自主就业一次性经济补助金 7468 万元；七是根据《某市就业培训工作实施方案(试行)》，通过开展培训、学费补助等方式全面提升退役士兵就业技能水平。

三、各类特殊群体社会福利水平有所提升

一是开展社区居家养老服务工作，推动城区居家养老服务中心示范点建设；二是做好孤儿基本生活费的动态管理和发放工作；三是落实高龄津贴发放和老年人乘车 IC 卡办理工作，截至 2013 年 12 月，全市发放高龄津贴约 255 万人次，约 977 万元，办理老年人乘车 IC 卡 6312 张，办理老年人特殊优待证 97 张；四是深入开展 2013 年“敬老月”活动，组织开展第 x 届“十大敬老之星”和首届“敬老模范单位”评选活动；五是福彩销量保持稳步增长的良好势头。截至 12 月 10 日，全市共销售福利彩票 797 亿元，已经完成省民政厅下达年度任务的 99%。

四、基层政权和社区建设工作稳步推进

一是完成村(居)务监督委员组建工作，全市 236 个村(居)全部组建村(居)务监督委员会，选举产生监督委员会成员2464人，通过组建监督委员会，明确工作职责，进一步提高城乡民主监督水平。二是全面推行村(居)自治记录“八本簿”，规范村(居)工作记录。三是深入开展社区共驻共建，各村(居)与驻社区单位、厂企签署共建协议，积极开展活动，形成社区建设共驻、共建、共享的良好氛围；四是深入开展村(居)务公开民主管理示范单位创建活动，按照村(居)总数15%的最低比例，开展创建工作；五是配合市发改局、市编委办，研究推进镇区政务服务中心及社区代办点设置工作；六是推广村(居)管理“3+2”模式，开展社区综合服务大厅设置试点工作，全市选取66村(居)作为试点，推进社区事务一站式服务。

五、社会组织健康有序发展

一是完成民办非企业单位网上联合审批标准化工作的初步研究；二是继续开展社会组织等级评估工作；三是基本完成全市行业协会商会“去行政化”专项治理工作；四是加快推进市社会组织孵化基地项目建设；五使开展社会团体人才队伍建设调研工作，已初步制定了社会团体人才队伍建设规划。截至年12月底，全市登记在册的民办非企业单位333个，社会团体626个。

六、社会工作快速发展

一是加大本土社工人才培养力度。举办7期社工员培训班，共有近626名镇区、村(居)社区的干部、社工机构服务人员接受了系统的社会工作培训。2013年，全市通过社工考试人数达722人，创历年新高；二是建立完善相关政策规范。9月，市委办、市府办正式印发《关于社工工作的实施意见》，建立起我市社工发展基本框架。此外，还陆续制定了社工服务项目运作、评估考核、专业服务、薪酬标准等方面的规范指引。三是通过开展项目评估、开展社工服务示范点建设等，推动社工服务发展。四是促进行业交流管理。通过举办社工发展研讨会，社工论坛等活动，推动交流互动，促进沟通协调。五是培育发展社工机构。成立某市社会工作者协会，全市已注册社工机构达36家；六是通过开设“社会管理创新与社会工作”专题讲座、举办“民政社工宣传周”活动、民政社工LOGO征集活动，开展了“社工大巡讲”活动等，加强社工知识宣传普及。

七、各项社会事务服务管理工作有序开展

一是依法开展全国第二次地名普查试点工作；二是编纂完成《中华人民共和国政区大典三卷》；三是市婚姻登记中心在某某地区率先开展并完成历史婚姻档案结婚登记的照片信息化工作，并向省民政厅申报了国家3A级婚姻登记机关(已初步获批)；四是加强部门联动，将流浪乞讨人员救助管理纳入“数字城管”建设，进一步拓展救助网络；建立流浪未成年人救助保护工作联席会议制度，全面加强流浪未成年人救助保护工作；五是殡葬公共服务水平有效提升。制定《某某市殡葬事业发展“十二五”规划》；建立某市推进殡葬基本公共服务联席会议制度，推行殡葬基本服务优惠政策；建设惠民园经济适用性新墓区；深入开展殡葬行风建设。

某市民政局

2013年12月20日

小资料12：

会议学习总结

2013年6月5日至6月11日，公共管理系小A与小B参加了北京师范大学举办的“全国公共管理专业学科建设与教学改革研讨会暨骨干师资研修班”。由于公共管理专业是我国近年来开办的新专业，该专业横跨管理学、教育学、社会学和经济学等学科，所涉领域很宽，不少院校在学科建设过程中面临专业定位不太清晰，专业特色不太明显，课程设置较为混乱，就业形势相对严峻等诸多问题。而我校目前的公共管理专业也面临着寻找专业特色与探讨培养模式的重要任务，因此，为了学习部分知名院校和兄弟院校在公共管理专业学科建设与课程设置上的有益经验，提升公共管理专业学科建设的改革思路，带动专业师资培养和专业课程建设，我们两位专业老师参加了此次研修班，特将所学概括如下：

一、会议探讨的主要内容

1. 国内公共管理研究的现状与问题——以公共管理的学科建设现状和学术研究现状作为样本

2. 公共管理专业学科建设与人才培养体系的构建与实践

3. 公共管理学科科学研究中值得注意的几个问题

4. 公共管理专业学科建设——以北京大学为例

5. 公共管理专业课程建设研究

6. 公共管理专业学科建设与教学改革院校交流

二、会议的主讲人与学校

在为期一周会议中，某某大学、某某大学、某某大学、某某大学、某某大学等知名院校都派了专家参与交流，并提供了一些专业建设方面的材料，以某某大学政管院张小川教授和某某大学公共管理学院王小利为代表的专家详细介绍了本学校本学院在公共管理专业建设上的做法和思路，对全国的公共管理专业建设情况进行了大致分析，对本专业建设发展的政策进行了解读，并对本专业未来发展的方向给出建议。

总体而言，通过此次会议，我们对各兄弟院校的专业建设情况有了进一步的了解，其中有很多经验对于提高我校公共管理专业建设水平具有重要的借鉴作用，我们将在本专业教研交流会议上对此次外出学习的经验进行交流和讨论。

小资料13：

个人总结

本人自2011年6月起进入某某学院科研处工作，除去中间车祸事故休养时间，到目前为止已工作半年。在这段时间里，学院党组织和各位领导给予了我无微不至的关怀和鼓励，同时还为我提供了许多学习和锻炼的机会，一起工作的同事们提供了友好热情的帮助，让我感受到了温暖向上的工作氛围。回顾过去的一年，有取得的成绩，也存在着不足，为了新的一年能更好的开展工作，我特将这段时间的工作总结如下

一、与时俱进，认真学习实践科学发展观

本人能认真学习马列主义、毛泽东思想、邓小平理论及三个代表重要思想，拥护社会主义与中国共产党，支持国家和谐社会建设，关心并积极学习党的路线、方针、政策，与时俱进，认真学习领会实践科学发展观并身体力行，自觉遵守宪法和法律，按新时期某某标准要求自

己，并落实到工作中。

二、踏实工作，以高度的责任心将某某工作落到实处

1 将某某工作落到实处

(1)协助A处长,小C老师申报省产学研项目。撰写修改某某省某某项目“某某研究”项目申报书，并进行网上申报，现已立项，立项资金为60万，资金已下拨。

(2)负责省部某某项目“某某系统”结题工作。该项工作从6月开始，根据省科技厅要求，进行网上填报结题申请书，同时按照某某中心的建议，按时递交结题申请书。

(3)申报某某项目。撰写2013年某某省某某专项项目申报书“某某的研究”，联系企业与某某合作联合申报，并在省科技厅规定的时间内完成申报工作。待批复。

(4) 撰写某某年某某省某某合作专项项目申报指南建议书“某某的应用研究”。

(5)负责某某市课题(某某平台建设)结题，此项工作目前仍在进行中。

(6)某某成果鉴定申报工作。

2 规章制度制定

(1)编写制定“某某学院学术委员会章程”并发布；

(2)制定本部门对教学单位的考核指标；

(3)编制“十二五”科研及某某规划。

三、强化业务能力，提高自身综合素质，适应新形势的需要

时代在变、环境在变，某某也时刻经历着变化发展甚至变革，每天都有新的东西出现、新的情况发生，这都需要我顺应形势而改变以跟上时代步伐。学习新的知识，掌握新的技巧，适应工作环境的变化，提高自己的履岗能力。争取为某某的发展多贡献自己的一份力量。

四、密切人际关系，注重团队协作，把自己融入温暖的大家庭

诚实守信是我做人处世的基本准则。除了本人的分内工作，我也会坚持服务之上的思想，把企业当作客户来对待，密切与他们的关系，以便更好地展开某某工作。我为人正直，待人热情，无论在哪里工作，我都会与同事和睦相处，与同事具有良好的团队协作精神，当然，在这个其乐融融的办公室里也不例外。正因为如此，我的工作才展开得比较顺利，应该说这些都归功于这里有管理有方的领导和良好的团队合作。

五、展望未来，开拓进取，以坚定的信念迎接新的挑战

2011年即将过去，2012年即将到来。回顾过去，有成绩也有不足。展望未来，我已经整装待发。新的一年里我为自己制定了新的目标，那就是，在实践科学发展观的指引下，兢兢业业做好某某的工作，特别是要弥补不足，为某某学院的发展做出新贡献。在争取更好工作成绩的同时，也会加紧学习，更好的充实自己，以饱满的精神状态来迎接新的一年的挑战。当然，还要努力向同事学习，取长补短，相互交流好的工作经验，共同进步。一句话，为了某某学院的明天，我会全身心地投入，我坚信明天会更好！

二、通知的写作

通知可分为发文通知、传达性通知、任免通知三种类型，对于秘书岗位工作人员而言，最常用的通知类型为传达性通知。传达性通知一般为下行文，用于告知下属单位或者员工需要周知和执行的事项，此外，传达性通知有时还会被某些业务部门使用，用于广而告之相关领域或者行业的受众有关专业性会议、培训、公益活动以及商业活动的事项。

1. 通知的标题。通知的标题有完全式和省略式两种。完全式标题是发文机关、事由、文种齐全的标题，省略式标题则根据需要省去其中的一项或两项。省略式标题有如下三种情况：

(1)省略发文机关。如果标题太长，可省略发文机关。如“关于地级市某某事项的通知”，这个标题便省略了发文机关。省略发文机关的标题很常见，但如果是两个单位以上联合发文，就不能省略发文机关。

(2)省略多余的“关于”和“通知”字样。发文通知的标题由“发文机关 + 发布(批转、转发) + 被发布文件标题 + 通知”构成。被发布、批转、转发公文为法规、规章时，一般应加上书名号，有时由于被批转、转发公文标题中已有“关于”和“通知”字样，或者被批转、转发的公文标题比较长，这时，通知的标题一般可保留末次发布(批转、转发)文件机关和始发文件机关，省略去多余的“关于”和“通知”字样。否则，就会出现一个标题中有多个“关于”和“通知”的现象，显得很长，令人难以理解。如：“某某市人民政府关于转发《某某省人民政府关于转发〈转发中共中央办公厅关于某某的通知〉的通知》”。这个标题有四个层次，用了三个“关于转发”，两个“的通知”，很不顺口。可把这个标题简化为“某某市人民政府转发中共中央办公厅关于某某的通知”。至于中间转发的内容，在具体的行文之中交待清楚即可。

(3)省略发文机关和事由。如果通知发文范围很小，内容简单，甚至直接在内网上挂或者张贴在宣传栏处都可以，这样的通知标题可以省略发文机关和事由，只写文种“通知”二字。

2. 通知的正文。

通知的正文主要包括原因理由、具体事项、通知要求三个部分。主体在具体通知事项部分。对于发文通知，一般在第一部分先介绍发文的原由、背景以及依据；在第二部分则详细陈述发文的具体原则、发文条款、实施细则、具体工作方法和工作时限等等，第三个部分提出对于通知事项的具体要求等等，这类通知通常具有指导性意义，具有较高的权威性和严肃性，政策性特点也很强。

传达性通知要使事项接收方了解通知的内容(即事项)，以及做什么，怎样做，有什么要求。正文一般分三部分。第一部分一般说明发出通知的原因和目的，第二部分是具体事项部分，将通知的具体内容一项一项列出，即可采用表格式，也可采用条款式，还可使用段落式，把需要周知的事项阐述清楚，提出明确的要求、措施、办法等。第三部分多提出贯彻执行要求或者时间、地点、人员性要求，如“请遵照执行”，“请认真贯彻执行”等习惯用语，也有的通知结尾不写习惯用语。传达性通知写作的语言风格是开门见山，切忌转弯抹角。在叙述事项时，要重点突出、条理分明、层次清晰、详略得当。根据接收方理解的需要，主要的内容可详写，讲清道理，讲明措施，次要的内容则尽量简略，扼要交代即可。在表达方面，通知主要以说明和叙述为主，对通知接收方提出要求。对于简单的传达性事项，通知的正文只要写清楚行文的依据、目的和事项即可，要求文字简练、明白。在会议类传达性通知的写作时，还要注意写明召开会议的原因、目的、会议名称、主要议题、到会人员、会议及报到时间、地点、需要的材料等，通常采用条文式写法，要求内容周密、语言清楚、表述准确，不致产生歧义。

任免通知的行文通常较短，正文部分只需要陈述任免职位和任免决定上的任免人员即可。

3. 通知的结尾。

通知的结尾较为简单，一般以“特此通知”来结尾，正式的通知通常还要加上通知发布单位和年月日等落款。

小资料 14：

转发中共某某市纪委办公室的通知

各单位：

现转发中共某某市纪委办公室的通知，请各单位严格遵守通知要求，坚持中央八项规定，杜绝“四风”问题。

纪检监察审计处

2012 年 12 月 21 日

通知

某某开发区纪工委、各镇区纪委（纪工委）、市各副处级以上单位纪检监察组织：

近日，中央纪委、省纪委通过官网连续对中央三令五申禁止的领导干部公款吃喝、公款旅游、公款送礼、公车私用、收受礼金、出入私人会所等违反八项规定精神的典型问题进行通报曝光。中央八项规定实施两年来，大多数党员干部能够令行禁止，风清气正的氛围正在形成。但从通报的情况看，也有一些干部存在侥幸和“法不责众”等心理，对中央八项规定精神置若罔闻，顶风违纪。

2015 年元旦和春节即将到来，我市各级纪检监察机关要组织本单位干部职工认真学习有关文件精神，要重申严禁以各种名义用公款相互宴请、大吃大喝；严禁以各种名义滥发或变相发放津贴、补贴、奖金和实物等，加大对违反中央八项规定精神问题的执纪监督问责力度，切实防止“四风”问题反弹。市纪委将在节日期间加强暗访工作力度，对违反八项规定精神问题发现一起、查处一起、曝光一起，并严肃追究直接责任人责任。

中共某某市纪委办公室

2012 年 12 月 2 日

小资料 15：

关于举办网络宣传工作培训班的通知

市各有关单位：

为贯彻落实《关于广泛开展某某事项的意见》（某某宣通［2014］7 号）有关要求，我办定于 6 月 22 日至 6 月 24 日在某某大礼堂举办全市网络宣传工作培训班，请各单位安排相关人员参加培训，联系人：小雅，电话：12345678。

附件：参加培训人员名单、培训安排表

某某市互联网信息办公室

2012 年 06 月 18 日

附：

参加培训人员名单

1. 单位一

小 A，小 B，小 C，小 D……

2. 单位二

小 A，小 B，小 C，小 D……

3. 单位三

小A,小B,小C,小D……

4. 单位四

小A,小B,小C,小D……

5. 单位五

小A,小B,小C,小D……

培训安排表

培训时间:6月22-24日 **地点:某某大礼堂**

时间		培训内容
6月22日	9:00-11:30	某某实践与发展
	14:00-16:30	某某实践与发展
6月23日	9:00-11:30	某某实践与发展
	14:30-16:00	考试
6月24日	自学	

注:1. 请按时参加培训,对号入座,做好笔记,并保持培训教室安静。不得迟到早退。

2. 考试时务必带本人身份证,并放在桌面上,以便监考人员查验身份。

小资料16:

北京××大学××培训学院

关于举办"全国高校××××专业学科建设与教学改革研讨会暨骨干师资研修班"的通知

各有关高校:

××××专业是我国近年来开办的新专业,由于该专业横跨管理学、教育学、社会学和经济学等学科,所涉领域很宽,不少院校在学科建设过程中面临专业定位不太清晰,专业特色不太明显,课程设置较为混乱,就业形势相对严峻等诸多问题。为了总结部分知名院校和兄弟院校在××××专业学科建设与课程设置上的有益经验,提升××××专业学科建设的改革思路,带动该专业师资培养和专业课程建设,我校拟于××月在北京举办"全国高校××××专业学科建设与教学改革研讨会暨骨干师资研修班",现诚邀请贵单位安排相关人员参加,共同探讨和交流,具体详情如下:

一、参加对象

各高校××院系领导和专业负责人、学科带头人和骨干教师等。

二、时间地点

××××年××月××日——××日 北京(具体地点第二轮通知详告)

三、会议要点

1. 国内××××研究的现状与问题——以××××的学科建设现状和学术研究现状作为样本

2. ××××专业学科建设与人才培养体系的构建与实践

3. ××××学科科学研究中值得注意的几个问题

4. ××××专业学科建设——以华侨大学为例

5. ××××专业课程建设研究

6. ××××专业学科建设与教学改革院校交流

四、主要师资

拟邀请重点高校××××院系负责人、教育部××××学科类指导委员会委员、××大学、××××大学、××××大学、××××大学等专家教授授课。

五、收费标准

会议费××××元/人，含会务费、资料费等，住宿统一安排，费用自理。

六、结业证书

学员完成培训内容并经考核合格的，将获颁北京××大学××××培训学院具章的结业证书，培训经历记入××××相关档案，作为在职学习进修评审相关资质的依据。学员可在××××××培训学院网页(××××××××)上查验证书。请准备2寸工作照一张，报到时交会务组。

七、报名方式及注意事项

1. 报名电话:010－3456777，联 系 人:小A，小B;

报名传真:010－2345465465，报名邮箱:abcdefg@163.com。

2. 注意事项:请有意参加研讨班的学员完整填写回执表，并及时发送传真或电邮至会务组(也可直接电话报名)，会务组收到报名回执后将于开班前7天下发《报到通知》，告知具体报到时间、地点、行车路线及具体日程安排等事项。

北京××大学××××××培训学院

××××年××月××日

附:

全国高校××××业学科建设与教学改革研讨会暨骨干师资研修班报名回执表

经研究，我单位决定选派以下人员参加:

单位	××××大学××学院					
地址	××省××市××区××路××号				邮 编	456789
参会代表	姓 名	性别	职称/职务	手机	身份证号	邮箱
	×××	男/女	×××系系主任	12345678	12345678901234	xya@123.com
住宿预订	☐合住		☐包房			
备注						

备注:此表格复印有效;

小资料 17：任免通知

关于××××公司人事任免的通知

部门名称 1. 部门名称 2. 部门名称 3……：

经××××会议讨论研究决定，任命×××为×××公司董事长兼总经理，免去×××原××××公司董事长兼总经理职务，任命×××为×××公司财务总监，免去×××原××××公司财务总监职务。

特此通知。

××××公司人事部

×× ××年×× 月××日

三、请示与报告的写作

请示与报告是两种秘书工作中常用的上行文文体，请示着重于就工作事项向上级进行事前的报备，重点在于请求上级的批准或者指示，而报告则着重于就工作事项向上级作事中或者事后的汇报，重点在于陈述情况、答复询问，两种文体有一定的相似性，但也有明显的区别，不能混淆使用。

1. 请示的写作

请示适用于向上级或者上级部门就有关工作事项请求批准或者请求指示，因此通常可划分为请求指示的请求和请求批准的请示两种类别。具体而言，请示是下级在工作中发生的不能自行决定的工作问题，或者不属于本级别权限审批范围的事项，需要上级单位批准、解决或帮助解决的重大事项，以及对上级指示要求中不明确的问题等向上级请求批准、指示时使用的一种文体。

要求上级或者上级部门指示，予以明确答复的请示通常内容单一，具体行文时应把问题的关键点和具体请求事项表述清楚，以便于上级或者上级部门给以答复。在请示中如果引用法律、法规、单位规章制度等应该特别注意有根有据，引用依据给出明确的时间、批号等详细信息，引用应准确无误。结束语一般用“请批示”的字样。

(1)请示的写作框架

标题：请示的标题有两种形式，一是标准式标题，即由发文机关＋事由＋文种构成。如《市××局关于××××的请示》。二是由事由＋文种组成。如《关于××××问题的请示》。拟写请示标题，关键是写好“事由”，事由要能够明确、简洁地概括出请示的核心内容，以便上级或者上级部门迅速准确了解和把握，及时作出有针对性的批复。

正文：正文一般分为三个部分来写作。第一部分通常写明请求的理由，这是请示写作的最关键之处，请示能否得到批准基本上取决于请示的理由是否合理和合乎规定，因此，在请示理由的表达上要尽量使用客观简明的语言，将请示的原因、背景情况、请示问题的依据、出发点及思路交代清楚，要有理有据，条理清明，逻辑性强。第二部分通常写明具体的请示事项。即将需要请求上级部门给予指示、批准或批转的具体问题或事情全面描述，请求上级部门作出答复。这一部门的表述必须明确无误，令人一目了然。切忌拐弯抹角，语意不明。在涉及资金、物资等问题上，要给出明确数字、品名、型号、规格与计算依据等，不可笼统而谈，只说约数，在涉及到本单位对解决问题的观点和方案时，应详陈理由，明确表明倾向性的意见。第三部分一般是请求的结尾，通常使用规范性的表达来表示对上级部门的尊重，通常用"特此请示，请予批准"（请求批准的请示）、"妥否，请批示"（请求指示的请示）、"以上请示如无不妥，请批转?"（批转性请示）等习惯用语。

落款:落款处注明请示单位的名称、请示的时间，并加盖公章。

（2）请示的注意事项

请示理由充分明确:请求的理由不仅是请示产生的原因，也是上级批复的主要依据，重点在于请示理由是否合乎法律、政策、规章制度等的规定，请示事项是否超出了下级的权限范围，是否属于上级的权限范围，是否超出了下级自身的解决能等等，这些问题都要在请求理由中进行充分的展示。

请求事项具体化。请求上极批准时，具体的请求事项应客观全面的进行描述，并且根据本部门、本地区的实际情况给出初步的意见和建议，以便上级参考，重大事项的请示，还应附有详细的调查研究报告或者分析调查性材料，务必使请求事项显得真实准确。请求上级答复时，请示中应该写明希望得到上级哪些方面、哪些具体问题的答复，或者己方在哪些方面、哪些具体问题上不能理解上级意图，或者在具体实施时存在哪些困难，均要一一写明，以便上级给以更加明确有针对性的指示。

不越级请示，不横向请示，请示不多头主送，请示写作时坚持 一文一事、一事一请示的原则，且请示内容合情合理合乎规范。在复杂事项的请示中，行文最好包括主报机关的明确意见和建议。此外，请示作为一种上行文，是不用下发的。若事关紧急请示事项时则应向上级机关说明情况，同时提出时限请求。

结语准确规范。请示的结语既要明确表示出请示方的态度，又要合乎其身份地位，一般使用口气较为恭敬的"盼复"、"请指示"、"特此请示"等用语，显得规范得体。

小资料18：

关于采用政府购买服务形式聘请兼职联络员的请示

市政府:

2011年以来，全市××××机构始终致力于打造一支政治过硬、业务精干、廉洁高效的管理人员队伍，截至目前，全市专职综合协管员达672人。但面对庞大的服务管理人群（约2362外来常住人口），专职管理人员不足的情况日益显现。

当前，市委市政府高度重视加强社会建设，创新社会管理，各部门也在积极探索创新社会管理的新方法，新途径。为深入贯彻落实市委××××会议精神，按照《××××关于××××的实施意见》的总体要求，我办拟采用政府购买服务的形式，在厂企人事主管、物业管理人员和出租屋管理人员中聘请62名兼职联络员，以充分利用社会资源，引导××人员主动参与社会管理，不断消除本地人与外地人的身份隔阂，打破"××××"的思维定势，从而营造出相互包容、共建共享的城市发展氛围。

为确保此项工作顺利推进，我办拟定了《关于采用政府购买服务形式聘请62名兼职联络员方案》，且已下发各镇区××××办，在征求镇区分管此项工作领导意见的基础上，于××月××日召开了镇区××××办主任专项工作座谈会，将意见进行了汇总，且吸纳了市×××局、市××××局建议，经修改完善后，报请市政府审议，并划拨××××万专项工作经费，其660万用于采购服务，由市××××按市××××的分解方案直接划拨镇区××帐户，由镇区××××办发放给兼职联络员，市、镇两级××共同做好监管；98万列入市××××办专项工作经费，用于兼职联络员的业务培训、政策宣传、日常管理、信息报送奖励等，我办将专款专用，并做好绩效评估工作。

妥否，请批示。

附件：1. 政府购买服务工作经费明细表

2. 关于采用政府购买服务形式聘请62名兼职联络员方案

××市××××办公室

2013年6月25日

2. 报告的写作

报告是一种适用于下级向上级部门汇报工作、反映情况和问题、提出建议或意见或者答复上级单位询问事项的公文。大体上可以分为工作报告、专题情况报告和答复性报告三种类型。工作报告主要是就本部门职能范围内的某项工作或者某阶段工作向上级部门进行汇报，旨在总结经验成绩、自查问题与不足、提出工作思路、想法、建议等等。专题情况报告主要是针对本部门工作范围内的重大事项向上级进行汇报，如突发性事件等等，政府部门、企业事业单位一般都有相应的紧急事件汇报制度和要求，要求突发紧急事件后，下级部门要在规定时限内向主管部门进行情况汇报。答复报告是指答复上级查询事项时使用的报告，具有针对性强的特点。

报告的写作框架如下：

(1) 标题

报告的主要有三种形式，即发文机关+事由+文种的标题形式，事由+文种的标题形式，以及双标题形式。如"××××局关于××事项的报告"、"关于××××事项的报告"等。

(2) 主送单位和抄送单位

报告的事项是由哪个部门主管即以哪个部门作为主送单位，如有还有抄送单位，可在正文落款之后写明抄送单位名称。

(3) 正文

报告的正文分为报告缘由、报告事项和结尾三个部分。报告缘由是第一部分，陈述报告写作的背景，或说明发文的原因、依据、目的等。这种缘由或是由于形势发展的要求，或是由于工作的需要，或是由于上级的指示等等，要写得比较概括，把有关情况交代清楚就行了，不用展开。通常可写为"为便于市领导掌握今年××××工作开展情况，分析研判当前的×××形势，现就××××年度工作情况报告如下："。"现将有关情况汇报如下："和"现报告如下："常用作第一部分结尾的过渡语引出第二部分的写作。

第二部分为具体事项部分，也是整个报告的核心和关键部分，主要包括基本情况陈述、取得成绩和存在的问题、经验教训的总结回顾、今后工作的思路和措施建议等等，且不同的报告侧重点有所不同。工作报告着重于陈述已经取得的经验成绩和下一步工作的问题意见，专题情况报告着重于陈述问题产生的原因、后果、背景及解决方案，答复性报告着重于答复上级单位的询问以及相关问题的处理跟进情况等等。具体事项部分的写作应当条理清晰，层次分明，内容详细，材料详实，情况准确。

第三部分为结尾部分，结尾部分写关于问题的建议、可行性方案以及规范性用语。如："针对××××反映的突出问题，我们建议，××领导加大对××问题的督查力度，出台相应制度和办法，对应×××××应承担相应的责任。同时，应畅通××渠道，通过××××、××××、××××、××××等多种渠道，处理群众利益诉求，化解矛盾纠纷。特此报告/专此报告。"

(4)落款

在正文之后的右下角写明递交报告单位的名称和日期，如果在标题中已写明发文单位的名称，这里可以省略不写，日期则年月日要写齐全。

小资料19：

关于×××市"×××××"、"×××××"项目的情况介绍

"×××××"、"×××××"项目是在市×××局领导下，由×××市××总会主办的××服务项目，主要目的是通过信息科技手段，为××营造一个安全便利的××环境，提高××，特别是××××的生活质量，探索一条适应我市××化进程，与经济社会协调发展的社会××服务事业发展道路。

一、设立背景

据了解，×××市于××××年就已经进入××化城市行列。目前，全市××周岁以上的户籍××人有××万，占户籍总人口的36.3%，且每年以10%增长，××周岁以上的老年人××万人，占老年人总数的45%。严峻的××化形势使×××市很早就开始关注××问题，加上×××市一直以来都致力于建设和谐、文明城市，"高度重视××工作，关心××人"已成为历届市委市政府领导班子的传统共识。

多年以来，×××市投入巨资打造了一个由市社会××院，各镇、村××院组成的，遍布全市的××服务设施网络，其中市××××院一所，拥有床位×××张，镇办敬老院××所，村办××院×所，用有床位××××张。××××、××××两年，市、镇两级财政投入资金××××万元，对××所镇办××老院进行了升级改造，使全市××院全部达到省一级××院标准。××××年，市财政投入资金×亿元，在×××公园兴建新××××院，预计今年年底可投入使用，届时床位数将达××××张。此外，×××市还拥有××××××院、××镇×××××幸福之家两家民办××机构，拥有床位××××张。在××服务设施的硬件建设上，×××市已跻身全省先进行列。

但是，在×××市××服务设施不断发展的同时，市×××局发现，虽然本市××服务设施的硬件和服务水平与其他省市相比毫不逊色，但入住率却一直徘徊不前：各××院的床位利用率基本在63%左右，而且以政府供养的五保×××为主；民办的××××院、××××幸福之家床位利用率更是只有50%左右，与其他城市××机构"一床难求"的情况形成鲜明对比。虽然全市各级政府、××机构想了很多办法和措施鼓励××入住××机构××，但迄今为止情况未有太大改变。

经过反复的研究和探讨，市×××局意识到，由于×××市居家××的习惯传统根深蒂固，而且较少的城市人口、较大的人均居住面积也使居家××成为可能，在这种情况没有根本改变之前，入住××机构××的模式很难成为×××市的主流。为此，市×××局认为，在未来相当长的一段时间内，×××市主流的××服务体系将是“以居家××为基础、以社区服务为依托，根据不同对象将无偿、低偿和有偿服务相结合，覆盖城乡的适度普惠型社会××服务体系”。

××××年××月××日，省政府在××市召开全省社会××服务工作会议，研究部署加快构建适度普惠型社会××服务体系的政策措施，这是改革开放以来我省首次召开全省××服务工作会议。会议提出，力争到××××年，全省××人享有基本公共服务，基本实现“××××”目标:23%的××人在社会保障体系和服务体系支持下通过家庭照顾××，9%左右的××人可由社区提供日间照料和××服务，9%的××人可入住××服务机构。在相当长一段时期内，居家××将是我国××家庭的主要××模式。如何发展居家××服务事业，实现居家安全××、居家轻松××的问题已经成为当前社会发展中亟待解决的问题。

基于这一背景，从××××年开始，市×××局组织市×××总会、市×××××协会等相关组织和企业进行居家××项目的调研和策划。市×××局认为，解决×××市居家××问题必须从本市××家庭的实际情况出发，充分整合社会资源，利用现代信息技术，创造居家××安全便利的新模式，提高××(特别是空巢××)的生活质量，让他们的亲属从担心、操心、烦心的照顾负担中解脱出来，以期在全国率先走出一条适应我市××化进程、与经济社会协调发展的社会××服务事业发展道路。要实现这一目的，为居家××的老人配置××××装置成为必然的选择。

××××年××月，市××总会正式挂牌成立，“×××××”成为市××总会力推的第一个大型公益项目。在前两年研发的基础上，××××年×月，×××“×××××”项目正式投入运营，至今已为全市近千户居家××的“五保”、“三无”及重点优抚对象××提供××××和日常××服务。随后，为满足社会上其他××的需求，市××总会在“×××××”的基础上推出“×××××”品牌，由市××总会的会员捐赠主要费用，为我市××区、××区、××镇、××镇、××镇等地××周岁以上的老人安装“×××××”，目前已安装×万台。

“×××××”和“×××××”项目从一开始就得到了×××市政府领导和社会各界的大力支持。×××市各级政府领导，北京、长沙、香港等地政府相关领导、××机构负责人，××电视台等新闻媒体等先后莅临调研指导，均对×××“×××××”和“×××××”项目给予了高度评价。他们认为，该项目设计人性化，发展模式多样化，非常适合在各地进行复制、推广，为我国居家××服务模式开辟了新的思路，目前已有多家机构表达了项目合作意向，“×××××”和“×××××”正逐渐发展为具有×××特色××模式的亮丽名片。

二、主要特色

与其他类似的××××装置相比，“×××××”系统具有“人性化设计，信息化手段，综合性服务，社会化延伸”四大特点和优势。

1. 人性化设计

“×××××”项目在设计之初就进行了较全面的市场调研工作，以人性化作为项目设计的首要出发点，力争在功能、服务等方面做到以人为本，方便使用。

“×××××”系统的服务对象是××，相当部份人存在行动不便、视觉不灵、反应迟顿、说话不清等问题，因此终端设备只设×××个按键，××键粗大，为××××键；××键较小，为××××键。按××键后，服务中心保证在×××秒钟内接通××电话，话务员的电脑屏幕中同时显示出预先录入的××姓名、住址、健康状况、使用语言、联系人等所有资料。如果××按键后不能说话，系统则启用监听功能，及时了解老人状况，根据录入的资料联系急救和通知联系人，保证××在紧急情况时可以得到救助，避免因延误错失最佳救助时机。

此外，每台×××终端都配备了有效距离××米以上的×××××器，上面也有相应的××××按键，××可以时刻挂在身上，在一定范围内自由活动，即使××在洗澡的时候突发意外，也可以通过××××器向服务中心发出求救信息，实现对××随时随地的关怀。

无论是×××××呼叫还是××××××服务，服务中心都是被动为××提供服务，不能实现主动对××的关心和监控。而××××功能就实现了对××的主动关怀。××××有三种模式，一是现场××，利用《×××商报》的送报员上门派送报纸的便利，现场了解××健康状况，同时通过专用的×××将××状况发送到服务中心，减少了对××生活的干扰，也方便了服务人员的工作，体现了系统对服务者和被服务者的人性化关怀。二是××自己向服务中心报平安，由××自己每天利用××××向服务中心自报平安。三是主动××，如果××没有自报平安，则服务中心就会打开监听功能(需预先征得用户同意)，了解××在家中的动静，从而确定××是否平安。

将信息化与传统的××服务有机结合，使“×××××”系统的人性化得到充分的体现，也保证了系统的安全性。要保证××安全，首先设备要安全可靠。系统设置了周期自动检测功能，定期监测设备状态;当终端设备出现停电、电池电量不足或通信线路故障等可能导致设备无法使用的情况，终端设备和服务台都会告警，提示用户或维修人员及时处理。同时，为了保证×××××时及时接通电话，系统还设置了抢线功能和强行接入功能。××按××键后，抢线功能自动切断与终端设备并联的电话上其它人的通话，保证××第一时间接通服务中心。如果此时服务中心所有坐席都处于工作状态时，系统的强行接入功能会强行切断接通中的任意一个××键呼叫客户，将服务坐席让给正在呼入的×××键用户，保证××在紧急情况时能得到及时救助。现代通讯与IT等信息化手段的应用，使该项目具备了自身独有的特点和优势，保证了系统的可靠和服务的到位。

信息化手段还体现在对××××话务员的关怀上。服务中心招收的话务员以××××为主，但他们上下班不方便，市××总会正在实施在家就业计划，话务员在熟悉了工作并有较高自觉性时，可以通过互联网把话务终端放在家中，让他们足不出户在家中上班，可以大大减轻他们本人及家庭的负担。可以说，没有信息化，就没有系统和设备的人性化。

“×××××”的综合性服务主要体现在两个方面，一是服务内容的综合性，不仅为××提供紧急情况的××键求救服务，同时还为××设计了提供购物、家政、维修等家居服务的××键服务，服务内容涵盖了××生活的方方面面，使××生活质量得到进一步提升，体现了对××的细致关怀;二是对社会资源利用的综合性，“×××××”综合了邮政资源、志愿者服务资源、社区资源等社会各方资源，组成一个涵盖全社会的×××联盟，营造一个良好社会×××氛围。

社会化延伸的特点是“×××××”项目区别于其它类似产品的最大亮点和不同，主要体现在三个方面:拓展特殊群体就业、发展服务业、促进制造业。

“×××××”不仅提供了适合××××的工作岗位，实现××××家庭就业，极大的帮助了××××自立自强，减轻了其家庭负担;其次×××××还为农村40后、50后家庭妇女提供了在家门口的就业机会，就近就业有效的解决了农村低收入家庭妇女的就业问题，又不影响她们照顾家庭和从事农业生产。而且她们由于有贴近社区、熟悉环境、熟悉服务对象、语言无障碍的优势，对××的服务将更加到位。所以说"××××××"在拓展就业方面对社会弱势群体的帮助是实实在在的，同时也是人性化的。

充分发育的社区服务业是支撑社区××的重要保障，只有业务发展到一定规模，社区服务企业才能正常运作。"××××××"项目有效聚合和深入挖掘了社会各方资源，形成了一个从政府到民间机构，从企业到家庭的规模庞大的社区服务联盟，保障了社区服务业的良性发展。

"××××××"从系统到终端设备都是×××本土研发和制造的，由于自身突出的应用优势，也就具备了强大的市场竞争优势，目前×××市的系统和终端设备已覆盖香港、广州、长沙、无锡等大中城市，市场在不断地拓展，将有力地带动本地软件业和制造业的发展。

三、发展思路

经过各方的努力，"××××××"目前已基本完成了对近千名政府供养"五保"、"三无"、重点优抚对象×××的覆盖，配套的居家××服务也开始步入正轨。目前的主要工作重点是发展面对全社会老人的"××××××"。

×××市政府在政府工作报告中明确提出，××××年要为×万名××周岁以上的××安装××××××装置。按照这一要求，市××总会完成了×万台"××××××"的招标采购，××区、××区、×××区、××镇、××镇、××镇等镇区的安装工作已接近尾声，加上×××市其他镇区已安装的呼叫装置，今年的×××安装任务已提前超额完成。

由于"××××××"覆盖面广，原有"××××××"的服务队伍已无法满足需求，因此"××××××"在发展初期主要提供紧急呼叫服务。但作为×××市居家××服务体系的重要组成部分，市××总会已与×××、市××局、×××报业集团、×××协会、×××协会等单位达成协议，未来将在×××服务×××××配送等方面展开合作，市×××局也开始组建配套的×××市居家××服务中心和居家××服务队伍。通过政府和社会力量的紧密合作，"××××××"的服务功能将从让××生活安全，拓展到让××生活得更好。

此外，市×××局和市××总会按照市政府建设"×××"的要求，计划将"×××"卫星定位系统引入"××××××"和"××××××"项目当中，构建×××居家××服务导航系统，从××的居住位置到外出所在地点实现精确定位，从而大大缩短服务提供所需时间，尤其在突发事件上的处理时间。目前，市××总会已拿出了初步实施方案，计划先在城区实施，未来再扩展到全市所有安装"××××××"和"××××××"的××。×××市政府目前已初步同意利用财政资金对这一项目进行支持，一旦该方案顺利实施，"××××××"将在技术上实现跨越性的突破，使×××市居家××服务体系的服务内容、技术含量等各方面更上一层楼。

×××市××总会

××××年××月××日

四、办公通讯稿的写作

办公通讯稿的写作是现代秘书人员办公写作的常用文体，随着互联网信息化时代的发展和各行各业宣传意识的加强，许多的用人单位在日常运行中都要求对工作中的有关活动进行记录，并且写成通讯稿在内部网页和内部刊物上发表，甚至有些部门会要求在公开刊物上发表。日常办公通讯稿的写作较为简单，只需要交待清楚时间、地点、人物、事件、事情具体经过以及活动重点即可；重大专题活动的通讯稿有时会拟定主题，要求写出活动的具体方案与细节性事项，提示活动意义时事性活动举办时还会要求有评论性通讯稿的写作。具体而言，通讯稿的写作框架如下：

1. 标题

通讯稿的标题要体现明确的主题，而且能吸引人的注意力，标题格式没有固定限制，能体现稿件内容即可。

2. 开头

通讯稿的开头部分通常要交待事件发生的时间、地点、人物、基本的事情脉络和结果等。通讯稿件第一段即开宗明义，明确要写什么，怎么写及如何展现它写作对象的价值和通讯报道本身的价值，写作对象的价值是通过通讯稿展现出来的，而通讯稿的价值则是通过通讯写作水平和它的条理性决定的。开头部分的写作最好言简意赅，每句话都要能表达出明确的通讯要素。

3. 主体部分写作

通讯稿的主体部分通常要对事情本身做细节性描述，对篇幅有限制的通讯稿通常要对事件脉络做清晰的交待即可，而对篇幅长度没有限制或者有较多字数要求的稿件，则需要选取一些具有典型意义的材料来支撑行文，运用场面及细节描写来突出人物和事件主题。对于内容重复较多和较为枯燥的活动，通讯写作中要适当的予以概括总结，切忌重复罗嗦。

4. 结尾部分

结尾部分较为灵活，既可以引用某位人物的代表性语言来做结尾，引起读者共鸣与反思，也可以通过号召、总结、提思路、提要求等方式来进行结尾。

总而言之，通讯稿的写作结合各单位和工作环境的实际情况决定其篇幅和风格，主题要明确，写人写事都要围绕主题展开，写作角度要新颖，写作方法要灵活多样。在写作过程中，要注意写作材料的真实性与行文的流畅性，不要犯常识性和礼仪性的错误。最后，有些工作单位对于秘书日常工作通讯稿件有审查要求和发表要求的，要遵照执行。

小资料20：

××省××奖学金颁布仪式及××××交流会成功举行

××××年××月××日下午，“××省×××××××服务中心奖学金颁布仪式及××××交流会”在××楼××学院会议室举办。参加本次活动的嘉宾有××省×××××服务中心理事长×××、××××学院院长×××、副院长×××以及从事专业××××研究的指导老师×××。××学院××××专业(××××方向)的部分同学参与策划了本次活动。

随着社会的发展、社会建设的推进、政府职能的转变，“××××”一词越来越多的出现在人们的视线中，××××也随着社会的需要而得到蓬勃发展。我国的××××最先起源于香港，为我国××××的开展积累了大量的实践经验。×××先生早年留学香港，熟知××理念并于××××年××月在××市成立“××××××服务中心”，是××市首家为政府和社会提供综合性××××服务的民办非营利机构。该机构遵循专业××××的价值理念，积极为有需要的群体和地区提供优质的××服务，致力于预防和缓解社会矛盾，为和谐社会的构建发挥着积极的作用。成立至今，××采用“政府购买服务”模式承接服务，服务领域从长者服务、青少年服务扩展至社区发展服务、信访服务、企业服务等11个领域。服务平台也从×××扩展到××××、××××，并于××××年注册成立了××省××××××服务中心，从更大的平台上开拓××××服务。

为了满足社会对专业××人才的需求，培养优秀的××××人才，××学院积极开展有关××××的相关课程和培养方案改革，特聘请×××先生为我校××××专业方向的荣誉顾问，同时也与××××××服务中心签订了实习基地协议以及计划在未来联合开展授课工作的意见和建议。为了更好支持××××专业教育，培养造就一支高素质的××××专业人才队伍，从今年起×××先生在我校设立了“××奖学金”。本年度我校共有6名学生获得了××奖学金，其中一等奖1名，奖金1500元；二等奖2名，奖金1000元；三等奖3名，奖金500元。

本次获奖的学生除了理论知识扎实，大多都有在××××服务中心的实习经历，在实践中掌握了专业××××的工作理念和工作方法。面对×××先生的提问，获奖同学们专业的回答和独特的想法赢得在场嘉宾的一致好评。

活动现场，×××先生给获奖同学一一颁发了获奖证书及奖金，并为同学们讲述了广东省××××××服务中心的创建与发展历程，同时也纠正了人们对××××的一些错误认识，讲解了新近颁布的法规政策对××××的大力扶持。在×××先生亲切幽默的讲解下，现场互动交流不断、掌声连连，更多的学生对××××有了更深层次的了解。

小资料21：

第三只眼看“堵路”

最近，从媒体上，不难看见“堵路”这样的字眼，在街道上，也会遇见熙熙攘攘的堵路大军。出了交通事故，要堵路；工厂企业改制，要堵路；工资不到位，还是堵路……

君不见，道路一堵，需要大量警力维护秩序、疏导人群车辆，牵制了多少维护城市安全和交通秩序的力量？君不见，道路一塞，致使无数车辆受阻，货物滞留，国家、企业、个人蒙受多大的经济损失？君不见，堵路闹事，当事人劳心伤财，有理成无理，无理成荒谬，损公损私，何苦为之？

堵路之人，一借堵路之势，表其愿望要求；二以堵路之便，扩大事件影响；三趁堵路之机，显其威风势力。

然而，道路非一人之路，堵路亦非一人之事。作为公共财产，少数或个别人的堵路行为，严重干扰了正常的社会、经济、生活秩序。堵路给我们市民带来了什么好处呢？大概除了使我们出门不得不绕远路外就是让我们有个热闹看看罢了。

堵路之风日盛，有关部门要刹住此风，首先要加强管理，做好对堵路主要责任人的批评教育和责任追究工作；再者要通过宣传引导市民通过正确渠道表达个人诉求；第三，政府职能部门要恪尽职守，积极为市民解决问题，以高质量的政府服务使“堵路”之事再无可乘之机。唯有如此，“堵路”之风才能真正刹住。

小资料22：

与时俱进，永葆党的文化先进性

时光荏苒，如白驹过隙，浙江嘉兴南湖上的一艘小船，载着九十年的流光溢彩，欢笑着驶向今天。九十年的栉风沐雨，九十年的沧桑巨变，伟大的中国共产党，从它诞生的那一刻起，就如一颗耀眼的北极星，指引着伟大的中国人民，推动着争取民族独立解放和全面建设社会主义新国家的战车，沿着正确的历史轨迹，滚滚向前。

无论是战火纷飞的革命年代，还是艰苦卓绝的建国初期，无论是改革开放的转折时刻，还是和谐稳定的现代建设时期，中国共产党始终牢牢地把握了时代发展的脉膊，以其伟大的智慧，指引了中国前进的方向。在革命战争年代，中国共产党将马列主义伟大思想和苏联革命战争的经验与中国的实际情况结合起来，创造性的指出中国的革命战争应该走“农村包围城市”的道路，在人们提出“红旗能够打多久”疑问的时候，共产党人以一篇《星星之火，可以燎原》重新点燃中国革命的信心和希望之光，牢牢把握了胜利的主动权。在内外交困，一贫如洗的建国初期，共产党人及时转变思路，结合中国的实际情况，不断的恢复国内经济，拓展对外交往，使我国打破了帝国主义的封锁，赢得了建设社会主义新中国的胜利。在改革开放的关键时期，中国共产党人又创造性地解决了“什么是社会主义，怎样建设社会主义”的重大问题，提出了“一国两制”方针，促进了国家经济的快速发展，解决了香港和澳门问题，并为台湾问题的解决打下了良好基础。在和谐稳定的建设新时期，共产党人还不断积极探索“什么是共产党，怎样建设共产党”等党建的关键性问题，先后提出了“三个代表”重要思想和“建设和谐社会”的重大目标。这一系列重大问题的解决，都离不开我党先进思想文化的指引。

综观建党九十年来的点点滴滴，中国共产党每一次取得的胜利，无不与其高瞻远瞩，准确预见和把握时代脉膊的能力和先进文化特性有关。在新的建设时期，中国共产党第十七届中央委员会第五次全体会议通过的《中共中央关于制定国民经济和社会发展第十二个五年规划的建议》指出:“十二五”时期是全面建设小康社会的关键时期，是深化改革开放、加快转变经济发展方式的攻坚时期。在这样一个时期，只有保持我们党的先进性，才能在准确认知和把握时代发展的趋势的基础上，科学的指导和促进国家经济建设持续、健康、快速发展，促进和谐社会建设目标的实现。以此为契机，也是我们××市紧跟文化强省战略，实现文化强市目标的关键时期。

××市地处经济发达的珠三角地区，在中国共产党的领导下，取得了一系列的成就。在抗击非典、扑救山火、抵御强台风和洪涝灾害、应对国际金融危机等危机事件处理过程中，共产党人带领各级党员群众，充分发挥全市各级政府以及各企业、各单位党员的先锋模范带头作用，发动和影响全市人民，齐心协力度过危机，并把握时机，使××经济不断得以发展，民生不断得以改善。

××××~××××年，××城镇居民人均可支配收入和农民人均纯收入水平年均增长分别为7.6%和11%，城乡居民年人均收入比缩小到××××年的1.77。××××年末，城镇、农村家庭家用汽车拥有率分别达27%和16%；电脑拥有率分别为91%和50%。全市共××××万人次参加各类城镇社会保险，城乡居民实现基本养老保险和住院基本医疗保险全覆盖。全面落实免费义务教育，教育事业均衡协调发展，中小学优质学位达95%以上。××××年，××顺利通过全国生态市验收，总量减排和珠江综合整治考核全省第一。市民幸福的指数在提升，城市的筋骨在成长。“××××”工程慢慢变成现实，“××××××”为主骨架网络的公路交通体系正逐步形成。

为了迎接即将到来的建党九十周年盛事，根据党的“十二五规划”建设要求，××要实现“××××”的建设目标，继续保持和进一步发展“××××”的××特色，必须与时俱进，通过不断的创新，永葆党的文化先进性。创新是一个民族兴旺发达的不竭源泉，也是中国共产党永葆生机和活力的灵魂所在。在紧紧围绕“执政为民”的核心理念下，建设社会主义和美××，应该着重于对××文化的传承与创新

一、传承××文化

××是伟大的革命先驱孙中山的故乡，有着独特的文化个性和浓厚的文化氛围。从历史和现实来看，它有着明显的地域文化色彩，集中体现了岭南文化中粤、闽、客三大民系的文化特征，是中原文化、土著文化、西洋文化、南洋文化相互碰撞和相互融合的产物。在这种文化氛围下，××的文化活动也异常的活跃丰富。

最早的文化活动记载即是公元××××年××镇首次以“菊花会”的名义举办了文化活动，传承至今天，一年一度的小榄菊花节已经成为了××的一大盛事，与此同时，其它各种类型的文化活动也非常的活跃，如每年一度的“××慈善万人行”，××镇的“灯博会”、××的“服博会”等，都连续的举办多届，并且在海内外享有较高的知名度和美誉度。

此外，××××年末，××市又与××、××共同签署《××××建设战略合作框架协议》，成立由三地市委宣传部部长组成的××××××建设战略合作领导小组，建立“联席会议”制度，就重点合作项目如社科研究合作、文化品牌共建、文化资源共享等进行定期协商交流。先后成功举办了《××××》×××三地同城音乐会、“×××美术作品展”、××经济特区建立××周年大型音乐舞蹈史诗晚会等文艺活动，开展了×××中国(××)侨乡华人嘉年华暨侨乡旅游节、××市××××年×××文化周两大重要品牌文化交流活动，这都是对于××历史的传承与发展。

二、在传承中发展创新××文化

在新的历史发展时期，党的执政过程中出现了一些新的情况和问题，作为先进文化的代表者，如何解决这些问题成了考验党的文化影响力和执政能力的重要试金石。

(一)创新××农村文化发展模式

对于××而言，目前最重大的一个文化领域的问题应该体现在农村地区，特别是城中村和经过了征地的农村地区。尽管农家书屋、农村文化室、文化站等文化基础设施建设已经纳入了民生工程，市镇村三级财政进行了相关投入，各类文化活动也努力的将农村市场纳入覆盖范围之内，但是，如何转变农民对待文化学习的态度，变被动为主动，变消极为积极，使口袋鼓起来的农民理性的对待财富，抵御赌博等不良恶习的侵害，降低“抢种、抢建”等不良现象的发生频率，减少不良上访率，应该成为市镇各级党委考量的首要问题。

面对这些问题，以处理思路上，应该确立“堵”和“疏”的导向。从“堵”的方向而言，在依法行政的前提下，严禁农村各类“黄、赌、毒”等丑恶现象，一方面制止此类违法败俗现象在农村地区的蔓延，树立此类行为在农村地区的负面影响形象，达到震慑效果，另一方面通过图片、政策宣讲等方式宣传此类行为的危害，使农村居民认识到这类行为的不良后果，第三还可以通过发动本地居民自发形成对此类行为的检查和监督力量，以便及时的发现和解决相关问题。

从“疏”的方向来说，就是要满足和发掘农民的实际需求和心理需求，进行适当的引导，以达到建设社会主义新农村新文化的目标。具体而言，应该包括理财引导、创业引导、就业指导、技术培训、市场营销、健身娱乐活动安排、文化资源提供等方面。对于农民的需求，要及时的发现，并以积极的方式进行引导。在引导方式的选择上，切忌一味的予以满足，注意应该在加强基础性保障的前提下，扩大刺激性激励诱因影响，使农民认识到通过自己的努力可以达到目标，拥有更好的生活，而不是一味的等、靠、要甚至采取激烈的方式获得。当正常的渠道畅通和个人努力有相关回报和成果时，广大农村居民的行为方式和思维方式就会逐步发生转变。

此外，××拥有自己的高校和人才资源，在解决农村文化问题的上，可以充分依托本地高校，利用高校人才资源库，一方面积极鼓励高校人才深入农村，了解农村情况，提出解决建议，另一方面也可以以高校为媒介，进行积极健康的文化宣传，为农民解疑答惑，开拓视野，带动农村地区学习知识的风气和潮流，以达到传、帮、带的效果。

（二）创新特色文化组合发展模式

文化组合发展，也就是确立一个文化核心，树立一个文化形象，创造多个文化品牌，创新多种文化形式，带动更多文化产业链条。××的特色镇区众多，适宜进行文化组合的特色亮点也为数不少，能够进行创新特色文化组合的应该是以名人文化、民俗文化和商业文化为主。

对于一个城市来说，名人文化是它的精神象征和符号，也承担了城市名片的职能，××拥有得天独厚的名人文化底蕴。以×××先生为代表，还有×××、×××等众多的名人志士，众多的名人是××独有的资源，为增加××的文化知名度和美誉度奠定了良好的基础。

民俗文化和商业文化交织在一起，也形成了××重要的文化特色。在此之前，××××的菊花节和五金产品，××的红木家具艺术和家具产销、××镇的灯博会、××的服博会和牛仔服装、××腊味、×××岐乳鸽、×××咸鸡、××菠萝、××岭南水乡等，都是民俗文化和商业文化交织而形成的品牌。

因此，在拥有这么多商业文化品牌的基础上，如何进行进一步的开发，将众多品牌的文化资源优势充分的发挥出来，就是考验我们执政党智慧和能力的重要课题。在对市内各域文化进行分析整合的基础上，应该明确食文化、服装文化、家饰文化三大主题，打破不同商业文化之间的壁垒，想方设法为这些产业之间搭建共赢平台与沟通桥梁，特别是可以通过设计连接个个产业的链条、举办适应不同层次、不同年龄阶段人们需要的主题活动，培养全体市民对这几大商业文化的关注力和品牌意识，进而走出去推广使得这些商业文化和××紧密联系在一起，增强××的文化凝聚力和辐射力。

三、结语

盛世华诞今朝至，春风笑颜正当春。举国上下欢腾日，××更当傲群枝。执政为民时时记，敢为天下策群知。关注民生与时进，领先文化赋小诗。新的时期对于党的建设提出了新的要求，在植根××的前提下，我们更应该以饱满的精神面貌、积极进取的创造精神，牢牢的把握住××文化的前进方向，以先进的文化号召和感染全体××人为实现“三个适宜”的和美幸福××而不懈努力奋斗。行路难，行路难，多岐路，今安在？乘风破浪会有时，直挂云帆济沧海。尽管未来我们还有可能会遭遇很多的困难，但是，只要我们坚定信念，以科学的、先进的文化理念为指导，就一定能够建设一个幸福的社会主义和谐××。

小资料23：

校园文化漫谈

曾有学生问我："老师，为什么学校建在山上，我们每天爬坡很累。"我笑答："山不在高，有仙则名，我们学校依山而建，让学生们每天不断攀登，多学知识，都变聪明嘛。"学生释然，我亦坦然。在中国，依山傍水的学校很多，但是每所学校却都能给人不同的感觉。苏霍姆林斯基曾说："一所好的学校墙壁也会说话。"每个校园的不同，追根溯源，是那一山一水、一草一木之中，一晨一昏、一定一省之间体现了这个学校的灵魂与气质——校园文化。

清晨或傍晚，漫步莲峰山上，看着红墙绿树错落相间，蓝天白云相映成趣，在上课时的寂静与下课后的喧闹之间，突然感觉学校就像一个活泼的少女，而"静若处子、动如脱兔"应该是对她最为贴切的形容。想到这里，我不禁有了期盼：沐浴在早晨的阳光下与啾啾的鸟鸣声中，拿一卷书，坐在草坪或花坛间的小凳上，是否会有"山光悦心性，树影清人心"的舒适？奔波楼宇之间，穿梭教室之内，是否会有"耕耘三尺台，桃李天下栽"的欣喜呢？景也好，人也好，动也罢，静也罢，所有的校园景观与校园中的人们一起，共同铸造了校园文化和谐的精魂，那就是：文明有礼的校园，学风浓厚的校园，博雅务实的校园。

构建校园文化第一要件，就是建设文明有礼的校园文化。文明有礼，就是讲礼貌，讲卫生，爱护校园环境与公物，待人谦和，大方得体。

曾有老师抱怨说，有些学生进办公室，不敲门，不打招呼，要么直接忽视，要么直呼其名，虽然大多数学生不是故意为之，有些或是不在意，有些或是不懂得，但的的确确让人心生烦闷。但是，更多的时候，我们会听到学生们老远真诚的问候，看到老师们脸上回应的微笑。同样的事情可能会发生在电话联络抑或是办公事务的场景中。台湾著名的漫画家几米有一本册子名叫《我的心中每天开出一朵花》，那么，当我们每天在校园中相遇，简简单单一个点头，一下挥手，一声问候，一抹微笑，可能就让一个人甚至更多人的心中开出了一朵花，这朵花，是愉悦的心情，是轻快的步伐，是校园文化的文明之花。

讲卫生和爱护环境公物是校园文化的另一个侧影。一次路过外教同事的课室，发现她正在收拾教室里课桌上的垃圾，我觉得很奇怪，就问她，她解释说这样会影响教室环境，所以她收拾一下。我当时觉得很不好意思，就委婉地跟她解释说我们学校有专门的教室保洁人员来维护教室环境，她似懂非懂地停住了，很疑惑地看着我，让我心中惭愧不已。在后来的教学过程中，我常常禁不住要跟学生强调，让大家离开教室的时候把垃圾放到前面的垃圾桶内。另外，教室里的课桌文化，仪器耗材的保管使用，其实都关系到校园里的每一个人，讲究卫生，爱护公物环境，也是校园文化建设的基本要求。

人们常说：良言一句三冬暖，恶语伤人六月寒，言语适度得体，待人谦和，有利于构建校园之中的儒雅和煦之气，形成有礼文明之风，学生的素质在这里体现，大学的气质也在这里凸显。

学风是校园文化的另一重要折射，"风声、雨声、读书声，声声入耳，家事、国事、天下事，事事关心"的对联言犹在耳，"厚德、博学、求是、创新"的校训鞭策在前。良好的学风是大学的根基所在，一所理想的大学是这样的：寂静而人头济济的图书馆，明亮而满满当当的自习室，小路边、草坪上晨读的身影，下课后围绕在教师身边探寻知识的目光，报告厅内澎湃的观点激流，辩论赛上洋溢的智慧光彩……。

良好的学风，通常包括学术、教学与学习三个方面。严谨、求实的学术之风能锻造出优秀的学者与学风的标杆，因材施教、关爱学生、教学相长的教学之风引导学风的方向，而敏而好学、力求上进的学习之风构造学风的基础。只有这三者结合起来，才能积淀出意味隽永、含韵悠长的浩学之气，形成奋发向上的校园环境。

“闻弦歌而知雅意”是很多人对大学校园的想象和期望，在大学校园生活中，我们广泛地汲取各个方面的知识，希望能够藉此博览群书，精通专业，通晓六艺。我一向认为，大学当中的迷人之处在于，有一些能很单纯地为了知识上的新境界而兴奋不已的学者，有一些很简单的为了学习的收获而欢呼雀跃的学生。那些因为激动而闪耀在眼中的光芒，是大学天空中最闪亮的星星。这样的情绪，会塑造每一个在校园中的人们心底最深处的自豪感。在校园里面，“博”而“雅”是它的突出特点。

十年树木，百年树人，优良的大学教育，在培养学生成才的目标指引下，最起码要达到将学生培养成人的基础性要求。师者，传道，授业，解惑也，作为老师，在不断研究新知识的同时，也不断地研究学生、了解学生，以研带教，以教促研，为学生提供更多的知识选择。老师不仅仅是教授学生知识本身，更重要的是使得学生明道理、辨是非，能够通过大学阶段的学习，获得自主学习能力和应用知识的能力。教育的终极目标是为国家和社会培养可用之才，因此教育的务实性是符合实践性要求和满足现实需求的必要特性。

文明、有礼、治学、向学、博雅、务实是我们校园文化建设的题中应有之义，让我们一起努力把它们变为现实，唯有如此，我们的大学时代才能平实而充满魅力，我们的工作生活才能洋溢明丽的色彩，我们的校园才能富有灵动之气，我们的文化建设才真正拥有它的魅力和风韵！

五、信函的写作

1. 介绍信的写作

介绍信是用来介绍联系接洽事宜的一种应用文体，是各类单位外派人员到其他单位联系工作、了解情况或参加各种社会活动时用的介绍性信函，它具有介绍和证明的双重作用，介绍信的开具，是秘书人员应该掌握的基本技能之一。

介绍信的标题写上“介绍信”三个字即可，另起一行顶格写接洽单位的名称或者接洽人的姓名等称呼，如“××××公司：”、“×××先生：”等等。正文部分写清己方派出人员的姓名、人数、身份、职务、职称等相关信息，说明所要联系的工作，交待接洽事宜，对接洽单位或个人提出如“请接洽”等要求，最后落款单位名称和日期即可。介绍信通常分为有存根的和无存根的两种，需要写明介绍信的有效期限，具体格式如下：

介绍信一：

介绍信

单位名称/个人名称：

兹有我单位__________同志等__________人前往贵单位办理__________________事宜，望接洽为盼。

此致

敬礼！

单位名称(盖章)

2015 年 5 月 20 日

(有效期 10 天)

介绍信二：

介绍信(存根)

×××字×××号

兹介绍×××等10位同志前往××市×××××公司联系××××××事宜。

2010年5月20日

(有效期15天)

……………………………………×××字×××号……………………………………

介绍信

×××字×××号

××××公司：

兹介绍×××等7位同志前往贵单位联系××××××事宜，请接洽并给予协助。

此致

敬礼！

单位名称(盖章)

2010年05月20日

(有效期15天)

2. 证明信的写作

证明信是以单位或者个人名义，对他人的身份、个人信息等进行证明的一种信函，具有真实性和凭证性两大基本特性，也是秘书人员日常办公中经常开具的一种证明性信函。

证明信的写作主要包括标题、称谓、正文、结语和署名五个部分。标题一般就是“证明信”三个字为题，称谓部分可用单位名称或者个人名称，正文部分应该言简意赅的将被证明人需要证明的情况一一写明，如姓名、年龄、身份、个人经历、某一事件等等。结语部分一般使用“特此证明”作为结束语，署名通常要署进行证明的单位名称或者个人名称，加上具体的时间日期，加盖公章或者个人私章。具体的证明信范文如下：

证明信

单位名称/个人名称：

贵单位×××同志于2010年08月20日至2014年5月28日在我单位攻读博士，学习期间表现良好，各项成绩均合格，已于2014年5月取得博士学位。

特此证明。

中国科学院某某研究所(盖章)

2014年05月29日

3. 邀请信的写作

邀请信的写作通常用作工作中的一种礼仪性信函，它实质上类似于通知对方参加某种活动的函，但是比普通的函显得更加的庄重正式，与请贴的作用类似。邀请信中通常要交待清楚邀请对方参加活动的内容、时间、地点、特殊要求(如携带同伴、穿着礼服)等等，且比一般的书信讲究美观。

邀请信的标题写作一般有两种，一种为直接书写“邀请信”三个字，另一种为“邀请事由 + 文种”构成，如“××××公司成立二十周年庆典活动邀请信”等。在称呼上，应写应邀单位或者个人的姓名，可使用对方的全称或者尊称。正文部分的写作，可适当加上一些对对方的溢美之辞，如以“您在××××领域有很深的造诣”等等，作为对邀请对方的礼仪性理由，且交待清楚具体活动的时间、地点、内容等详细信息。在结尾部分，通常使用“此致，敬礼”、“敬请光临”、“欢迎您莅临指导”等等语句，最后再加上署名和年月日，加盖公章，以显得正式庄重。

具体邀请信范文如下：

××××有限责任公司二十周年庆典邀请信

×××小姐/先生：

为庆祝我公司成立二十周年，我公司将于2014年12月20日18点至21点在香格里拉大酒店一楼西宴会厅举行庆祝晚宴，诚邀您携家属拨冗参加，届时我方接待人员将在一楼大厅恭候您的光临！

此致

敬礼！

×××××有限责任公司

2014年12月15日

六、管理办法的写作

秘书日常文书写作工作的内容通常还包括本部门或者本单位一些具体管理方法的文案编写。通常编写比较复杂的有人事、财务、项目管理、应急管理等管理办法，这类管理办法的写作专业性强，条款多，如小资料24所示。编写比较简单的管理办法有办公室用品管理、仓库管理等等，管理对象相对简单，管理办法编写难度相对较低，如小资料25所示。

小资料24：

××××大学人事管理办法

（试行）

文件编号:12345678　　审核人:王小利

编制人:刘小芳　　批准人:张小川

第一章 总则

第一条 为加强和规范校内人事管理，建立公开、透明、有序的人事管理制度，保障××××及各项工作的顺利进行，特制定本办法。

第二条 本办法依据国家有关人事管理的法律、法规、政策，参照有关规定，结合我校实际制定。

第二章 员工校内流动

第三条 未经组织人事处批准，各院系、各部门不得新招临工、借调人员以及外聘人员。

第四条 合同制工人在合同期内原则上不能流动。

第五条 校内部门之间流动，必须遵循流向合理的原则，由本人向组织人事处提出申请，征得调入调出双方基层单位领导同意，报校长办公会议决定后，由组织人事处办理校内相关手续。部门内部流动，应由部门报组织人事处备案。

第三章 校外人员调入我校的管理

第六条“工作需要”调入学校须符合下列条件之一：

1. 学科建设、专业建设急需的具有副高职称及以上职务的专业技术人员。副教授一般不超过40岁；教授一般不超过50岁(学科、课程、专业带头人年龄可适当放宽)。

2. 工作急需的专业技术人员，应具有硕士及以上学位，年龄一般在35岁以下；具有博士学位的年龄可适当放宽。

第七条 凡属“照顾困难”异地调入学校须符合下列条件之一：

1. 学科建设、专业建设急需的具有博士学位或副教授及以上职称者的配偶，具有大专以上文化程度，夫妻两地分居，经学校研究，在校外安排有困难的，在学校有专业对口岗位且其能胜任的情况下可调入学校。

2. 其他照顾解决员工两地分居困难的，一律在市内联系工作单位，学校给予全力协助。

第四章 待岗人员、借调人员的管理

第八条 对于未被聘任的人员，组织人事处设校人才交流中心负责统一管理。

第九条 校人才交流中心接受待岗人员条件

1. 因各种原因没有落实聘任岗位的我校职工。

2. 用人单位或本人(本人提出的，应由所在单位同意)认为不适宜继续在原单位工作，但尚未找到受聘单位的我校职工。

3. 对有以下情况之一的待岗人员，不适用本管理办法，按学校相关管理办法执行。

(1)因公病残的；

(2)精神病患者；

(3)重病不能坚持正常工作者；

(4)孕期、产假和哺乳期的女教职工；

(5)个人拒聘或落聘后不接受学校工作安排的。

第十条 校人才交流中心接受待岗人员的程序

对转送校人才交流中心的待岗人员，由原所在单位到校人才交流中心领取《待岗人员交流登记表》，所在单位要做好待岗人员的思想工作，通知待岗人员于7日内将《待岗人员交流登记表》送回校人才交流中心，并到校人才交流中心报到。凡无正当理由不按期到校人才交流中心报到的按旷工处理。

第十一条 待岗人员的安置

1. 对待岗人员进行转岗分流。

在校人才交流中心的指导下，待岗人员继续竞聘上岗。待聘期间，待岗人员应在每个工作日到校人才交流中心报到，了解招聘信息。校人才交流中心根据岗位需要对待岗人员安排培训、学习和临时性工作。对既未承担临时性工作，本人又不按时到校人才交流中心报到者，按旷工处理。校人才交流中心安排临时性工作，最长不超过一年。

2. 鼓励和支持待岗人员参与社会流动，调离学校。

3. 校人才交流中心与市人才交流中心进行沟通和联系，向社会用人单位推荐待岗人员。

第十二条 待岗人员的待遇

1. 待岗人员3个月内未能竞聘上岗，按本管理办法服从安排者，发放国家基本工资部分。

2. 待岗人员在第4个月至第6个月内未能竞聘上岗，按本管理办法服从安排者，发放××市最低工资标准。

3. 待岗人员在第7个月至一年内未能竞聘上岗，停发所有待遇。

4. 待岗人员在一年以后未能竞聘上岗，按规定将其人事档案放××市人才交流服务中心进行托管。

第十三条 借调人员的管理

外单位拟借调我校职工，须由被借调人征得基层单位同意，经组织人事处报校长办公会批准后，由用人单位与学校签署借调合同，并向学校缴纳一定的借调费。未经组织人事处同意，校内各基层单位不得代表学校自行办理借调手续。

第五章 员工休假管理

第十四条 休假的种类及天数

1. 法定节假日：按照国家规定的法定假日：元旦（1天）、春节（3天）、国际劳动节（1天）、国庆节（3天）、清明（1天）、端午（1天）、中秋（1天）。

2. 休息日：每周2天（星期六、星期日）。

3. 寒暑假：根据每学年的校历安排休假。原则上，机关坐班人员按学校文件规定休假，其余时间执行轮值制。

4. 事假、病假：按《某某科技大学员工考勤管理规定》中关于事、病假的有关规定办理手续。

5. 婚假、产假、哺乳假、看护假、丧假：按《某某科技大学员工考勤管理规定》的有关规定执行。

6. 探亲假：按员工探亲管理有关规定执行。

第十五条 休假期间的工资、奖金及福利待遇

1. 法定节假日、休息日、寒暑假：工资、奖金及福利照发。

2. 事假、病假、婚假、产假、哺乳假、看护假、丧假：休假期间的待遇按《某某科技大学员工考勤管理规定》中的相关款项执行。

3. 探亲假：在寒暑假期间享受的，工资、奖金及福利照发。

第十六条 本着国家关于事业单位原则上不执行加班工资的精神，学校实行加班补休制，补休须结合本部门的实际情况由部门领导安排补休。因突发事件引起的加班，事后由加班部门提出报告，组织人事处审核后，经主管领导批准办理。

第十七条 企业化管理的部门，除国家规定的法定节假日外，应保证在职员工每周至少休息1日；在寒、暑假期间，可根据工作性质决定放假天数，并报主管校领导审批后报组织人事处备案。

第六章 员工探亲管理

第十八条 探亲待遇的规定

1. 凡在本校工作满一年的教职工，与配偶或父母不住在一起，又不能在公休假日团聚的，可享受探亲待遇，但不包括探望配偶的父母。

2. 新婚后与配偶分居两地的从第二年开始享受探亲假。

3. 学徒、见习生、实习生在学习、见习、实习期不可享受探亲待遇。在试用期满转为正式职工的当年，可享受探亲待遇。

4. 已婚职工探望父母，每四年给假一次；未婚职工探望父母，每年给假一次；职工探望配偶的，每年给假一次。

5. 探亲的假期应在寒暑假中享受。探亲假不能提前、累加或递延享受。

第十九条 探亲路费报销的规定

1. 探亲路费的报销应在开学后一个月内办理。

2. 探望父母和配偶，应以探视对象正式户口所在地为计算依据。

3. 探望配偶和未婚教职工探望父母的往返路费由学校按规定报销。

4. 已婚教职工探望父母的往返路费，在本人月基本工资 30% 以内的由本人自理，超过部分由学校按规定报销。

5. 乘火车(含直快、特快)的，不分职级，一律报硬席座位费。年满五十周岁以上并连续乘火车四十八小时以上的可报硬席卧铺费。

6. 乘轮船的，报四等舱位(或比统舱高一级舱位)费。

7. 乘长途公共汽车及其它民用交通工具，凭据报销。

8. 探亲途中的市内交通费，可按起止站的直线公共电车、汽车、轮渡费凭据报销，但乘市内出租车辆的开支，应由教职工自理，不予报销。

9. 员工探亲不得报销飞机票，因故乘坐飞机的，可按直线车、船票价报销，多支部份由教职工自理。

10. 教职工探亲途中，限于交通条件，必须中途转车、转船并在中转地点住宿的，每中转一次，可凭单据报销一天的普通房间床位的住宿费。如中转住宿费超过规定天数的，其超过部分由教职工自理。探亲途中连续乘长途汽车及其它民用交通工具，夜间停驶必须住宿的，其住宿费凭单据报销。

职工探亲途中，遇到意外交通事故造成交通暂时停顿，其等待恢复期间的住宿费可凭当地交通机关证明和住宿费单据报销。

11. 教职工探亲期间的伙食费、行李物品寄存费、订票费、托运费、餐费、游览等项开支，均由教职工自理，不予报销。

第七章 出境超期员工的管理

第二十条 公派出境人员，原则上不得超过批准的出境期限，不得改变出境前规定的身份。

第二十一条 超期一年以上者，除第二十二条规定的情况外，一律不再保留公职。

第二十二条 对符合下列情况的出境超期人员，如为学校急需学科、专业的人才，经本人申请、拟接收的基层单位考核并签署意见后，报校长办公会批准可接收到校工作：

1. 取得博士学位或博士后且年龄不超过 45 岁者。

2. 取得硕士学位且年龄不超过40岁者。

3. 其它特殊情况。

上述人员，在境外攻读学位期间，工龄计算、工资待遇等，按照有关规定办理。

第二十三条 不保留公职的出境人员可按辞职办理，半年内不办理手续则按辞退处理。

第二十四条 在服务期内除国家规定的出境探亲外，不批准如自费留学等因私离境。对于个别特殊情况要求因私出境，需经基层单位和组织人事处同意并报主管校领导批准，按规定缴清违约金、缺期服务费等项费用后，方可办理。

第二十五条 对于经学校批准的与境外进行合作研究而出国的研究人员，按《某某科技大学员工某某规定》有关规定办理。

第八章 退休、辞职、辞退、自动离职的规定

第二十六条 我校员工符合下列条件之一的，应当退休：

1. 男性年满60周岁，女性干部年满55周岁，女性工人年满50周岁。

2. 男性年满50周岁，女性年满45周岁，经过市社保局指定医校证明完全丧失工作能力的。

教职工退休后，享受国家及某某市规定的养老保险金和其他各项待遇。

第二十七条 我校担任教学任务或科研项目的员工辞职，须提前三个月向本人所在基层单位提出申请，基层单位同意后报组织人事处，学校在三个月内办理完审批手续。

第二十八条 凡属下列情况之一者，不能申请辞职：

1. 担任重大科技攻关项目、重大科技改造项目、重大建设工程项目的负责人和主要骨干，工作任务未完成的。

2. 从事涉及机密、绝密工作，辞职后可能泄露国家机密的。

3. 受到组织审查尚未结案或受留用察看处分察看期未满的。

第二十九条 被批准辞职的员工，须办清离校手续，不得私自带走学校的科技成果、技术资料。服务期未满的，须交清缺期服务费。

第三十条 我校员工应服从组织安排，遵守纪律，努力工作，对具有下列情况之一者，原则上作辞退处理，情节特别严重者，给予开除处分。

1. 连续旷工或无正当理由逾期不归超过十五天(含十五天)，或一年内累计旷工超过三十天(含三十天)，或严重违反其它劳动纪律经教育不改的；

2. 连续两年岗位考核不合格的，或当年考核不合格、又不服从组织安排，或重新安排后在一年之内仍不合格的；

3. 因机构调整、撤并或缩减编制，需要变动岗位，本人无正当理由拒绝组织安排的；

4. 不履行工作任务，不遵守职业纪律，造成恶劣影响和严重后果的；

5. 参与煽动闹事，危害国家政治、经济、社会秩序的；

6. 违背职业道德，违反工作规程，损害本单位技术、经济权益，造成严重后果的；

7. 违反兼职规定从事兼职，经批评教育在限期内仍不改正的；

8. 无理取闹，打架斗殴、恐吓、威胁领导和其他员工，影响工作和社会秩序，情节严重的；

9. 犯有其他严重错误的。

第三十一条 被学校辞退员工接到辞退通知后，如无特殊原因30天内不到学校办理辞退手续的，作开除处理。

第三十二条 员工申请辞职未获学校批准，或解除聘用关系的手续未办理完毕而离开学校者，作自动离职处理。自动离职的职工须承担违约责任，对学校造成经济损失的，应承担赔偿责任。

第九章 服务期的规定

第三十三条 应届硕士毕业生在校服务期为3年，应届博士毕业生在校服务期为5年。

第三十四条 调入学校的一般员工，在校服务期为3－5年。

第三十五条 培训进修人员的服务期按《某某科技大学某某学校员工进修培训规定》执行。

第三十六条 其他人员按照合同约定执行。

第十章 调离、自费留学的管理

第三十七条 因各种原因要求调离学校、自费留学的员工已完成学校规定服务期，在不影响教学、科研的情况下，提前三个月申请，经基层单位同意，组织人事处按有关程序办理手续（副处及以上干部经党委会议决定），待批准后方可将关系转离学校。

第三十八条 有下列情况即使已到服务期也暂不能调离或自费留学：

1. 未完成正在进行的教学科研工作。

2. 从事保密等工作，在保密期内的。

第十一章 离校员工档案转移的规定

第三十九条 对于学校已作了开除、自动离职处理的员工，如要将档案转离学校，按下述规定办理：

1. 本人提出书面申请，说明调档原因；

2. 办理离校手续；

3. 按合同和有关规定缴清应缴费用。

第四十条 对不保留公职的出境员工参照上述办法办理，服务期未满者缴清缺期服务费后方可提取档案。

第四十一条 对于办理辞职、辞退手续的员工，组织人事处将个人档案转交某某市人才交流中心，并通知本人与市人才交流中心办理档案托管手续。

第十二章 缺期服务费、培养费及违约金标准

第四十二条 服务期未满，员工要求调离学校、辞职、因私出境等，需承担违约责任，向学校缴纳违约金2万元，退还学校给予的安家补贴等。

第四十三条 在职攻读博士学位的员工还应退还学校的科研启动费、奖励金、不在岗期间所享受的工资等。

第四十四条 缺期服务费每缺一年按1万元缴纳，不足一年按伍千元缴纳。

第十三章 员工兼职管理

第四十五条员工若从事兼职工作，不得影响本职工作的时间安排和工作完成，不得损害学校的各种利益；未经学校批准不得使用学校的物资条件、无形资产及未公开的专业技术资料，否则一经核实，学校将给予相应的经济处罚或行政处分。

第四十六条 有下列情形之一者，不能兼职。否则，学校将视情节轻重，给予相应的处理或处分。

1. 职务涉及国家机密，兼职可能泄漏国家机密者；

2. 正在承担国家和省的重大科技攻关、重大经济建设项目，兼职可能影响任务完成者；

3. 虽未承担重大项目，但兼职可能严重影响本职工作者；

4. 未完成本职工作或拒绝接受本单位分配的任务者。

第四十七条 兼职中占用学校仪器、设备、场地的，其管理办法由相关职能部门制定。

第四十八条 兼职人员与兼职单位之间发生的各种纠纷以及兼职人员兼职期间发生的伤亡事故均与学校无关。

第十四章 违反劳动纪律的处分管理

第四十九条 对有下列行为之一的员工，经批评教育不改的，应当视情节轻重给予行政处分，并可给予经济处罚：

1. 违反劳动纪律，经常迟到、早退、旷工，消极怠工，不能按规定完成教学、科研或其他工作任务的；

2. 无理取闹，打架斗殴，或恐吓、威胁他人，或殴打、辱骂他人，或在办公室、教室、实验室等重要场所吵架、恶意喧闹，严重影响教学、科研及工作秩序，情节严重的；

3. 玩忽职守，贻误工作，给单位利益造成重大损害的；

4. 压制批评，打击报复造成严重后果的；

5. 弄虚作假，欺骗组织和他人的；

6. 滥用职权，违反财经纪律，损公肥私，挥霍浪费的。；

7. 泄露国家秘密和工作秘密的；

8. 有贪污、盗窃、行贿受贿、敲诈勒索以及其他违法乱纪行为的；

9. 犯有其他严重错误的。

员工有上述行为，情节严重，触犯刑律的，移交司法机关依法处理。

第五十条 员工违反劳动纪律和上述有关规定，根据情节轻重和本人认错态度，分别给予通报批评、警告、记过、记大过、降级、撤职、留用察看、开除等处分。受降级以上处分的，同时降低其工资标准。

第五十一条 我校员工因故意犯罪被人民法校判处刑罚的，予以开除；因过失犯罪被判处刑罚的，视情节轻重，给予相应处分或免予处分。

第五十二条 我校员工违反劳动纪律和上述有关规定的，由员工违纪处理委员会根据违纪事实和有关部门的初步意见做出处理决定。

第十五章 附则

第五十三条 本办法自公布之日起执行，凡以往涉及员工管理方面的规定有与本办法不一致的，以本办法为准。

第五十四条 企业编制人员管理办法参照《某某科技大学员工某某规定》实施。

第五十五条 本办法由组织人事处负责解释。

小资料25：

办公用品管理办法

第一章 主题内容与适用范围

为加强我单位办公用品管理，控制费用开支，规范我单位办公用品的采购与使用，本着勤俭节约和有利于工作的原则，根据我单位实际情况，特制定本规定。

第二章 办公用品的购买

办公用品购买细则

第一条 原则

……

第二条 办公物品的申购

根据……，由……审批确定购买数量。

第三条 采购规定

……

第四条 验货

……

第五条 各部门申请办公用品

……

第三章 办公用品的分类、领用及报废处理

第六条 办公用品分为消耗品、管理消耗品及管理品三种。

消耗品：……

管理消耗品：……

管理品：……

1. 办公用品由……统一保管，并指定保管人，按单位核定的费用标准向使用人发放。

2. 采购人员应将所采购的物品交保管人办理登记入库手续，保管人……

3. 各部门办公用品费用核定及有关规定：

①、办公用品领用……

②、核定的费用实行……

③、各部门因特殊情况需增加费用的……

④、办公用品使用实行月统计年结算……

⑤、各部门及各使用人的办公用品使用标准……

第八条 报废处理

对决定报废的办公用品，要作好登记，在报废处理册上写清用品名称、价格、数量及报废处理的其他有关事项。

第四章 办公物品的保管

第九条 填写清单

所有入库办公用品，都必须一一填写入库清单。

第十条 保管

……

第十一条 盘存

办公用品仓库应定期清点……

第十二条 印刷品与纸张管理

印刷品与各种用纸的管理按照盘存的清单为准，对领用的数量随时进行记录并进行加减，计算出余量。如果消耗品用完，立即写报告递交行政主管。

第十三条 持有量调查

……

第五章 对办公物品使用的监督与调查

第十四条 调查内容

对单位各部门进行调查，调查内容包括：

1. 核对用品领用单据与用品清单。

2. 核对用品申请书与实际使用情况。

3. 核对用品领用清单与实际用品清单。

第十五条 行政经理职责

1. 核对收支传票与用品实物清单。

2. 核对支付传票与送货单据。

第十六条 本规定自下发之日起执行。

网络资源

1. 大秘书网：http://www.damishu.cn

2. 文秘写作网：http://www.joke86.cn

本章实训题

假设你是X公司总经理秘书，现总经理要求你拟写一份公司职工考勤管理办法的文稿，试编写此管理办法。

第五章　秘书工作方法

◈本章思考题

1. 秘书调研对秘书人员有何意义?
2. 秘书工作中有哪些工作方法?
3. 你知道的秘书工作技巧有哪些?

秘书工作方法，包括秘书调研的基本工作方法、秘书应急管理的工作方法以及秘书工作的常规方法，它是秘书人员在工作过程中所采用的方式和技巧的总称。对于秘书人员来说，好的工作方法，指的就是在不违反法律法规和规章制度的前提下，有助于实现工作目标的最有效的方法。良好的工作方法可以使秘书工作变得高效、富有活力和创造性，有助于更好的协助领导人员完成组织工作目标，有助于增强秘书人员的工作能力，充分发挥其作为参谋助手作用。

第一节　秘书调研的基本方法

秘书调研是秘书人员的一项重要工作内容，在秘书工作过程中，从办公室日常管理、人事档案管理到项目材料准备、工作方案制定等都可能涉及到调查研究的内容，因此，调查研究能力是秘书人员必备的能力之一。所谓秘书调研，是指秘书人员根据日常工作管理需要和领导人员辅助性需求，针对特定工作内容进行信息搜集和处理的工作过程。秘书调查的工作方法主要包括典型调查法、普遍调查法、抽样调查法、个案调查法、直接调查法、间接调查法等，调查的过程即秘书信息搜集的过程。秘书研究方法包括比较方法、类比方法、分析方法和综合方法等，秘书研究的过程即信息处理的过程，它可以使得秘书工作更有预见性，同时可以发挥秘书人员的主动性和创造性，更好的为领导决策服务。与此同时，秘书人员应该明确并且把握调研原则，即:真实客观原则、精炼原则和参谋原则，也就是说，秘书人员的调研信息一要做到实事求是，符合工作实际情况，也就是社会调查过程中常说的信度和效度问题;二要概括凝炼，不是简单信息的粗放式堆砌，而是经过了分类、观点提炼的概括化过程;三是要且有辅助性和参考价值，秘书人员可以经过调研，提出观点和建议、方案等等，以供领导参考，但是，秘书调研不能代替领导决策。

一、秘书调研方案的制定

1. 确定主题与调研对象

调研主题与调研对象的确定是秘书调研工作开展的第一步，这是整个调研有步骤、有计划进行的前提条件，一般要结合工作的实际需要和领导的意图来确定。在此基础之上，秘书人员可以拟定调查的主要内容纲要，在主题目标的表述上尽量准确、简洁，内容纲要要能体现主题不同的层次和维度。在调研对象的选择方面，既可以确定为单位，也可以确定为个人。对象的选择要与调研主题具有相关性，并且具备调研的可行性、典型性和代表性，调研范围应该处于对方可接受的范围内，并尽量能够全面覆盖。

2. 调研计划书的写作

(1)调研的目的和主题

你要调研的主题是什么？为什么值得调研？提出的调研计划是否有意义？例如，是否对解决工作中的某种问题有帮助？

(2)资料回顾

其他人如何看待这个主题？哪些资料与这个主题相关？资料在描述这个主题时是否已经取得了一些相关的经验？是否有值得改进的地方？

(3)调研对象

用于收集资料的对象确定了没有？可用的资源是什么？如何使用资源？是否适合使用抽样的调查方法？如果是，如何抽样？如果调研活动会影响到调研对象，如何确定这种调研不会产生不利影响，并且能为对方接受？

(4)测量与计算

调研中有哪些主要变量？如何定义和测量变量？定义和测量方法是否重复了以前的一些调研活动内容？与已有的相关调研结果有何不同？如果已经做好了测量设计(如调研问卷)，或者使用其他人曾经使用过的测手段，应该把问卷附入调研计划书中。

(5)资料收集的方法

说明资料收集的方法，是采用实验法还是问卷法？是实地研究还是对已有的调研材料进行再分析？典型调查法、普遍调查法、抽样调查法、个案调查法、直接调查法、间接调查法等是使用一种还是几种综合使用？

(6)分析

说明将采用的分析方法，包括调研材料分析的目的和分析逻辑。是否需要进行详细的描述？是否要解释分析原因？是否要做差异性的比较和分析？将采用哪些解释性变量？如何确定变量对解释的正确性？

(7)时间表

在具体调研工作中，一般每个调研项目都有时间表，在调研计划书写作时一定要提供调研时间表，说明调研的不同阶段如何进行。一方面进行调研要将自己的工作时间、带队领导的工作时间以及调研对象的工作时间进行综合统筹，没有时间表会使得行程安排难以进行，日常工作陷入混乱，另一方面时间表也是把握调研进度的重要尺度，对于按时完成工作任务具有较强的约束性。

(8)经费

秘书调研活动中经常涉及到经费问题，因此在写作调研计划书时要提供经费使用计划，注明经费用途及额度。一般说来，具体的经费项目包括：人员经费、器材、用品费用、场地费用、通讯费用、交通费用、接待费用等等，因此，最好还是预估一下所涉及到的经费项目，并了解本部门、本单位有关此类项目经费使用管理的规定制度等。

小资料1：

《××市×××××创新调研》工作方案(××市××局)

一、调研的目的和主题

当前，××东省×××××体制改革进入新的阶段，××××发展将成为××经济发展和××××创新的重要推动力，因此，深圳、广州、珠海等地都将×××××改革作为本地区改革发展的重要任务。在这样的背景下，××市开展×××××改革，既是巨大的挑战，也蕴含着新一轮发展和制度创新的机遇和动力。×××××改革创新是一项复杂的系统工程，涉及到××××××的诸多方面，也会触及到传统的×××管理格局，对新的社会结构形成也有着不可估量的作用。开展×××××创新，需要从以下方面展开深入研究：

1. 社会组织自治与规范化管理路径

引导××××进行自治，在法律法规的指引下开展规范化管理，提高××××的内部治理水平。

2. ×××××的×××监督和规制手段

目前，我国尚没有出台统一×××××法，××××管理主要依靠的是×××手段，因此，加快完善×××监督规制手段是×××××××监督的主要方面，如：登记管理、年检、评估等。

3. ××××的××监督及信用体系

××监督始终是××××良性发展的重要影响因素，××××也是××××发展的主要动力。因此，加强××监督，建立××××的信用体系和××监督平台是×××××管理体制创新的重要任务。

4. ××××的联动发展扶持机制

××××的繁荣发展有赖于构建以××为核心，×××××为支持的联动发展扶持机制。××××的常规化与保障力度，××××转移的制度化和法制化，××××政策的常态化和科学化，这些都是××××得以快速发展的关键，而这些均需要从××××上予以创新和改革。

为更好的开展×××××体制创新研究工作，提高调研质量，真正为管理实践服务，××市××局拟对××市×××××××××体制进行全面调研分析，积极吸收国内外××××管理的先进经验，主动发现问题和解决问题，并最终形成我市××××××体制的主要方案。

二、资料回顾

1. 法律法规性资料

2. 规章制度性资料

3. 已调研过的资料

4. ……

三、调研对象

1. 数据来源对象：……

2. 问卷调查对象：……

3. 职能交叉对象：……

4. 访谈对象：……

5. 学经验对象：……

四、测量与计算

设计调查问卷并进行SPSS统计。

五、资料收集的方法

1. 资料收集法

(1)目前我市××××登记情况。

(2)我市××××年检、评估情况。

(3)我市××××发展和管理已经遇到的主要问题。

2. 深入访谈法

对我市××局××××管理部门，部分××××以及深圳等地××××管理部门的相关人员进行深入访谈，了解改革双重管理体制后××××管理和发展的基本情况、面临的问题及发展前景。

3. 问卷调查法

在访谈的基础上，对××××及相关××部门人员发放问卷，全面了解××××管理体制的发展现状和制约因素。

4. 文献研究法

对××××管理体制的相关理论文献进行深入研究，从理论上分析我市××××管理体制的发展路径。

5. 经验总结法

对国内外××××体制进行总结性探讨和分析，并结合××经济社会发展实际情况，进行比较分析。

六、分析

1. ……

2. ……

3. ……

七、时间表

9月28日前

1. 组成调研组，明确调研研究的主要内容。

2. 完成基本资料的收集工作。

10月7日前

确定访谈提纲和调查问卷。

10月20日前

1. 完成资料整理工作。

2. 根据课题需要安排访谈和实地调查。

3. 发放、回收、处理问卷。

4. 初步完成理论分析工作。

5. 初步完成经验总结工作。

11 月 20 日前

完成调研报告初稿。

12 月 10 日前

完成调研报告修改稿。

12 月 20 日前

调研报告定稿。

八、经费

1. 人员经费:1234 元

2. 交通费:234 元

3. 通讯费:300 元

4. 耗材费:400 元

5. 食宿费:300 元

在调研计划书写作完成后，秘书人员应该将成文的方案报送相关领导审阅，在调研活动开始前，所需要各项资源需要得到主管领导的同意和审批，调研活动需要领导参加的，也需要得到其首肯，以便安排后期调研活动。调研计划不通过的，应根据领导意见进行修改或者予以取消。

二、秘书调研方案的实施

1. 调研资料的收集

调研的过程主要就在于收集相关资料，资料收集的数量和质量决定了调研的深度与效果，收集什么资料、去哪里搜集、收集多少，在调研设计时都应该有事先预估。在一些收集资料的收集方法中，涉及到经费使用的，要考虑到本项目经费的实际资料承接和处理能力，争取在经费范围内的资料收集效益最大化。在调查问卷的设计中，一要考虑到调查题目与调研目的相关性，无相关性或者关联度低的题目不要设计；二要考虑调查题目收集信息的有效性，能否真实的反映出调研对象的实际情况，以及是否利于调研对象提供其真实信息；三要考虑到信息处理的难度，在题目设计上，不要设计标准模糊不清、难以统计结果的题目，以免出现调研资源的浪费，造成不必要的损失。

2. 调研资料的记录

在调研的过程中，除向调研对象索取资料外，记录资料是获得调研信息的重要来源。调研资料的记录包括笔录速记、录音、录像等等，做记录时要写明时间、地点、主要人物和代表性观点。记录的内容要尽量的全面、重点突出，记录时要又快又准，记录完成后要及时进行分类整理或者录入电脑，特殊情况现场不便于记录时，应在事后迅速追记，以防遗忘。

3. 调研资料的整理

调研材料的整理是获得调研信息的必要步骤，对于已经搜集到和记录下来的材料，必须极时进行整理。对于数据类材料，应该使用SPSS或者EXCEL表迅速进行分类统计，对于文字性材料，应该分部门、分范围、分观点进行总结归纳，使获取的材料能够清晰的体现调研脉络，或者为调研报告的形成提供强有力的材料支撑。

三、秘书调研报告的撰写

秘书调研结束后，就需要写作调研报告。调研报告的写作是秘书调研的最后一个部分，也是成果展现的关键部分。调研报告的主要特点是不仅要介绍调研工作的目的、意义，还要对调研事件或者工作项目进行分析、总结、评价，从中总结出它的经验教训、探索规律，并寻求工作未来发展的途径和思路，为领导决策提供参考。因此，调研报告要秉持求实客观的写作态度，可能对工作现状、特定项目进行调研，报告一般少用华丽的词藻，以说明叙述为主，惯用第三人称。

从调研报告的类别来看，秘书调研报告包括基本情况调研、经验性调研、问题性调研、汇报性调研以及专题性调研等。这些调研的使用频率因秘书所处行业、层级岗位不同而有所区别。一般处于政府、事业单位的秘书人员进行调研的频率较高，调研理论性较强，处于企业等经营性工作单位的秘书人员进行市场调研等专题性调研的频率较高，调研实证性较强。

调研报告的写作结构比较简单，主要分为三大部分，即开头、正文和结尾。开头部分要明确指出调研报告写作的主题、调研的主要依据和主体内容等，让调研报告的阅读者能够迅速把握全文的主要脉络。正文部分的写作一要注意条理性和层次性，围绕主题展开论述，各部分使用不同层级的标题给以明确清晰的展示；二要注意逻辑性和严谨性，对每一个观点要有合理的论证和充分的论据支撑；三要注意统一性，即调研报告写作的观点不应出现前后不接、甚至对立冲突的情况；四要注意科学性，即使用准确的数据和客观实例来证明观点，不可凭空捏造。结尾部分的写作有较多的选择，既可以进一步呼应主题，增强强调性效果，也可以直接给出结论，指出工作中的问题、对策，还可以做未来展望，对特定范围的人员进行号召和呼吁。

小资料2：调研报告范文

××××××××××网络现状及发展调研报告(××市××局调研报告)

尽管××人口××化进程因外来×××人口的大量流入而得以延缓，但其××化的趋势并未改变，××人的绝对数量在不断增加，××××的绝对量也在快速增长。建立和完善×××××××网络，是积极应对××化的挑战，建设幸福××的迫切需要。

一、××××××××××网络现状

多年来，我省坚持“××主导、政策扶持、社会参与、公民互助、规范推进”的养老服务社会化发展方向，正努力构建投资主体多元化、服务对象公众化、运营模式多样化、服务队伍专业化的×××××××网络体系，在各方面已初显成效。

服务机构：截至2014年底，全省×××××××机构有256家，服务居家××人200万人次。场地设施建设：除了×××××××机构，在全省城乡1056个社区已建有“××××之家”1056个。服务范围：从2008年起我省着力构建×××××××网络，以保障××、××、××、××和××××××××为重点。2009年，启动“×××××××示范活动”，×××××××对象由传统的服务城乡“三无”特困××群体扩大到低收入××、××××××及其他有需求的全体社会××。主要为居家××人提供生活照料、家政服务、康复护理、医疗保健等服务。专业队伍建设：在××××××××队伍建设方面，全省已有××地级以上市开展家政服务员和×××服务员的职业鉴定工作，其中经鉴定的××护理员2.4万人，家政服务员2.23万人。已有一大批专业人员在各类××服务机构从事××服务工作。机制建设：在财政投入体制上由××单一投资模式转向了财政、福利彩票公益金、社会投入相结合的多元化投入机制。出台扶持政策，鼓励和支持社会力量举办××××××××机构。珠江三角洲地区的××服务机构已开展引入专职社工或购买专职社工服务；城市××服务机构普遍引入志愿者为老人提供义工服务。

二、××××××××××网络的特点

1. ××××××××需求的普遍性与多元性。我们对7866位××城镇××的调查显示，95%的××城镇××倾向于居家××，其中80%钟情于"家庭××"，17.91%的倾向于"社区居家××"。有40%的××部分需要照料或护理，223%的××完全需要照料或护理。在文化娱乐需求方面，50%的××希望社区能提供××文化娱乐活动场所以开展相关活动。由于经济条件相对较好，××省的××人群体对于居家××网络服务具有广泛而普遍的需求。

2. 以××或××××作为重点服务对象。调查显示，×××××××占66.6%，只与配偶同住的占49.57%，即××××达59.8%。伴随××和××××的各类人身意外不时发生，他们面临的精神孤独、生活不便等其它情况更多，他们是××群体中的"弱势群体"，各地××、社区服务机构均将××或××××作为服务的重点关注对象。

3. 各类××××××××的试行性。从服务内容来看，虽然××的××××××××开展得较早，但服务内容和规模不够，没有形成统一的示范标准，服务内容具有试行性。资金来源和收费方式也体现了目前的××××××××网络仍处于试行阶段。

4. ××支持的主导性。目前，××省各级××通过直接投资、××购买服务等方式，已经在居家××领域投入了大量的人力、财力、物力，成为建设和完善××××××××网络的主要支持力量。到2012年，全省各地级以上市城区都将建立××××××××示范中心。

三、××××××××××网络存在的主要问题

1. 主导力量单一。××省××××××××网络的建设以××为主导，各级×××作为主要推动者，通常是整合辖区内社区力量，或者通过建设示范点来实现××××××××网络的建设和服务。在网络建设和发展过程中，××基本包揽了绝大部分的建设和管理事务。由于××财政资金有限，只能通过试点——拉线——全面铺开的方式进行××××××××点的建设，较少引入社会力量参与，无法满足巨大的社会××××××××需求。

2. 缺乏成熟的××××××××市场。××们对社区文化娱乐和生活服务需求多样，他们普遍希望社区能开展各种活动或者提供相应的场所；也希望社区××服务机构能够提供医疗保健康复、健身文化娱乐和居家清洁等服务项目，对精神慰藉、送餐服务、陪同购物看病的服务需求也较大。但是，能提供这些服务的社区××服务机构甚少，也有20%的××不清楚社区是否有××服务机构，对社区的××服务情况不了解。社区××××××××机构资源严重不足，社会和社区的专业化服务还远不能满足××人的需求，很难找到合适的全职保姆、家政人员、护理人员。

3. ××××××××费用机制不完善。目前，××××××××的提供费用主要分为以下几种形式：××付费购买服务，××免费享受；××部分付费，××部分承担；××全部自费，但服务项目少，收费标准缺乏公开透明。×××××××网络的成本承担机制不完善，造成一部分××无法享受到服务，或者无法承担服务。居家××的费用体制中的最大问题在于公益性项目少且享受机会少，自费性医疗项目和生活付费项目收费高且质量良莠不齐。

4. ×××××××网络覆盖严重不足。优质的×××××××网络目前仍在试点和推广阶段，远远不能满足社会需求。另一方面，××快速城镇化进程中，大量“农转非”××人口在社会保障和福利方面并未享受到与传统城镇居民同等的待遇。而广大农村××处于×××××××网络覆盖的边缘地带，难以享受到相关的服务。优质×××××××网络和基本×××××××网络均覆盖不足。

四、促进×××××××××网络发展的对策

1. 整合×××××××队伍。×××××××网络的建设与发展关系到社会稳定发展，主体应该包括××部门、社会组织、工商企业、志愿者等。××主要承担×××××者与××者角色，实现宏观控制和质量控制。社会组织主要应该致力于筹措社会资金、整合社会资源、进行×××××××方面的服务提供、服务创新，策划组织以居家××的××为主体的社会活动，丰富×××××××的文化内容和服务项目，满足居家××××群体的精神需求、服务需求和社会需求。工商企业主要根据××××××××的需求和内容，提供质优价廉的服务，保障其中标的×××××××项目能够保质保量的完成，促进×××××××市场的构建与良性运行。还要广泛发动社会志愿者参与关爱××的××××××××。

2. 创新×××××××模式。目前，××省各个试点市区都在×××××××模式上有所创新。由于服务对象的年龄、身体条件、经济状况、居住情况各不相同，居家××的服务模式应该根据各类××的需求情况如医疗需求、经济需求、关爱需求、日常便利服务需求等情况进行个性化的设定。同时将经济条件差、身体情况差、独居孤独的××做为特别弱势群体进行单独建档。各社区根据××的情况或其家庭的要求实行×××××××包干制或定期服务制。

3. 健全关爱空巢××的社会机制。从社会角度看，关爱××主要来自于社区。根据××的文化特点，各个社区完全可以设立专门的茶室，使××们可以通过××活动达到交流沟通的目的，减少心理压力与精神孤寂。广泛组织社区××们普遍感兴趣的团队，组织集体活动以改善××的娱乐生活。充分培育和发挥社区××社会组织的作用，组织××们或一起娱乐健身，或参与公益活动，或组成××志愿者队伍等等，从自发组织、自娱自乐，逐渐带动、凝聚社区其他××，经常性组织开展相关活动。

4. 扩大×××××××网络覆盖面。要促进×××××××网络覆盖面的扩大，一要增加投入。除公共财政投入外，要充分利用政策杠杆引导相关投资融资，以××资金带动其它资金的投入与参与。二要发动社会力量参与。鼓励有能力、有资质的第三方组织参与进来，提供更为丰富多样的××服务。三要做好相关人员培训。通过高校开设相关专业，培养社工和××服务的专业人才；通过职业技能培训，培训各类为××提供服务的专业人才。四要积极推动××人自助与互助。

5. 积极培育发展社会组织，拓展×××××××网络。×××××××涉及到的社会组织主要是社区性社会组织和行业性社会组织两大部分。对于选择××××××××的××人来说，需要××引导下的社会组织为他们提供全面、便利、舒适、安心的专业服务，一方面他们可以享受××购买和提供的××服务，感受来自××、社区的人性关怀，另一方面，他们又可以根据各人的实际需要，进行更丰富、更个性的服务选择，满足不同层次的生活需要。一个健康的居家××模式，应该是××扮演规制者与监管者的角色，而社会组织扮演主要的服务者角色，这是创新社会管理的必然走向，也是其题中应有之义。

第二节　秘书工作的常规方法

秘书处于组织管理交通咽喉的位置，属于管理决策层的辅助层次。因此，秘书工作中必须掌握一些常规的工作方法，使得秘书的工作节奏可以与组织管理运行机制协调一致，与领导工作方法相契合，与秘书工作职能相匹配。

秘书常规的工作方法选用，必须坚持以实现组织目标为前提，以遵守组织规范为基础，包括遵从国家法律法规、遵从组织的权责分配规范、遵从组织纪律规范、遵从组织运行规范以及遵从组织内岗位职能规范。此外，秘书工作方法的选择，还要符合组织管理的需要和整体组织文化、组织管理风格，否则会变得毫无意义，或者遭遇巨大的工作阻力。

一、领会的方法

秘书是领导的助手，具有辅助性的作用，因此，领会的方法是秘书工作中必不可少的一项常规工作方法。领会即在工作状态下，对领导者的工作意图作出正确的理解和恰当的反应。快速、准确的领会有利于构建和谐的工作关系，也是秘书人员发挥辅助作用的前提条件，是工作任务能否有效完成的重要保证。

要掌握领会的方法，要做到以下几点：

1. 培养良好的悟性，增强领会能力。

悟性是指的秘书人员的领悟能力，它与个人的性格、品质、阅历等有关，要培养悟性，就要从这三个方面来着手。秘书人员要想领悟能力强，耐心细致的性格特点一定要具备，不论个人是外向型还是内向型，耐心细致才有敏锐的观察力，才能从细枝末节中领会到领导意图。秘书的悟性还表现在个人品质上，秘书处理事务既要有原则性，也要有灵活性，灵活性的尺度把握和原则性的坚守就基于个人意志的坚强程度。领导工作中有哪些难处，哪些事情可以灵活，哪些事情坚持原则，哪些事情需要请示，哪些事情尚可转圜，哪些委屈必须承受，哪些尴尬可以避免，这都需要秘书人员有勇气、有毅力去面对、去处理。阅历是工作经验的积累，工作的过程也是学习进步的过程，从本质上把握工作规律，用丰富的阅历提高自身情商和悟性，是优秀秘书人员的必修课，也是必经途径之一。

在日常工作和生活中，要培养悟性，首先要培养乐观积极的心态，拥有健康的思维方式，多吸取正能量，及时屏敝负能量，大度、乐观、积极的良好心态是拥有较高悟性的基础，在此基础上秘书人员才有可能静下心来去观察和领悟工作中的各种技巧。第二，培养悟性需要多进行工作锻炼，并在工作中养成积极思考、善于总结的习惯，边工作边学习，方能迅速提高悟性，实践中得来的感悟是最为珍贵的人生财富。第三，提高悟性要用“心”。也就是说，要做工作中的有心人，用心体验和感受工作中的各种环境、人员、工作事件等等，一个不用心的人即使工作了再长时间，也很难提高悟性。第四，能者为师，悟者善学。在工作中，秘书人员多向领导和同事请教，也是提高悟性的一个好途径。三人行，必有我师，每个人在工作中都有的工作套路和拿手之处，多请教、多观察、多学习，可以避免多走弯路，同时请教交流的过程也有利于提高秘书人员对于人际交际的领悟和把握能力。第五，勤于学习，不断进取。除了工作实践外，还要多多关注理论学习，多多关注外部信息，培养广泛的兴趣和开阔的眼界，知识面宽广有利于帮助秘书人员从更多的角度和更深的层次上进行更好的领悟。

2. 了解领导，领会领导意图。

了解领导，是进行领导意图领会的前提与基础。秘书人员必须对自己的领导性格、工作风格、工作思路、关注热点、日常习惯等方面有较深的了解和把握，才能及时、有效地把握领导意图，并在工作中以适当的方式贯彻体现。

由于领导各自的个性不同，表达的方式通常也不同，有简洁式的，有详细式的，有直接式的，有间接式的，有温和式的，有粗暴式的。这就要求秘书人员具有较强的适应性和领悟性，适应每一个领导者的特点。领导的工作风格上，有些干净利落、雷厉风行，有些优柔寡断、迟疑不决，有些沉稳细致，追求完美，有些大大咧咧，不拘小节，针对不同的领导风格，秘书要根据他/她们的言行举止准确的判断其真实意图。领导的工作思路通常是具有连续性的，而工作热点则是在某个时间段内工作意图最为集中的表现。抓住了工作思路和工作热点，等于抓住了领导思考问题的规律和重心，秘书人员要根据这些规律和重心对工作情况作出恰当的安排。此外，领导意图还包含明示性意图和暗示性意图、确定性意图和非确定性意图、总体工作意图和具体工作意图之分。无论哪种领导意图，秘书都要注意把握其精神实质，认真贯彻落实。为此应注意：对明示性意图，要坚决照办；对暗示性意图，要心领神会；对非确定性意图，要补充完善；对确定性意图，要如实贯彻；对总体工作意图，要始终遵循；对具体工作意图，要灵活执行。

小资料3：杨修之死

操屯兵日久，欲要进兵，又被马超拒守；欲收兵回，又恐被蜀兵耻笑，心中犹豫不决。适庖官进鸡汤。操见碗中有鸡肋，因而有感于怀。正沉吟间，夏侯惇入帐，禀请夜间口号。操随口曰："鸡肋！鸡肋！"惇传令众官，都称"鸡肋"。

行军主簿杨修，见传"鸡肋"二字，便教随行军士，各收拾行装，准备归程。有人报知夏侯惇。惇大惊，遂请杨修至帐中问曰："公何收拾行装？"修曰："以今夜号令，便知魏王不日将退兵归也：鸡肋者，食之无肉，弃之有味。今进不能胜，退恐人笑，在此无益，不如早归，来日魏王必班师矣。故先收拾行装，免得临行慌乱。"夏侯惇曰："公真知魏王肺腑也！"遂亦收拾行装。于是寨中诸将，无不准备归计。

当夜曹操心乱，不能稳睡，遂手提钢斧，绕寨私行。只见夏侯惇寨内军士，各准备行装。操大惊，急回帐召惇问其故。惇曰："主簿杨德祖先知大王欲归之意。"操唤杨修问之，修以鸡肋之意对。操大怒曰："汝怎敢造言乱我军心！"喝刀斧手推出斩之，将首级号令于辕门外。

原来杨修为人恃才放旷，数犯曹操之忌：操尝造花园一所；造成，操往观之，不置褒贬，只取笔于门上书一"活"字而去。人皆不晓其意。修曰："门内添活字，乃阔字也。丞相嫌园门阔耳。"于是再筑墙围，改造停当，又请操观之。操大喜，问曰："谁知吾意？"左右曰："杨修也。"操虽称美，心甚忌之。

又一日，塞北送酥一盒至。操自写"一合酥"三字于盒上，置之案头。修入见之，竟取匙与众分食讫。操问其故，修答曰："盒上明书一人一口酥，岂敢违丞相之命乎?"操虽喜笑，而心恶之。

操恐人暗中谋害己身，常分付左右："吾梦中好杀人；凡吾睡着，汝等切勿近前。"一日，昼寝帐中，落被于地，一近侍慌取覆盖。操跃起拔剑斩之，复上床睡；半晌而起，佯惊问："何人杀吾近侍?"众以实对。操痛哭，命厚葬之。人皆以为操果梦中杀人；惟修知其意，临葬时指而叹曰："丞相非在梦中，君乃在梦中耳!"操闻而愈恶之。

操第三子曹植，爱修之才，常邀修谈论，终夜不息。操与众商议，欲立植为世子，曹丕知之，密请朝歌长吴质入内府商议；因恐有人知觉，乃用大簏藏吴质于中，只说是绢匹在内，载入府中。修知其事，径来告操。操令人于丕府门伺察之。丕慌告吴质，质曰："无忧也：明日用大簏装绢再入以惑之。"丕如其言，以大簏载绢入。使者搜看簏中，果绢也，回报曹操。操因疑修谮害曹丕，愈恶之。

操欲试曹丕、曹植之才干。一日，令各出邺城门；却密使人分付门吏，令勿放出。曹丕先至，门吏阻之，丕只得退回。植闻之，问于修。修曰："君奉王命而出，如有阻当者，竟斩之可也。"植然其言。及至门，门吏阻住。植叱曰："吾奉王命，谁敢阻当!"立斩之。于是曹操以植为能。后有人告操曰："此乃杨修之所教也。"操大怒，因此亦不喜植。

修又尝为曹植作答教十余条，但操有问，植即依条答之。操每以军国之事问植，植对答如流。操心中甚疑。后曹丕暗买植左右，偷答教来告操。操见了大怒曰："匹夫安敢欺我耶!"此时已有杀修之心；今乃借惑乱军心之罪杀之。修死年三十四岁。

后人有诗曰："聪明杨德祖，世代继簪缨。笔下龙蛇走，胸中锦绣成。开谈惊四座，捷对冠群英。身死因才误，非关欲退兵。"

曹操既杀杨修，佯怒夏侯惇，亦欲斩之。众官告免。操乃叱退夏侯惇，下令来日进兵。

次日，兵出斜谷界口，前面一军相迎，为首大将乃魏延也。操招魏延归降，延大骂。操令庞德出战。二将正斗间，曹寨内火起。人报马超劫了中后二寨。操拔剑在手曰："诸将退后者斩!"众将努力向前，魏延诈败而走。操方麾军回战马超，自立马于高阜处，看两军争战。忽一彪军撞至面前，大叫："魏延在此!"拈弓搭箭，射中曹操。操翻身落马。延弃弓绰刀，骤马上山坡来杀曹操。刺斜里闪出一将，大叫："休伤吾主!"视之，乃庞德也。德奋力向前，战退魏延，保操前行。

马超已退。操带伤归寨：原来被魏延射中人中，折却门牙两个，急令医士调治。方忆杨修之言，随将修尸收回厚葬，就令班师；却教庞德断后。操卧于毡车之中，左右虎贲军护卫而行。忽报斜谷山上两边火起，伏兵赶来。曹兵人人惊恐。正是：依稀昔日潼关厄，仿佛当年赤壁危。(节选自《三国演义》第七十二回)

试讨论：杨修之死给了我们什么启示?

二、请示与汇报的方法

1. 请示的工作方法

秘书是辅助领导工作的人员，没有决策权，需要依照领导意图办事，不得擅做主张。因此，请示在秘书工作中是必不可少的一项工作内容。秘书如何请示，在什么时间请示，请示有哪些注意事项，都是秘书请示前要考虑的内容，具体而言，秘书进行请示，主要有以下几种方法：

(1)对象选择的方法

按照我国各政府部门、机关单位和企业里的领导配备模式，通常是一正多副，每位领导有具体主管和分管的工作领域和工作内容，因此，秘书请示的对象应根据工作内容和所在部门的规章制度来判定，一般遵循向直管领导请示或者是对口请示的原则，所请示事项须属于请示领导的权限范围。

(2)内容选择的方法

秘书请示的事项以权责划分的标准为依据，凡属于自己职责范围内的事项无需事事请示，过多的琐碎请示会使领导感觉到烦躁，并为自己留下无能的印象，只有自己难以处理或者无权处理的，再或是有明确制度规定必须有请示程序的事项才需要向领导请示处理。秘书请示时还需要注意根据事项特点选择是书面请示还是口头请示，请示时既要防止越权行事，又要防止不负责任，更不要事无巨细，一律请示。

(3)形式选择的方法

在请示的形式选择方面，既可以是口头请示，也可以是书面请示。一般情况下，在程序性要求、重大事项、涉及决策方面的事务、需要授权批准的事务需要以书面的形式作请示，领导要做书面批复，以示慎重，并便于日后查证；普通一般事项和事务性工作、辅助性事项，秘书可以作口头请示，领导者只口头答复。紧急事项处理时，秘书人员可以在不违反原则的情况下，口头请示并作应急处理，事后再按程序补充相关材料，以备存档留查。

(4)时机选择的方法

所谓请示，是指在事件处理前向领导请求指示或者批准，所以在请示时机选择上，一定要做到事前请示，切忌“先斩后奏”，既违反程序，又容易引发上下级矛盾和冲突。在具体请示时，根据所请事项的轻重缓急，尽量安排在领导工作时间进行请示，非重大紧急事项不要在私人时间进行请示。

(5)态度选择的方法

秘书和领导在人格上是平等的，但在工作中是上下级关系，秘书向领导请示，要体现对对方的尊重，做到言谈得体，举止谦恭，懂得进退，大方适度，切忌自以为是，咄咄逼人，甚至对自己定位不清，指手划脚。

2. 汇报的工作方法

汇报是在工作事项结束后，秘书人员向领导报告工作情况的一种工作方法。汇报的目的是让领导了解到工作的基本情况并进行指导，这是秘书工作的一项制度。秘书汇报时，要注意以下技巧：

(1)汇报的对象选择方法

由于领导的职责分工不同，各自的工作能力、文化程度、性格特性和工作习惯也各不相同，因此对秘书汇报工作的要求会有差异性。秘书人员要汇报时，一是要根据汇报事项所属的职责范围、工作程序要求选择向哪位领导进行汇报，重大事项需要向哪几位领导进行汇报，有领导外出时应该向哪位领导进行转达或者汇报；二是要根据领导的汇报要求对相对应的领导进行工作汇报，如有的领导倾向于数据类汇报，有些领导倾向案例性汇报，有些领导喜欢即时性汇报，有些领导喜欢定期综合汇报等，针对不同的领导要求向不同的领导作出汇报。

(2)汇报的内容特点

秘书人员的汇报内容必须真实可靠，通常一是汇报当前工作的情况和进程，让领导者及进了解下情并做出指导；二是工作中发生的重大问题，让领导者及时做出处理；三是合理化意见、建议，供领导者改进工作时参考；四是应领导者的要求汇报有关情况。秘书应掌握待汇报事项的价值，做到要事详报，急事急报，小事不报或简报。汇报要客观、真实、辨证，切忌大话、空话、假话和绝对化。

(3)汇报的形式选择

口头汇报和书面汇报是常见的两种汇报形式，前者具有较强的即时性和可交流性，用于一些即时处理的事项、简单性事项和常规性事项的汇报中，后者具有严肃性和正式性，一般用于重大事项、复杂性事项或者程序性事项中，还可以用于存档备查。随着时代的发展，电话、电子邮件、微信等新媒体也广泛的应用于工作交流中，也成为汇报的新媒介。

(4)汇报的时机选择

汇报通常具有时效性，要适时，才可获得较好的时效价值。在具体工作中，下级对领导的批评和反映、意见和建议、工作中的困难问题、成绩经验等等，秘书人员都有责任向其汇报，并掌握好汇报时机。如领导精神疲乏时，可选择一些好消息进行汇报，领导精力集中时，可选择复杂性事项、重大事项进行汇报，领导者心情很好时，可选择一些为难性事项、负面性事项向其汇报，以取得较好的汇报效果。

三、秘书与领导相处的工作方法

秘书工作是领导工作的补充和辅助，是直接为领导工作服务的。领导工作对秘书工作的要求总体上是要其当好近身综合辅助和服务的参谋助手，具体要求秘书为领导工作做好铺垫、拓展、代劳、辅助和服务性工作，要通过辅助决策、综合协调、信息沟通、督促检查及办事、办文、办会等工作，提高领导工作效率和优化领导工作效果。秘书的工作方法，必须符合领导工作的上述要求。

1. 为领导工作做准备的方法

秘书工作中很多业务活动都围绕为领导工作作准备的主题展开。例如领导决策前秘书的信息收集处理工作；领导召开会议前，秘书的会前筹备工作等等。秘书的这些准备性工作的效率和效果，往往直接影响领导者工作的正常启动，影响领导工作的进程及其效率和效果。有此重要的准备性工作，甚至是领导正常开展工作的必要前提。秘书要做到掌握准备性工作的方法，必须从以下几个方面着手：

一要明确把握领导工作目标。秘书人员既要明确把握领导整体工作的计划目标，又要明确把握即将开展的具体工作的具体目标，并将两者结合起来进行工作程序的安排。整体目标不明确，秘书工作就会顾此失彼，出现片面和忙乱；具体目标的要求不明确，秘书的准备性工作就会失去针对性和有效性。

二是要将工作程序明确化、细致化，通常以日程安排的形式明确各个领导工作阶段的工作安排、工作目标、时间进度、预期成果等等，只有如此，秘书工作才能主动而有序地进行。如为领导召开会议做准备，除了要了解会议的目的外，还要对会议期间每一阶段的内容都事先做好沟通准备、资料准备、事务准备等。

三要了解和把握领导工作的风格，掌握一般情况下领导工作方法与措施，以便事先做好对应安排。如果领导在召开会议中习惯采取实地考察、分组讨论、投票表决等方式，秘书就必须事先安排和联系好交通工具、安排分组讨论会场、准备选票和计票程序等。

四是要多向领导请示汇报，即加强与领导的沟通。这种沟通体现在开展某项工作之前，有利于明确工作的目的和程序，体现在工作过程之中，有利于领导和秘书人员随时把握工作动态，作好应对准备。

秘书人员的准备性工作应该是以领导的工作目标为指导，按领导工作程序和工作措施的要求操作，依靠与领导的密切沟通保证准备工作的有效性和针对性。在具体日常工作中，秘书人员要根据具体工作任务的实际情况、不同领导者的个性、风格、习惯、对具体工作环境的要求等，灵活地准确地掌握和运用这一方法。

2. 领导工作拓展法

对领导工作的拓展延伸，同样是秘书工作的重要任务，是体现其参谋助手作用的重要方面。如领导做出决策后，秘书要草拟决策文件、草拟决策执行的预案，制成文件寄发给执行单位；决策文件发布后，秘书要收集反馈信息；领导检查工作后，秘书要与被检查单位保持联系，了解把握检查效果；领导出差以后，秘书要办理领导出差的经费报销事务，整理带回的有关材料等。

秘书要做好对领导工作的拓展和延伸，一是要准确把握每项领导工作预期的效果，通过这些拓展和延伸性工作，努力使领导工作取得圆满的效果。如领导的正确决策发布以后，执行单位由于理解的错误而出现执行的偏差，秘书没有将这一信息反馈给领导纠正，就会给工作带来损失。其中除了责任人负有失职责任外，负责收集反馈信息的秘书也负有责任。

二是把握领导工作后续事务的具体要求。秘书必须准确按领导工作后续事务的具体要求办事，不能有丝毫马虎和疏漏。如领导召开重要会议后秘书的催办任务，不仅在项催办，而且每件必办事务都要了解是否在办、如何在办、何人负责、何时完成等，做到件件落实，限得实效。否则就会影响会议精神的落实，影响全局工作的协调发展。

三是要注重工作的整体连续性和承继性。秘书承担的拓展和延伸性工作，是整体工作的一部分，必须按照领导特定工作任务的有序部署环环紧扣地进行，才能取得预期效果，如果脱节了就会影响工作进程。

秘书对领导工作的拓展和延伸的工作方法，可以归纳为以保证取得领导工作的预期效果为目标，严格按要求办事，在注重整体连续性和承继性的同时，注重适变和应变，使工作落在实处，产生实效。

小资料4：土豆的故事

版本1

张三和李四同时受雇于一家店铺，拿同样的薪水。一段时间后，张三青云直上，李四却原地踏步。李四想不通，老板为何厚此薄彼？

老板于是说："李四，你现在到集市上去一下，看看今天早上有卖土豆的吗？"一会儿，李四回来汇报："只有一个农民拉了一车土豆在卖。""有多少？"老板又问。李四没有问过，于是赶紧又跑到集上，然后回来告诉老板："一共40袋土豆。""价格呢？""您没有叫我打听价格。"李四委屈地申明。

老板又把张三叫来："张三，你现在到集市上去一下，看看今天早上有卖土豆的吗？"张三也很快就从集市上回来了，他一口气向老板汇报说："今天集市上只有一个农民卖土豆，一共40袋，价格是两毛五分钱一斤。我看了一下，这些土豆的质量不错，价格也便宜，于是顺便带回来一个让您看看。”张三边说边从提包里拿出土豆，“我想这么便宜的土豆一定可以挣钱，根据我们以往的销量，40袋土豆在一个星期左右就可以全部卖掉。而且，咱们全部买下还可以再适当优惠。所以，我把那个农民也带来了，他现在正在外面等您回话呢”

版本2：

在美国的佛伦萨州曾经发生过这样的一个故事。

一个叫约翰、一个叫哈里的两个年经人，同时进入一家蔬菜贸易公司。三个月后，哈里很不高兴地走到总经理的办公室，向总经理抱怨说：“我和约翰同时来到公司，现在约翰的薪水已经增加了一倍，职位也升到了部门主管。而我每天勤勤恳恳地工作，从来没有迟到、早退，对上司交代的任务总是按时地完成，从来没有拖沓过，可是我的薪水一点没有增加，职位依然是公司的普通职员。”

总经理没有马上回答哈里的问题，而是意味深长地对他说：“这样吧，公司现在打算预订一批土豆，你先去看一下哪里有卖的，回来我再回答你的问题。”

于是，哈里走出总经理办公室，找卖土豆的蔬菜市场去了。半小时后，哈里急乎乎地来到总经理办公室，向总经理汇报：“二十公里外的集农蔬菜批发中心有土豆卖。”总经理问：“一共有几家卖土豆的?”哈里挠了挠头说：“我刚才只是看到有卖的，没有留意有几家，你等一会儿，我再去看一下。”说完又急乎乎跑出去。二十分钟后，哈里喘着气跑回总经理办公室汇报，“报告总经理！一共有三家卖土豆的。”总经理问：“土豆的价钱是多少？三家的价格都一样吗?”哈里愣住了，挠了挠头说：“总经理，你再等一会儿，我去问一下价格。”说完，又要往外跑。这时，总经理叫住他：“你不用再去了，你去帮我把约翰叫来吧。”

三分钟后，约翰和哈里一起进了总经理办公室，总经理先对哈里说：“你先坐下来休息一下吧。”然后对约翰说：“公司现在打算预订一批土豆，你去看一下哪里有卖的?”

四十分钟后，约翰回来向总经理汇报：“在二十公里外的集农蔬菜批发中心有三家卖土豆的，其中两家是0.9美元一斤，但一个老头的只卖0.8美元一斤。我看了一下他们的土豆，发现老头的最便宜，而且质量最好，因为他是自己农场种植的。如果我们需求量大，价格还可以优惠，并且他有货车，可以免费送货的。我已经把老头带回来，就在公司大门外等着，要不要让他进来具体谈一下?”总经理说：“暂时不用了，你让他先回去吧。”于是约翰就出去了。

这时，总经理才对看着目瞪口呆的哈里问：“你都看到了吧！如果你是总经理，你会给谁加薪晋职呢?”哈里惭愧地低下了头。

(资料来源：http://www.douban.com/group/topic/21021554/)

试讨论：结合秘书工作方法，想想买土豆的故事说明了什么？

3. 为领导工作代劳的方法

这里说的代劳，指的是领导由于公务繁忙和时间有限，将部分该亲自办理的事务，授权让秘书去办。领导者的管辖范围越大，公务越繁忙，秘书为领导工作代劳的工作量就可能越大；而秘书为领导代劳的工作越多，越体现领导对秘书的信赖程度高，培养力度大。秘书在受权理事独当一面的实践中，更有利于学习领导工作方法，提高综合素质。

秘书为领导工作代劳，一是要忠实地体现领导意图。秘书是代表领导去处理事务的，一定要按领导的目的、要求去办理，并取得领导需要的效果。若违背领导意图，就可能帮倒忙，为领导工作增麻烦，从而失去领导的信任，很难再让他充当代劳的助手了。

二是要严格按照领导的授权范围办事。不能超出授权范围，也不能胆小怕事不敢合理使用委授的权力。越权行事是秘书工作的大忌，不仅会失去领导的信任，也会使得有关方面的反感，产生消极影响；不敢合理使用领导委授的权力，就很难圆满完成领导交办的任务。

三是要扮演“双重角色”即责任感、使命感。秘书要从领导角色出发，尽职尽责、不折不扣地完成任务；在心理上和工作态度上，则要严守秘书角色本份，不要以领导自居表态或作指示。若忽视从领导角色出发，就可能责任感不强而对工作采取应付态度，影响任务的完成；若失去秘书角色本份，就可能在授权代劳时用权失范和态度失当，造成消极影响。

四是要加强双向交流。即秘书既要加强与受权理事的工作对象之间的交流，又要将工作的进程和结果向领导者汇报并听取指示。

五是要看维护整体利益的大局观，即在为领导代劳中要从全局工作的整体利益出发，当情况有所变化时，要在授权范围内灵活地采取措施，使工作圆满地完成；当工作取得成效时，要归功于组织、归功于领导的指导和支持，归功于有关方面的协同配合，不要宣扬过分自己的功劳。

秘书为领导工作代劳的方法，可以概括为忠实执行领导意图，严守授权范围，扮演双重角色，注重双向交流，维护整体利益，促进领导工作效率的提高。

4. 伴随领导公务活动的方法

伴随领导的公务活动是秘书发挥近身参谋辅助作用的重要形式之一。秘书伴随领导者进行公务活动，主辅配合，能够起到不可替代的辅助和服务作用。

秘书伴随领导公务活动中的工作，要想取得良好的成效，一是要以领导公务活动的目的为依归，不应有个人目的，否则就可能给领导公务活动带来干扰。如伴随领导公务出差，若秘书带有游山玩水的个人目的，并以各种借口趁机离开领导游景点，就可能会影响到工作。

二是要按领导进展做出具体周密的安排。秘书陪同领导进行公务活动，除了要协助领导处理重大问题和关键问题外，对相关的具体事务还要作周密的、细致的安排，并要事事落实，确保公务活动的顺利进展。若在具体事务上出现疏漏，也可能干扰领导处理重大问题，影响公务活动的进程。

三是要尽可能为领导提供便利条件。为领导者提供便利条件，包括优化领导公务活动环境，减轻领导者事务工作负担，消除公务活动中随机出现的干扰，加强对领导公务的服务和辅助等等。

四是要随时随地地保持与领导活动步调的和谐一致性。秘书伴随领导公务的过程中，与领导更加紧密地结合成一个工作整体。

五是要看注重拾遗补缺，即发现领导公务活动中的疏漏和失误，要及时拾遗补缺，协助领导尽快纠正。

六是要主动适应变化，确保领导公务活动的有序进行。在公务活动中，有关相关因素随机发生变化是经常出现的。若秘书能敏捷适应变化，有效采取应变措施，就能保证公务活动的有序进行，否则应变不当，就会使公务活动出现混乱。

秘书伴随领导公务活动的工作方法，可以概括为以公务活动的目的为依归，按进展周密安排，提供便利，步调一致，拾遗补缺，适变应变，保证领导工作有序进行。

小资料5:秘书工作的艺术

秘书工作的艺术性，表现在技能与技巧的运用上面。要想做一名好秘书，不仅仅要明确认识自己所处的位置，找准自己的坐标，要具备广博的科学知识，还要懂得一系列工作方法和工作艺术。其方法和艺术主要体现在“三服务”方面。那么，怎样表现秘书工作的艺术呢？

一、尊重而不奉承吹捧

理顺与领导的关系，是秘书工作者事事碰到，需时时注意、处处谨慎的事情，也是表现工作艺术的地方。总的原则是以事业为重，从工作出发，从领导与被领导的地位出发，对正职和副职领导的工作、地位、人格等，要同等尊重、支持、配合、协助。

如果某项工作，正职(或常委会)决定由某一副职负责去抓，秘书在配合进行这项工作时就应该以这位负责的副职领导为轴心进行运转。有关这项工作的请示、汇报工作，就直接对这位副职，不要越过他再向正职或其他副职请示、汇报了。关于向正职请示、汇报，或向其他副职沟通情况，那是负责这项工作的副职的责任。秘书如搞多头请示、汇报，就是多余，会把事情弄乱。

实践证明，多位领导者，就有多种个性特点或类型。要根据领导者的性格类型相处，逆着来往往会出问题。如内向性格的领导，喜欢独自思考问题与办理事务；外向性格的领导，善于人际交往，喜欢同别人一起商量工作。对待前者，秘书最好是在事前当参谋，事后做助手，当领导在独立思考的时候，就不要“参谋”了，否则，就会干扰他的思考。对待后者，要及时协助他组织人员共同商量工作，秘书要有分寸地参与其中，发挥参谋和助手作用。

在与多位领导相处时，一定要以事业为重，从工作出发，尽力维护领导班子的团结和威信，不能从感情出发、看人行事；不能表现出靠近谁、疏远谁，听从谁、不听从谁的行为；更不能当甲领导面吹捧乙领导，当乙领导面吹捧丙领导等。要始终与多位领导者保持经得起考验的革命同志式的纯洁、真诚的友谊。

二、主动而不越位脱轨

秘书工作是以领导工作为轴心，要紧紧围绕这一轴心，进行上下、左右、前后同步运行的辅助性工作。辅助性决定了秘书工作的被动性。怎样变被动为主动，要看秘书的工作艺术。有四个方面：一是争取同领导者一样了解和掌握全局性工作；二是争取同领导者一样了解和掌握一个时期的中心工作，能够分清工作的轻重缓急，主动排除干扰中心工作的事项；三是研究领导工作的思路，分析领导的意图，并加以理解、完善和落实，四是积累和储存有关工作资料，该记住的要记熟，该保存的要保存。有了这四个方面的基础，工作中才能与领导者有一致的认识，才有共同情感和语言，商量工作时，补充和修正的意见，才能提到点子上。

日常工作中，要善于将领导的决策内容、实施方案和一个时期的中心工作进行分解、立项，明确先做什么、后做什么和怎样做的措施等，按计划列出个明细运行图。

三、服从而不盲从附和

秘书工作是上情下达、下情上报的枢纽，有调度、协调、综合加工的作用。秘书人员处在这样一个重要位置，就得和领导拉一套马车，按领导者的意图前进。但是，服从并不等于盲从和不加分析的附和。“分析”有两层意思：一是从分析中加深理解领导意图，增强执行的信心；二是从分析中拾遗补缺，起进一步完善的作用。按领导者的意见办事，也只能是执行正确的意见，对一些不正确的、违法乱纪、以权谋私的点子或行为，不仅不能办，还要坚决抵制和反对。

四、补台而不拆台

秘书怎样在多位领导之间当参谋、搞协调？首先，心里要有一杆平衡秤，要一视同仁，不论哪位领导安排工作，都要做好，不能有的去做，有的不去做，或三心二意去做。这与我们日常交朋友多从感情和兴趣出发不一样。在多位领导者面前，不论是在思想感情上，还是在行为活动上都不能产生倾斜度。其次，领导之间产生分歧时，只能被动地双向地劝慰、弥合、消除，不能主动地、单向地瞎掰扯、乱搅和，或者保持沉默。本着工作上的支持，关系上的爱护，感情上的友谊去做，这比什么都重要。不能站在一边，冷落一边，更不能为某一边提供反对另一边的材料，对某领导进行挖角、拆台，扩大分歧，加深矛盾。

五、沟通而不封闭堵塞

秘书工作起上下达情、左右疏通作用。上报下达也有艺术性，就是调换角度的艺术。在下达的时候，要站在上级角度，把上情一滴不漏地讲得清清楚楚；在上报的时候，要站在下级角度，把下情一丝不贪地说得明明白白。

现实工作中，上下级领导不论是在看问题的观点和方法上，还是在解决问题的战略和战术上面，都会存在一些程度不同的差异。这些差异的存在是客观的，可以理解。但是能不能缩小差异、找出差异的结合点，与秘书日常的及时沟通、协调有着密切关系。秘书与两级领导都不存在差异，才能去做协调上下级的差异的工作，缩小或化解上下级的差异，取得认识一致。

六、挡驾而不阻拦干涉

挡驾的对象是找上门来的同志，其层次有别，事项的轻重有别。秘书对来者要有正确的认识和态度，它是秘书协助领导理顺工作，帮助下级或群众解决问题的机会，也是提高协调和社交能力的机会。秘书人员要讲究工作艺术，对来者都要热情接待，给予关照协助。来者是办事的，不是走亲访友。因此，挡驾的重点也要放在办事上。办事是以理、以法为准，将来者要办的事情弄清楚，然后进行分析归类，属于哪个部门管的就归哪里去办。大致有三种情况：一是属于领导审批和需要急办的事项，要立即协助来者找主管领导办理；如果领导不在一时又找不着，可将事留下，抽空再找领导，有了结果马上转告；二是属于职能部门管理的事项，协助来者找职能部门办理；三是涉及多方面的事项，应以开会方式解决为好，就建议领导主持开会，召集有关方面人员参加，统一安排布置，妥善处理。

七、分工而不分家自立

办公室的工作是个整体，有几个科室。有多个秘书。科室之间、秘书之间一般都有分工，这对加强责任心底取扯皮和无人负责现象是非常必要的。但在实际的工作中也往往出各映各的号、各唱各的调的现象，不利于办公室发挥合力作用。因此，必须明确，分工是各有侧重，不是分家自立。办公室是个"不管部"，许多交不到具体部门承办的事情，都可交到办公室去办。秘书碰上了就不能不管，管了之后再沟通、协调、解决。（资料来源：http://www.teacher-cn.com/lunwen/2004/11－13/10471982714.Html）

网络资源

秘书工作官方网站：http://www.msgz.org

本章实训题

A. 小 A 秘书工作心得

秘书工作无小事，悟性和细心尤为重要，在日常工作中有一些小的技巧，比如平时上下班要尽量走在领导身后以示尊重，在即将到达电梯门口时迅速箭步上前按动按钮，天气不好时和领导出差自己先多带外衣、雨伞，在下车的第一时间为领导开车门……

小 A 是公司办公室里的一个秘书，具体工作是为领导写各种发言稿、汇报稿、总结稿等文字资料，这种工作在书面上被概括为“领导的参谋与助手”，或者在私下里被同事称为“写手”，实质上与其他类型的秘书工作没有太大的差异，均属于为领导服务的范畴。

在宴请活动中，领导们通常按照职位级别高低、同级别的按照排序先后井然落座。作为秘书人员的位置一般是在离门和服务员上菜最近的地方，也就是末位，或者称为上菜位，这个位置既与秘书人员的身份相符合，也方便秘书人员随时叮嘱服务员为领导添酒、遥控空调的温度、决定上主食的时间，以及陪同同性别的领导去洗手间等等。

宴请正式开始通常是由级别最高的那位领导首先提议祝辞，除非他授权别人。主题单一的祝辞都简短些，而主题不大明显，涉及层面又比较多祝辞就相对繁琐。各位参加者脸上都及时回应笑容，优雅地偶尔动动筷子，心里一遍遍不停地打着草稿思考轮到自己发言时应该说些什么。宴请场合中发言总的原则是不能与他人雷同，又要把握适当的尺度，同时稍显一定的才华与聪明。作为秘书人员，最后祝辞的一般是秘书人员，使用以下祝辞较为合适：“今天对我来说非常高兴，也非常荣幸。敬杯酒，三层意思，首先祝贺我们××××的乔迁之喜，×××多年来对我们秘书工作给予了极大的支持，在此一并表示诚挚的谢意；再一层是有幸结识×××公司的×××××和××××，希望以后还要对我们多多指导和帮助；最后感谢××××××经理为我们提供这样一个与各位领导近距离接触的场合与机会。我先干为敬，各位领导随意。”

大面积敬酒结束，接下来的小范围交流不再像先前那样拘谨和严格，但是仍马虎大意不得。

吃饭结束的最后一道程序是将领导们送出宴请场所，逐一握手再次对领导们的光临表示感谢，然后请领导们坐进事先付好费的出租车，挥手再见。

同事×××用“妆罢低头问夫婿，画眉深浅入时无”来形容秘书们写完稿子交给领导时的惴惴，那意味着之后还会有不知道多少次的修改。这时，需要秘书人员弄清楚领导修改的原因、动机、意图等等，然后有的放矢的进行修改。

一、简单应用：谈谈秘书常用的工作方法有哪些

二、综合应用：1. 结合重点工作搞一次调研活动并写出调研报告

2. 根据工作需要写一份请示

3. 根据工作进展情况写一份报告

4. 回忆并整理一份自己成功地为领导挡驾的过程并总结经验

5. 回忆并整理一份电话挡驾的材料总结出经验教训

6. 面对领导修改秘书稿件时，通常会有哪些情况出现？秘书人员应该如何处理？

B. 案例分析：小 C 秘书作茧自缚

一个大型会议的内容怎么定，小 C 秘书先请示分管的 A 主任，定为“欢乐嘉年华”。A 主任没有说要再往上请示，而小 C 秘书自认为再请示一把手 D 主任也许会更好办事。在请示 D

时又没有把已请示A主任所定的意见告诉D主任，D主任的批复定为“新年喜洋洋”。这样，一个会议出现两种不同安排的领导意见，该怎么办？小C秘书左右为难。几个办会秘书研究，最近定为按D主任的意见执行。由小C秘书向A主任作自我批评，说明拟按D主任的意见办，请A主任谅解。当时A主任对小C秘书多头请示很不高兴，但还是同意了按D主任的意见执行。

1. 请分析此案例中小C秘书做法的不妥之处。

2. 如果你是小C秘书，你认为最好的挽回此事的办法是什么？

C. 请示与分歧

欣业公司总经理出差外地了，公司的一件重要事项急需三位副总经理协商决定，但在商量时，三位副总发生了严重的分歧，开了一下午的会议，还未达成一致意见，而事情又十分紧急，这可使具体经办人王秘书苦恼万分。会后，好心的王秘书分别再向三位领导请示，三人仍各持己见，每位副总都要求王秘书传话给其他两位，听话的王秘书均如此照办，但事情最终未办成。

总经理回来后，再次召集开会，三位副总的情绪更坏，隔阂更大，而且都表明自己的原话或说话的真正意思不是传话的那样，是王秘书在传话时加进了自己的意见，使原意走了样。这样一来，王秘书真是“猪八戒照镜子——里外不是人”

思考题

1. 三位副总的隔阂是如何形成的？

2. 秘书遇到此类情况时，正确的做法应该怎样？

3. 在同一问题上，领导人之间意见不统一，或互相推诿时，秘书应怎么办？

第六章　会议管理

◈本章思考题

1. 秘书通常要组织的会议有哪些类型?

2. 会议安排有哪些程序?

会议管理是秘书日常工作中的一项常见工作内容，秘书人员通常需要组织的会议有:小型随机性会议、办公例会、中型会议和大型会议等，会议的程序因参与人员的规模、参与级别的高低不同而不同，因此，秘书人员应该掌握专业的会议管理技巧，以胜任日常工作，配合所在单位的工作安排。

第一节　会议管理概述

一、会议的含义

会议，顾名思义，即“会”和“议”的综合，“会”即为聚集到一起，而“议”指的是讨论、议论等等，会议即为人们有组织的聚集到一起，针对特定的主题或者问题进行讨论和研究。会议一定既有“会”又要“议”，如《尚书周宫》中说:“议事以判，政乃不迷”。指的就是通过开会来讨论重大政事，就可以不犯决策和判断上的错误。大体上来说，其含义有三个方面:一为聚会议论，据《史记·平津侯主父列传》记载:“每朝会议，开陈其端，令人主自择，不肯面折庭争。”宋代苏东坡在《东坡志林·勃逊之》也记载:“与勃逊之会议于颍，或言洛人善接花，岁出新枝，而菊品尤多。”而清代孔尚任的《桃花扇·辞院》中则写道:“这等又会议不成，如何是好?”这里面涉及到的“会议”均为聚会议论之含义。二是指一种商议事情的有组织有目的聚会。如作家杜鹏程《在和平的日子里》第一章中写道:“一天中，第九工程队的党委委员们，坐在嘉陵江边的草地上，举行党委会议。”三是指的某种例行性商讨处理某些事务的机构或者组织，如全国人民代表大会、校长办公例会等等。

小资料 1：

在许多正式庄重的会议中，标题都会出现“暨”的字样，那么“暨”字是什么意思呢？其实这个字的意思与“和”、“及”差不多，表示一种并列关系，在正式的场合里和专用的名称中，用它以显得庄重大气规范。

二、会议的类型

会议的最终目的就是要提出问题、分析讨论问题、解决问题，很多的组织当中有各种各样的会议，旨在就不同问题做出决策或者给出建议，保证组织在组织目标框架下有序运行。根据不同的划分标准，秘书可能在工作中涉及到的会议类型可以划分为以下各类：

1. 按规模划分

(1)小型会议

小型会议是秘书日常工作中最常见的会议类型，各种内部会议、办公会议、小组会议等等，都属于小型会议。小型会议人员数量较少，一般几人到几十人参加，使用单位内部的会议室即可召开，开会的频率较高，程序较为简单。

(2)中型会议

中型会议相对于小型会议比较正式，一般多于百人少于千人参加，多数为大型组织内部召开的新年集会、团拜会、表彰大会、交流会、报告会等等，程序较为复杂，开会频率不高。

(3)大型会议

大型会议一般为千人以上会议，如各类组织的周年庆典、十年庆、百年庆等，还有如人民代表大会、政治协商会议等也均属此列，一般会有明确的主题和时间限制，需要多个会议组织人员组成小组来进行策划和安排。

2. 按频率划分

(1)例行性会议

例行性会议是指按照一定的时间或者时间周期间隔来安排的工作性会议，比如有些企业早上上班要求开早会，一周结束要求各部门开个小会或者作一周小结，每个月召开一次月度例会，还有季度性例会和年度总结大会等等。

每周工作会议：在周会上，参会人员通常会对过去一周工作中出现的各种情况进行总结，提出遇到的一些问题并且进行集体讨论，找出解决方案，并对下一步的工作作出计划与安排，周会时间通常不会太久，有固定的参与人员、时间安排与地点安排。

月度会议或者季度会议：很多组织都有内部的工作周期，通常为期一个月或者一个季度，在这个周期结束时，召开一个例行性的会议，对本周期的业绩作出一个简单的总结，提出下一个周期的工作指标或者业绩目标，并对出现的有关问题进行讨论，给出建议或者决策方案，安排贯彻落实。

年度会议：年度会议的召开比较普遍，基本上社会上各种组织，不管是盈利性的还是非盈利性的，都有年度会议的安排。它通常以集体会议的形式在农历年的年末召开。会议中会对本年度的工作情况进行总结，对取得工作成绩的优秀部门和员工进行表彰，对存在的不足与问题提出批评和讨论，对下一年度的发展计划和目标提出要求。

(2)非例行性会议

非例行性会议通常不定期召开，有工作任务出现时才组织和安排，如紧急会议和临时性的会议安排均属此列。

3. 按参与人员构成划分

(1)代表会议

如各级党代会、人代会、工人代表大会、职工代表大会以及各种委员会议等等，主要是按照法律或者制度程序安排定期、定项召开的会议，其会议结果通常具有法制性或者约束性效力，能最广泛的代表相关组织的决策意见。

(2)记者会议

记者会议通常在政府、企业、社会团体等组织的重大会议活动后召开，或者在政府、企业、社会团体等组织出现重大事件后召开，这些组织的代表会邀请媒体代表参加会议，并发布有关新闻或者就有关问题做出解答。通常以发布为目的的记者会具有主动性，以解释沟通为目的的记者会具有被动性。

(3)董事会议

通常是特定组织或者企业内部的董事会成员为总结、讨论和解决本组织、本企业内部重大事项而召开的集体性会议。

4. 按主题划分

(1)研讨会议

研讨性会议一般具有较强的专业性，通常以行业为既定范围来召开，参与人数不是很多，主题既定。这类会议每年在全国各地都会召开，会议主办方通常会选择固定的时间来组织。在会议进行时，通常有主题发言和小组讨论两种形式，发言人预先确定，发言时间严格控制，体现平等、自由的研讨理念。在地点的选择上，有固定地点和变动地点两种形式，通常选择相对封闭、安静、利于保密的地点，如一些郊区环境优美的场所，满足与会者放松身心、自由交流、会议主题安排等需要。

(2)培训会议

培训会议也属于专业型会议，通常根据继续教育要求或者各企业内部员工发展计划要求由教育部门或者企业内部人力资源部门主办。这类会议通常是针对新技能、新知识的传播、经验技能交流、技能性训练等目的而举办，对会场及设备有相关性要求。培训会议的关键点在于培训的场地、设施、培训人员的安排，以及休闲娱乐、餐饮住宿等人性化安排。

(3)各类论坛

此类会议多为公开性会议，系列分会是此类会议的特点，所以会议场所的选择非常重要。召开论坛的基本要求是可以分割会场或者主会场附带小会场，对会议设施要求也比较高——同声传译、传媒记者招待、多媒体、视频直播以及讨论场地等均有可能要求提供。此外，如果会议主办地的会场不能满足几种分割要求，那么会务交通就成为需要重点考虑的内容。

(4)商业订货交流会

商业订货交流会通常以展览和销售为主题，通常通常产品的展示、宣讲、体验来达到最终宣传产品和销售产品的目的。在会议地点选择上，可以选择专业的展览中心摊位，也可以选择酒店，地点的选择受会议规模和经费预算的限制。会议的邀请与接待、展览安排与后续销售都是商业订货交流会的重点任务。

(5)谈话交流会

谈话交流会通常包括座谈会、恳谈会、动员会等等，它通过组织或者个人出面，针对特定主题与参会人员进行交流和沟通，以达到组织的谈话目标，气氛通常较为轻松，是人性化管理方式的一种体现。

三、会议的要素

会议的要素构成整个会议结构，掌握会议的要素，有利于秘书人员更好的组织和安排各类会议。由于会议的类型有所不同，所涉及到的要素也有所区别，但是大体上而言，会议的要素分为必备要素和非必备要素两类。必备要素是基本上所有类型的会议都必须具备的，而非必备要素只在特定的会议中才会需要。

1. 会议必备要素

会议的必备要素包括：会议的时间、会议地点、会议主题、会议组织者、会议参加者、会议基本信息与耗材（笔、纸张等等）。

2. 非必备要素

会议的非必备要素包括：会务组、会议经费、会议专用设备、会议专用交通工具、食宿后勤安排、特定会议材料（横幅、水牌、水晶牌、鲜花、资料袋、礼品袋、会议名牌等等）。

小资料2：红牌牌，绿牌牌

农历九月初九那天，八里庄的胡春去城里赶集。八里庄离县城只有八里地，又是柏油路，所以骑车子一会儿就到，在村里串个门儿一样方便，也就是抬抬腿的功夫。

胡春是去卖豆芽菜的，菜卖完了，装在口袋里的钱却被人偷走了。胡春骂了半天小偷不是东西，倒骂得自己"扑簌簌"流下两行眼泪。他一是心疼钱，觉得自己好没出息，三十多岁的汉子咋就这么窝囊，二是觉得自己回去以后没法向媳妇交代，那钱是给媳妇买药吃的，买不回药去，岂不让媳妇生气？

时间已是正午，胡春饿着肚子不敢回家，只好苦着个脸在街上转来转去，看着风中的黄叶悠悠的飘零，胡春觉得自己也是一片黄叶，饥肠辘辘，今天不知会飘到哪里去。正不知何去何从时，突然有人拍他的肩头，扭头一看，是表哥张大水。

张大水是邻乡很有名气的模范乡长，比他大一岁。胡春挺惊奇地包拉住张大水的手说："表哥，怎么这么巧会在这里见到你，开会来的？""是啊！"张大水说："来开秋粮征购会。"胡春这才注意到，张大水的胸前果然挂着一个出席会议的红牌牌。胡春问："家里我舅舅他们身体好么？"张大水说："好，他们都好。"

两个人在那里寒暄了几句，此时胡春饿得肚子咕咕直叫，又不好意思对张大水说。张大水扫一眼胡春，拉了他的手就走。胡春问去哪儿，张大水说去招待所吃饭，他们开会的人就在招待所吃住。胡春的脸"唰"一下就红了，停了脚步，犹疑着问："那是你们的会，人家让我吃吗？"张大水说："怎么不让吃？参加会议的人有县里的，有乡里的，还有村里的，那么多人吃饭，不差你一个，白吃饭的人多哩。"胡春说："可是你胸前戴着出席 证，我没有这个牌牌，还不让人家轰出来？"张大水笑了："你别担心 ，这个牌牌只是个样子，不戴这个牌也照样能吃饭！"说完，就把自己胸前挂着的红牌牌拿下来，别在了胡春胸前，说："这回你放心了吧？"胡春心想：表哥说的也是，再说自己一顿饭又能吃多少，去就去吧。他低头看了看表哥挂在自己胸前的红牌牌，把胸脯挺了挺，就跟着张大水来到了县委招待所。

此刻正是会议开饭的时间，那么大的餐厅，那么多的人，熙熙攘攘，红火热闹得就像彼此都在唱戏，谁还顾得上问你一声是从哪来的。倒是胡春很认真地把他的前后左右看了看，发现那些人中果然有戴牌牌的，也不有戴牌牌的，不过无论载牌牌还是不戴牌的，都是喜笑颜开的样子，都是大大方方的忙着找自己的座位，一张桌子上只要凑够了十个人就行开桌。

张大水拉胡春在一张很大的圆桌前坐了下来。桌子上已经摆满了鸡鸭鱼肉生猛海鲜，还有白酒和啤酒，还有高档的香烟。胡春从没见过这么盛大的酒宴场合，凑近张大水的耳朵悄悄说："天呀，你们天天吃这？顿顿吃这？这一顿饭得花多少钱哪？"张大水瞥了他一眼："今天是你赶对点儿了，我们下午散会，中午这是会餐。"胡春说："那要是不会餐呢？"张大水说："不会餐是12个菜，会餐是22个菜；不会餐时吃饭的人少，会餐时吃饭的人多。"

正在说话的时候，这一桌10个人满了，于是也不用谁招呼，大家立刻就开始忙着喝酒，忙着吃菜，忙着说笑话，那笑话还有荤的，逗得大家大笑不止。

这时候，胡春突然发现对面的那个人老看着他，看他的脸，看他胸前戴着的牌牌，胡春做贼心虚，就尽量避开那个人的眼光，自个儿低着头吃，可是想不到那个人竟站起身来，举了酒杯要和他碰杯喝酒。那个人说："这位兄弟，咱是初次见面，咱得喝杯，喝了这杯酒，交情你有我有大家有！"

胡春胆小，红了脸站在那里不知道如何动作，张大水忙给他们介绍说："表弟，你快碰杯呀，这是咱们县政府办公室的刘强主任，我和他是哥们。"又对刘强说："这是我表弟胡春，我们乡里新上任的一位村支部书记，刚从外地参观回来，今天上午赶来听大会报告的。"

胡春心里顿时狂跳不止：表哥怎么这么说话，自己连个党员都不是啊！可能又不便当着面讲穿，只好装装样子去和人家刘主任碰杯。

才抿了一小口，忽然间满桌子的人都端着酒杯站了起来，脸上堆满了谦恭的笑意，胡春不知道出了什么情况，傻傻地愣在那里，只听一阵"主任好，主任好"的问候声音，看到一个胖胖的颇有风度的人从隔壁桌子走过来，方才原来是领导来给大家敬酒了。

胡春的腿不由打起抖来，往起站了几次才站稳了身子，才在脸上挤出几丝笑容，他怕领导识破自己的身份，他怕自己给表哥惹出什么祸来，他还怕事情传出去了之后自己会被乡亲们骂作骗子。这么一害怕，他就想赶紧悄悄离开这个是非之地。可是还没开溜，表哥张大水就一把拉住了他："你给我站好，你给我笑好，你胸前戴着出席证，你不是一位代表么？"

这时候，领导正笑容可掬地一个一个和这桌的人碰杯，向大家问候祝福，请大家吃好喝好，领导一而再再而三地说："同志们辛苦了，同志们要保重身体，要把工作做好。"走到胡春面前和他握手碰杯时，领导对胡春说："你很年轻啊，朝气蓬勃，活力旺盛，让人羡慕啊！"胡春正不知怎么回答哩，张大水在桌子底下狠狠踩了他一脚，胡春急得额头上冒出一层汗，一急倒也急出一句大白话："谢谢领导，谢谢领导，领导永远年轻！"

领导感慨地说："你们基层干部担子很重，生活很苦，上边压你们，下边骂你们，你们忍辱负重，很不容易哪！"胡春立刻点点头："谢谢领导关心，请领导保重身体，火车跑得快，全靠车头带啊！"

领导一听哈哈大笑："好，好，你这个同志很会讲话，我再敬你一杯！"干罢，领导满面春风的端着酒杯到下一桌敬酒去了。胡春此时双腿一软，"扑通"一声跌坐在凳子上：谢天谢地，总算没有被领导看出破绽来。

散掉宴会，已经是下午3点整了，张大水把桌子上吃剩的鸡鸭鱼肉全都打包给了胡春，还让他带走三瓶未开封的白酒，两盒上好的烟。胡春满心欢喜地说："表哥，咋样，我没给你丢丑，没出什么纰漏吧？你不知道，我真害怕万一领导问我是哪个村的人，姓什么叫什么，那我可就没辙啦。"张大水"嘿嘿"边笑边摇头："这种热闹的场合，领导怎么可能问你这么具体的问题，他问得过来吗？就是问了，他也记不住，他这个人只管问不管记，这一桌问了，到下一桌就忘光啦，下回见了面他照样不认识你。"

胡春是在天傍黑的时候回到家里的，三瓶白酒，他在县城的铺子里处理掉了两瓶，用这换来的酒钱给媳妇买了药，又把剩下的那一瓶孝敬自己的父亲；至于那一大袋子的鸡鸭鱼肉，他把它全搁在了自家人的饭桌上。

一星期之后，胡春又去城里卖菜，卖完时又是中午吃饭时间，他推了车子正要往回家路上赶，忽然听见有人喊他一声："胡春兄弟！"回头一看，原来是上回认识表哥的那个哥们刘主任，胸前挂着一张绿色的出席证，正站在街口笑嘻嘻的向他招手。

胡春走过去，刘强紧紧握住他的手问："胡支书，你这是去哪儿？"胡春愣了一下才回过神来，刘强叫的"胡支书"其实就是自己。他回答说："我刚卖完了菜，准备回家。"刘强说："你是张大水的表弟，也是我的表弟，走，跟我吃饭去。"胡春吓得连连摆手："不行不行，刘主任，要吃吃我的，我今天兜里有钱。"刘强拉起他就走："兄弟，你真是个实在人，我能让你掏钱么？你尽管跟我走，我是让你跟我到招待所去，咱们去吃会议上的饭——看见我戴的这个绿牌牌了吧？水利局正在那里开会，伙食好啊！"

胡春立刻想起上回跟着表哥张大水蹭饭吃的事儿，那满满一桌山珍海味"刷"地出现在他脑海里。他犹疑着："可是，那饭能吃吗？"刘强在他肩上狠狠拍了一下，说："兄弟，你是支部书记，想当个代表还不容易？"说着就把自己胸前的绿牌牌摘了下来，别在了胡春的胸前："出席证上又没印照片，谁戴谁就是代表，谁戴谁就能吃饭。哼，就是印上照片，餐厅里也不会一个个地查你，来的都是客，没有关系他来得了吗？"胡春不好意思地说："那你，刘主任，你没出席证……"刘强哈哈大笑："好我的兄弟，我这张脸就是出席证，县里谁不认识我呀，凭我这张脸，吃遍天下都不愁！"

胡春于是就跟着刘强往招待所走。此刻胡春家的抽屉里，已经躺着上次表哥张大水给的那个红牌牌，张大水告诉他，以后县里只要开这个戴着牌牌的会，他就可以正大光明的进去吃饭，吃饱了喝足了再出来。记得张大水曾经对他说过，县里出度证只有两种，要么是红的，要么是绿的，胡春想：现在我又有了一个绿牌牌，莫非以后只要县里开会我都可以进去吃？

正胡思乱想着，只听刘强"嘿嘿"笑着，得意地附着他的耳朵悄悄说："以后来县里就来找我，我回回请你吃这样的饭。""回回？"胡春愣愣地站住了，"不会这么巧，哪有回回正碰上你开会的？""哈，开会又有什么了不起的？开会就是我们的工作嘛，不开会干啥？今天这个水利会散了，接下来还有交通会，税务会，文化会，教育会，植树造林会，计划生育会……这会那会的，一开就开到年底，开到过年了！"他一边说着，一边就硬把胡春拖进了招待所的大门。餐厅里，依然是那样的熙熙攘攘，依然是10个人一桌，坐满了就吃，吃饱了喝足了，临走时刘强也把桌上吃剩下 的都替胡春打了包。

有了这两次蹭饭吃的经历，胡春如今胆子也大了，那红牌牌绿牌牌不是躺在他家的抽屉里，而是揣进了他随身的衣兜里，胡春还因此觉得非常得意哩！

可是有一天，胡春却实实在在的傻眼了：在县城卖菜时他碰上了一个小偷，幸亏警惕性高，手眼灵活，他一把就把那个小偷抓住了。把小偷按倒在地的时候，他伸手掏小偷衣兜里被偷去的钱，可谁知却掏出一大把出席各种会议的牌子来，可不就是那些红牌牌绿牌牌！(选自2004年12月15日《故事会》，作者：赵新)

试讨论：这个故事说明了会议组织和管理中存在着什么问题？应该如何处理？

第二节　会议准备阶段工作

会议准备阶段工作是为会议的召开做好前期准备，具体包括会议计划书的编制(包括会议主题、会议内容等)、会议物资准备(如会议文件、会议用品、会场布置、会议设备、食宿交通等)。会议开始前需要做些什么，为了达到会议目标要选择什么样的会议环境与场地、确定什么样的主题与内容、邀请哪些人员参加、会议由谁来组织和筹划等都是会议准备阶段要考虑的主要问题，具体而言，会议准备阶段工作主要有以下两个方面：

一、会议计划书的编制

根据秘书工作中会议的类型与规格，秘书人员可以选择要不要制作形式正规和内容完备的会议计划书，小型会议一般只要求做简单的会议工作计划即可，而重要的大中型会议则通常要求准备格式规范、形式正规、内容完备的会议计划书。因此，在会议计划书的编制过程中，主要考虑两个方面的问题，第一，会议计划书由谁编制？即秘书是否能够承担会议策划者的职能以及怎样策划会议。第二，会议计划书如何编制。

1. 会议计划书由谁编制

在一个组织中，从领导到秘书到普通员工，都有可能多多少少的参与到会议计划的编制过程中来，但不论是谁牵头负责，秘书人员至少在会议计划书的编制过程中承担主要的辅助性职能，且大多数情况下主要负责会议计划书的编制，是整个会议进程中的重要筹划者和推动者。

作为会议计划书的编制者，秘书人员应该善于与人协商共事、注意发现问题和解决问题、耐心细致、具有管理会议财务的能力、熟知各种礼仪及接待流程、行事稳重。在计划制定之前，秘书人员最好与主管领导或会议主办人沟通会议的主题目标及要求，做到基本意见和原则上的统一一致，同时考虑诸如会议的日期与时间安排、地点、形式与程序、场地与规模、预算与服务、接待标准与规格、邀请发送与文件准备、发言人选择与设备配备、食品饮料的安排与宴请安排、其它活动安排与是否可携带家属同行等问题。

在制定计划时，秘书人员须确定各种会议必备事项是否完备以满足会议的需要并达到会议确定的目标、制定会议议程、选择并了解会议使用的场所大小及设施配备情况、检查各类设施及操作人员是否到位、安排交通食宿事宜、协调会务工作人员的活动、确定各项工作时间安排并与会议主要来宾进行联系。

2. 会议计划书编制

会议计划书的编制主要包括以下内容：

(1)会议主题与名称

会议的主题即为会议召开的主要核心内容，围绕主题可以有多个相关议题的设计，而且通常主题和议题由主办单位的领导或者领导机关提出，但也有部分向参会者征集的情况。根据会期长短，同一主题下的议题可以不同，但要注意明确性和数量限制，以免因议题模糊不清而偏离主题，或者议题数量过多导致大会计划无法完成。秘书人员在会议举行前要确定好会议的主题与议题并做好相关统筹分类与通知工作。

会议名称通常可以体现会议主题，用作提示会议的内容、性质、范围、举办时间等信息，这既让人一目了然，也有利于进行会议通知。如：

会议名称一：××××大学第×届全国××××专业教学研讨会

会议名称二：第×届全国人民代表大会第×次会议

会议名称三：××市××行业经贸洽谈会

会议名称四：××××公司××××年第×季度业务总结会

(2)确定会议时间

会议时间确定主要包括会议召开的时间确定及会期安排。会议召开的时间是指会议什么时候开始，小型会议的开始时间要精确到×年×月×日×时×分，大中型会议则要提前相应时间段通知到会者，并留足会议报到时间，会期指的是会议起止时间段，这个时间段应根据会议议题安排来匹配，不可过长，也不可过短。在进行会议时间安排时，要提前统筹好相关领导人和主要嘉宾的时间日程，经多方沟通和协商后再确定，以避免出现因时间错位而导致的人员不能出席情况的发生。

(3)确定会议规模与规格

会议的规模是指的参会人员的范围大小和人数多少，而规格则是指参会人员的级别高低与会议级别高低。在规模和规格的确定上，本着勤俭节约的精神，从会议实际出发，选择恰当的规模与规格，不盲目攀比，不无序追求高大上，避免出现浪费或者预算赤字等情况。

(4)确定参会人员范围与名单

根据会议的规模和规格，参会人员的范围也可基本划定，会议主持人、主要发言人、主要嘉宾的名单确定是与会人员名单确定的重中之重，需要进行事先的详细沟通与安排。普通与会人员可通过电子邮件、信函、传真、电话等等形式进行通知性沟通，需要报名参会的人员通过报名表格反馈确定名单即可。参会的范围一般选择与会议主题与议题相关的人员，切忌随意扩大参会范围，这易让会议流于形式，使会议出现跑题或者混乱的局面。

(5)会议地点安排

会议地点安排首先要考虑到规模因素，多大的场地可以容纳与会者；第二要考虑到设备因素，会场的设备是否能够满足会议要求；第三要考虑交通因素，会场的地址是否易于到达，交通成本会不会太高；第四要考虑环境因素，会场环境是否安静，是否适合召开此类会议，是否会影响与会者的参与热情；第五要考虑价格因素，会场租金是否在预算可承受范围之内。简言之，会议地点安排要考虑大小适中、设备齐全、交通便捷、场地安静、租金合理等因素，与整个会议的设计与安排相适合。

(6)会议日程安排

会议日程安排应该简洁明了，通常可以“会议日程安排”或者“×××××会议日程安排”来做标题，若有需要特别注明的部分，可以标题下加括号进行题注说明，如：

会议议程一：××××××××××××××会议议程安排(2007年6月6日×××协会第×次会议通过)；

会议议程二：××××××××××××××会议议程安排(2007年6月6日~2007年6

月21日)。

在议程正文安排上，一般要求以序号条款式或者图表形式来表达，如：

条款式：

××××××××××××××会议议程安排

(2007年7月7日×××协会第1次会议通过)；

一、会议开始:主持人介绍环节

二、发言环节:发言人1……

发言人2……

……

三、演示环节:……

四、讨论交流环节:……

……

落款名称

2007年7月7日

图表式：

日期	地点	参加人	发言人	内容
6月6日上午	第一会场	全体	张三	……
6月6日下午	第一会场	全体	李四	……
6月7日上午	第一会场	全体	王五	……
6月7日下午	第一会场	全体	赵六	……
6月8日上午	第一会场	全体	钱七	……
6月8日下午	第一会场	全体	李八	……

在进行会议日程安排时，要注意安排事项的清晰明了，特别涉及时间、地点、参加人员、发言人、发言内容等事项上，更要清楚明白。对于与会人员来说，会议日程安排表类似于参会指南，可以指导参会人员准时谁点准确的到达会场，并按照会议要求参加会议。

(7)会议经费预算

会议经费是确保会议顺利进行的经济保障，一般在会议中可能涉及的费用有:场地设备费、茶水饮料费、培训费用、资料费用、人员劳务费、食宿费用、交通费用以及其它费用等，需要在会前进行详细列支申请，以保障会议顺利召开。预算额度和标准一旦确定，不可随意变动更改。

(8)其它事项

在会议计划书中，如因会议需要，通常还会附上其它事项的安排，如会务安排(会场布置、住宿安排)、值班安保安排、交通接待安排、会议主题报告、领导人的开幕词、闭幕词、准备在会上交流的典型经验材料、准备作大会重点发言的发言稿、需提交给与会人员参考的各种材料、提前寄发的内容重要且需要基层充分讨论的文件、会议通知、会议记录安排、起草修改的会议文件、总结发言等等。

小资料3:会议计划中的小环节

会场预约环节:

根据会议要求与具体情况策划，如根据会议的级别选择会议举办地;根据会议对周边环境的要求，确定具体举办地点;根据会议的具体情况，确定是否将会议划分为几个分会场，选择分会场的地点，并提前预约。

会场布局设计与设备调试环节:

根据会议的具体情况，设计并安排会场的布局及其细节;根据需要，配备会议所需要的所有设备，并提前安放在指定位置;根据需要，提前调试好设备，并进行演练，确保会议的顺利进行。

印刷材料的设计制作环节:

根据会议的具体需求进行宣传册等印刷品设计和制作，从设计印刷品的样式、内容、选择图案到指定专门的厂家生产以及印刷、提前把印刷品送到会场或指定位置都需要专人跟进负责。

参会者的接送环节:

将根据参加会议者的具体情况以及人数多少安排相应的车辆提前在指定位置等待参会人员，把参会人员迅速、安全地送到会场或下榻酒店.

参会者的餐饮环节:

根据参会人员的喜好，预定各种形式的餐会:西餐、中餐、自助餐、宴会等等;根据参会人员的具体情况以及会场和下榻酒店的地点，提供不同的用餐地点参考方案.

参会者业余时间的安排环节:

根据参会人员的喜好，设计不同的休闲方式，提供下榻酒店附近的娱乐设施、旅游线路等等介绍供参会者休闲选择。

小资料4:会议通知

中国×××××协会培训中心

中高教〔××××〕23号

关于举办××××××研讨会的

通 知

各高校及相关单位:

为贯彻落实《教育部关于×××××的若干意见》和《教育部关于××××××××××××××××××××××××××××的通知》的文件精神，促进高校转变教育思想观念，改革人才培养模式，强化创新创业能力训练，顺利开展实践教学与大学生创新创业能力建设工作，全面提高高等教育质量。我协会将举办“高校×××××××××××××××××××”研讨会。希望有关单位积极组织人员参加。现将有关事宜通知如下:

一、会议内容:

1. ××××“××××××××”项目总体情况介绍及工作咨询;

2. 如何合理开展“质量××××程”与××××“×××××工程”的衔接和项目申报;

3. 高等学校×××××××××××××中心申报与建设;

4. 国家级×××××××××××××中心申报与建设;

5. 大学生×××××××××××××××项目申报与建设;

6. 大学生××××××××能力培养研讨;

7. 开放性××教学体系的构建,高校××合作模式探讨。

8. ×××院校×××××××××××××××××经验交流;

9. “卓越工程师教育培养计划”实施的重点、难点和关键性问题。

二、会议时间、地点:

会议地点	报到时间	会期时间
×××××	2007年7月7日	7月7日-7月20日

三、会议形式:会议采取××××、×××××和互动交流相结合的形式。

四、会议专家:

届时将邀请教育部×××××委员会委员以及在“××××”项目建设、×××建设与××××××××中成绩卓著的专家,围绕主题内容从项目建设的重要性、项目申报的关键因素等方面与参会人员进行深入的探讨和交流。

五、参会对象:

1. 各级××××××部门负责人和有关人员;各教育××××××××××人员;

2. 高等××××院校×××,高等××××科院校×××××或××××,高等××××院校相关学院×××、××××或×××,×××、××××或××,专业×××××,×××××,×××××及教××××××等。

六、会议费:5367元/人(培训期间食宿统一安排,费用自理。)

七、请各××接到通知后将报名回执发电子邮件至会务组。(见下页)

八、联系方式:

联系人:××老师　　电话\传真:010-1234566　123456789

电子邮箱:12345@163.com

中国××××××××协会培训中心(盖章)

2007年6月1日

报名回执表

单位名称						参会共(　　)人
带队人员	姓名	职务	职称	电话/手机	专业	E－mail
参会代表名单						
住宿预订	双人标准间(　　)单人标准间(　　) 请在“(　　)”划“√”				需订(　　)间	
会议地点	×××××				航班号或列车车次	
					到达时间	
备注	1. 填写完整后，请发邮件或传真至会务组。 2. 会务组将于报到前10日发邮件告知.《报到通知》(内有会议地点、行车路线及其他注意事项。)					

联系人：××老师　　　　　　电话\传真：010－1234566　　　123456789

电子邮箱：12345@163.com

(请确定参会的代表向会务组索取下列会议的正式通知文件，以便贵单位审批。)

序号	会议名称	会议地点	报到时间	会议日期	培训内容
1	高校××××研讨会	××××	2007年7月7日	7日——20日	1. ×××“××××”项目总体情况介绍及工作咨询； 2. 如何合理开展×××“××××”与×××“××××”的衔接和项目申报； 3. ×××××中心申报与建设； 4. ×××××中心申报与建设； 5. ×××××项目申报与建设； 6. ×××××研讨； 7. 开放性实践教学体系的构建，高校校企合作模式探讨； 8. 职业院校工学结合校企合作创新实践经验交流； 9. “卓越工程师教育培养计划”实施的重点、难点和关键性问题。

续表

2	高校××××研讨会	××××	2007年7月7日	7日—20日	1. 高校××改革、××改革、及×××创新； 2. ××××与××××，教师××能力提升； 3. 高校××制的体系研究，提高××××，培养××人才； 4. 如何进行课堂教学设计，实现××××××××教学模式； 5. ×××××××教学体系的构建，高校××××模式探讨； 6. 建设一支高素质专业化的××队伍，提高×××型人才培养质量。
		××××	2007年7月7日	7日—20日	
3	高校××××研讨会	××××	2007年7月7日	7日—20日	1. 高校学科××发展整体规划要求与×××××人才培养新机制的建立与探索； 2. 高校××××专业与专业群建设，解读×××××××建设标准与要求； 3. 高校现阶段×××××学科和××学科发展情况概述及建设标准与要求； 4. 高校××××新途径，建立×××××培养基地的模式与实效案例； 5. ××××模式改革的研究与实践； 6. 优势学科创新平台建设高校典型经验介绍； 7. 国外高校学科专业建设与拔尖创新人才培养的比较、借鉴。
		××××	2007年7月7日	7日—20日	

联系人：××老师　　电话\传真：010－1234566　　123456789

电子邮箱：12345@163.com

二、会议物资准备

1. 会议文件的准备

会议文件通常包括会议通知、会议邀请函/请柬、会议日程、会议议程资料，这些都是需要在会议举办前准备好的。小型会议会议文件较少，通常只需要打印、复印少量内容即可，大中型会议则需要制发正式的会议通知、印制会议日程、会议议程资料，部分会议还会将参会者的提案和文稿装订成册发放，这些资料印制后都需要分袋装好，以便于会议开始后及时向与会者发放。

具体而言，会议文件通常包括：会议各类安排表格类文件（如日程安排表、时间安排表、程序安排表等）；发言性材料（领导及嘉宾讲话稿、代表发言稿、经验介绍性材料等）；参考性材料（法律、法规、政策、数据报表、技术资料等）。

会议文件的准备过程，是信息收集、编制、校核、印制和发放完整流程的动态组合。有关会议的各类信息经收集编制后，形成各种会议文件，校核无误后即可印制发放。这个过程要求秘书人员耐心细致、一丝不苟，尽量保证会议文件的质量，不出现错别字，不错印、漏印，不误装误放。文件分发之前，何人负责分发、分发时间和地点、分发签收等工作都要预先安排好。在各种会议文件中，会议通知、会议邀请函/请柬等要提前发放，并且登记相关参会信息，会议资料的印制应该安排在参会人员数量确定以后，避免造成不必要的浪费。

小资料5：会议邀请函

尊敬的××先生/女士：

您好！

我们很荣幸地邀请您参加将于7月7～20日在北京××××酒店举办的"第三届×××××××××组织×××地区大会NGO××会议"。本次会议的主题是：从××到×××—继"NGO×××××论坛"之后。此次××会议由××××××××××（ABC）和国际××××××××委员会××分会（ABC－Asia）主办，中国国际×××××合作促进会协办。届时，来自×××地区60多个××组织的1230余名代表将参加会议。本次会议宣言将在8月10～20日召开的三届×××××××××组织×××地区大会上宣读。

本次会议的主要议题包括：

1. ××地区粮食和××领域的NGO如何在××和×××层面执行"××××××议程/×××××战略"。

2. ××地区×××××××××领域的NGO如何根据×××××确定×××××××××××者。

3. 参会机构起草NGO××××××提交给第三届×××××××××××××组织×××地区会议，继续呼吁×××××××××的利益。

真诚地期待着您的积极支持与参与！

某某单位

2011年7月1日

2. 会议用品准备

常见的会议用品包括会议证件、笔、纸、本、签到表/签到册、人名台签、水晶台签、横幅、水牌、花卉、饮用水、茶、咖啡、水瓶、水杯、桌、椅、台布等等。其中小型会议通常会用到笔、纸、本、签到表及饮用水等，大中型会议根据规模不同，分别涉及到以上部分或者全部用品，特殊会议，如有选举捐款需求时，还需要准备投票箱、选票、捐款箱、捐款登记册等用品。

会议用品准备时，首先要注意会议证件的印制和发放，它是参会人员身份的代表，因此通常在会议签到时与会议文件同步发放，且使用不同的颜色来区分参会人员的身份。现代会议的证件多半采用有带有夹的透明卡片式证件牌，便于与会者佩戴使用。

会议用品准备时，应先列清单，根据所需物品的数量和种类进行采购或者准备。会议用品的采购尽量考虑符合会议需要的适用型产品，避免大手大脚或过度节约。另外，要关心与会人员，根据天气、环境等因素考虑到人性化需求，如盛夏准备消暑饮料等等，来体现会议主办方的人文关怀。在日常小型会议召开时，一般会准备饮用水，以满足与会人员的基本需求。会议用品准备好后，要认真进行清点和核对，防止出现数量不足或者有所缺漏。

3. 会场布置准备

一般大中型会议会场布置要注意以下几个方面：一是主题要明显突出，通常在最醒目的地方拉设主题条幅，主席台两侧安置水晶屏或者投影设备；二是要规范有序，即提前做好会议相关准备；三是要确定好参会人员名单和数量，以便对应安置座位和人名台签；四是要考虑人性化需求，在现场安排好灯光、绿色植物以及后勤服务人员；五是要设置各类指示牌并安排好迎宾工作人员，让与会人员能够快速弄清会场方位及座位安排。小型会议通常在会场布置准备上没有特殊化要求，通常只需要准备签到和基本文具，开启好电脑和投影仪、话筒等设备即可。

会场布置涉及到会场布局、座次安排和会场装饰三个方面：

(1)会场布局

会场布局即会场座位的安排与设置格局。大中型会议通常选择礼堂式布局，即在会场前方安置主席台，演讲者或者会议发言人在台上面对与会者发表讲话，台上悬挂横幅，并且提供扩音和影像设备，这样容易形成较为正式庄重的会议气氛。日常小型会议可以采用圆形、椭圆形、长方形、正方形、T 字形、U 字形或者回字形的会场布局，便于与会者参加讨论与交流，活跃会议气氛。

茶话会、座谈会通常采用多个圆桌组成会场的形式，气氛较为轻松热烈，有利于增进与会者之间的相互了解与沟通。

(2)座次安排

在举行会议时，需要根据与会人员名单安排座次，会议座次安排是秘书人员必须掌握的一种技巧。在进行政务类大中型会议的座次安排时，主席台座次安排基本原则为：中间为上，以左为尊，前排为上，依次排列。即当主席台座位有多排时，前排座位为尊；同一排座位中，最中间的座位为尊；当单排座位数为单数时，最中间的位置为 1 号位，1 号位左边的位置为 2 号位，右边位置为 3 号位，依次类推；当单排座位数为双数时，中间两个位置的左手位为 1 号位，右手位为 2 号位，依此类推。主席台下方座位按照与会人员的类别划分进行区域式安排。如果是商务活动和国际会议场合，以左为尊原则改为以右为尊，其它不变。

日常小型会议召开时，对于座次没有太过严格的讲究，一般是领导居中而坐，其它人员依次左右排列即可，秘书人员和勤杂服务人员坐在靠边的位置上，便于进行会议签到、记录以及提供会场服务。

(3)会场装饰

大中型会议会场装饰包括：会标、会徽、画像、横幅等用于悬挂的物品，悬挂在会场醒目位置，通常为红底白字，悬挂在会议室主席台后，面向台下，居中悬挂；主席台装饰，包括深红色桌布、红地毯、花卉等，位置不可过高，以免遮挡视线，影响摄像；鲜花、绿色植物等美化装饰用品，摆放于迎宾处、讲台上、会议桌前或者中间；话筒摆放，分为固定式和手持流动式，固定式通常固定每个座位上或者每两个座位之间，流动式话筒用于会场现场流通，满足与会者参与讨论与发言的需要；会议签到与资料发放处，一般位于会场入口两侧，便于会议人员数量统计与会场服务，通常在此处设有醒目的指示牌与标语、欢迎水牌等等。日常小型会议装饰通常较为固定化和简洁化，多数选择绿色植物或者仿真花草做为会场长期装饰，不需每次开会都重新装饰。

4. 会议设备准备

会议设备包括扩音设备、照明设备、通风空调设备、影像设备以及其它一些特殊设备等。

这些设备首先要根据会议需要提前进行安装调试，然后在使用前进行细致检查，最后要保证会议使用时有专门的设备操作人员提供相关服务。

5. 食宿交通物资

食宿交通物资只针对时间较长的大中型会议安排准备，通常需要为与会人员安排交通工具进行定点的接站、送站服务，以及安排相关的食宿资源。在部分地区的会议中间，会议主办方会安排茶话会或者茶歇时间，为与会人员准备各式饮料和点心等物品，均属于相关物资安排。

第三节 会议举行期间管理

会议举行期间，秘书人员要积极组织和配合会间管理与服务工作，不论何种会议，大体上都会包含会场签到、会场服务、会议记录等三个主要大的环节。大中型的会议举行期间涉及的管理和服务事项较多，且每个事项都相对比较琐碎复杂，除这三个环节外还可能涉及到会间值班安排、保安安排、媒体关系安排等环节，而小型会议则通常只涉及到签到、材料准备、会间设备操作、会议记录等较为简单常见的管理和服务内容。

一、会议报到

完整的会议报到流程包括会议接站、会议报到登记与签到、会议物品发放、会议食宿安排四个环节。其中大中型会议通常包括所有环节，日常小型会议通常只包括签到和会议物品发放这两个环节，部分小型会议只有签到环节甚至省略签到环节(人数特别少的情况下)。

1. 会议接站

大中型会议举办特别是参会人员来自不同地域时，部分会议主办方会安排会议接站服务。接站服务通常是在会议召开地的飞机场、高铁站、火车站、汽车站、长途客运站、轻轨站或者码头等交通集散地迎接参会代表，接站信息一般提前与需要接站服务的参会者沟通好，接站时要保持通讯联络并持醒目标志，接站后要清点人数与核对信息，以防错接漏接。

2. 会议报到与签到

会议报到与签到安排因不同的会议而有所差别。一般情况下，会期长、参会人数多、人员构成复杂的大中型会议主办方会在离会场较近的酒店进行会议报到，这有利于准确统计参会人数，便于安排会议工作和食宿后勤服务。会议报到时间通常会安排两到三天，给参会者和主办者以充裕的时间安排好相关事项。在会议正式开始前，参会人员进入会场时需要签到，有些政治性和专业性会议，只有参会人数达到一定比例要求才能召开，否则会影响决议，普通会议则需要通过签到对参会情况进行控制和了解。日常小型会议、同地域短期会议通常不需要进行会议报到，只需在开会前进行签到即可。

会议签到一般有以下几种形式：

(1) 签到簿签到。秘书人员事先准备好签到簿，并将其摆放在签到点，参会人员进入会场前按照要求在指定位置签上自己的姓名以示到会。签到簿上内容一般有包括姓名、职务、所代表的单位等等，参会人员可以逐项填写，也可以找到自己信息相关栏的签名处签名。

(2) 花名册代签。秘书人员先印制好参会人员名册，会场核点人数，并针对应到人员的到会、缺勤、请假等情况进行记录。由于这种方式比较简便易行，通常在内部会议和日常小型会议中采用。这种签到方式要求秘书人员对参会人员较为熟悉，能够准确记录信息，因而采用范围有限。近年来，部分中型会议采用人名台签、座位标签等会场布置形式，只要参会者对名入座，秘书人员也可根据座位分布图进行准确的签到。大型会议人员众多，会场复杂，通常不采用这种签到方式。

(3) 卡片式签到。会议专门印制签到卡片，如：

××××会议签到卡
时间：××××年××月××日
部门：××××部门
座位编号：××号
签名：

签到卡上一般印有会议的名称、时间、座位编号、签名栏等，秘书人员在会场前将签到卡发给每位参会人员，参会人员在签到卡上写好自己的姓名、开会时间、所属部门或者单位以及座位编号等，在离开会场时再统一交给工作人员收取。这种签到方式高效快捷，可以避免签到拥堵，可以有效防止迟到早退，但是事后签到统计的信息量比较大，且浪费纸张，不利于保存，一般适用于大中型会议。

(4) 座位表签到。秘书人员按照会场布局，事先排好座位表，并在座位表上相应的位置填写上参会人员的姓名和座位号码。在举办大中型会议时，可以准备一式多份座位签到表，部分用来张贴，可以让参会人员迅速了解自己座位的区域范围，部分用来签到，同时进行可以提高签到效率，使入会进程加快、井然有序。

(5) 电子签到。电子签到快速、准确、简便，类似于今天许多企业里采用的上下班打卡制度。参加会议的人员进入会场时，只要把会议发放的卡片或者日常工作用的员工卡放到签到机上刷一下即可，签到手续一两秒即可完成。这种签到方式简便快捷，避免了手工人工签到的不足，且信息记录准确，便于迅速得到即时统计结果，目前不仅越来越广泛的在一些重要的大中型会议中采用，还在许多已经实行打卡制度的单位内部会议中使用。

3. 会议物品发放

会议物品发发放可以参会人员报到入场前进行，也可以在入场后进行。入场前进行的物品发放通常包括会议资料袋和会议礼品等等，在参会人员办理报到或者签到手续时即可发放。入场后进行的物品发放，通常是以统一装袋的形式摆放在与会者的座位上，以免出现混淆错乱的情况。

4. 会议住宿安排

会议住宿安排主要针对会期长、异地举办的大中型会议，通常在办理报到手续的同时会进行住宿安排。住宿安排通常靠近会场，以集中安排为原则，避免过于分散，降低会议服务效率。

二、会场服务

会场服务即是在会议进行的现场进行服务，通常包括以下内容：

1. 座位引导服务。

座位引导服务既可人工引导，也可非人工引导，引导服务通常只在大中型会议召开时才需要。人工引导即指在会议入场处安排工作人员作为座位引导员，引导到会者到指定区域或者位置就座。非人工引导通常是通过指示牌引导、座位表发放、电子牌引导等方式，引导参会人员找到自己的位置。座位引导服务有效的前提之一是座位安排的清晰合理，通常需要事先将会场划分为若干区域，以地区、行业或者单位作为集中划分区域的标准，这有利于参会人员迅速找到自己所处的区域和位置。座位引导服务有效的前提之二是引导人员对于会场位置的熟悉，能迅速准确的引导相关人员就座。

2. 会议材料发放服务。

一般而言，会议所需要的会议材料会在会议报到、签到环节中发放，也有部分会议是按座位事先摆放，但若是会议期间有些材料需要补充、修改或者有新增材料出现，即需要工作人员重新发放。若有涉密类的文件材料，发放领取时需要领取人签名，离开会场时需要工作人员对这些材料进行回收登记，以防资料外传泄露。

3. 维持会场秩序服务。

在会议进行过程中，需要维持会场秩序，比如制止与会议无关的人员进入会场，保证各类会议设备安全有效运行，防止人员随意进出、拍照、摄像，防范各类突发性事件等等。如果在会议进行时出现停电、人员干扰以及其它一些紧急情况，会议工作人员要及时向与会者进行解释并做出相应的紧急处理。

小资料5:温家宝总理遭遇扔鞋事件

英国当地时间2009年2月2号下午，时任国务院总理的温家宝同志在剑桥大学礼堂演讲时，礼堂后方一名西方男子突然起身叫嚷，并向讲台投掷鞋子。这名男子的行径引起全场听众的强烈愤慨，大家齐声高喊“可耻”、“滚出去”。此人在一片斥责声中被安保人员带离现场。

在这名男子叫嚷时，温家宝总理停止了讲话，并且相当镇定，在这名男子被迅速带离现场后，他说:“老师们、同学们，这种卑鄙的伎俩阻挡不了中英两国人民的友谊。人类的进步、世界的和谐是历史的潮流，是任何力量阻挡不了的。”铿锵有力的发言两度被掌声打断，赢得满堂喝彩。

当地警方表示该男子已被涉嫌破坏公众秩序送至警方接受问讯。

剑桥大学校长理查德在事后说:“剑桥大学是理性争鸣和辩论的场所，不是掷鞋的地方。理查德表示，个别人的行为不能代表剑桥师生。温家宝总理现场的表现令人敬佩。演讲内容精彩充实，深深吸引了听众。”英国伦敦摄政学院政治经济学教授皮尔森气愤地对《环球时报》记者表示，“滋事者和他背后的操控集团给英国学术界留下了不光彩的纪录”。

英国官方对此事件表示遗憾和歉意，表示将依法处理，称此事不能改变温家宝总理访英取得成功的事实。

英国当地媒体连日来高度关注温家宝总理访问英国，评价温总理此访对国际社会携手应对国际金融危机具有重要意义。媒体纷纷对肇事者的行径予以谴责，称此人没有达到目的，反而使温总理赢得了满堂掌声。

事后，新闻联播及多家媒体均报道了这一事件。中国外交部发言人说，2009年2月4日，布朗首相亲笔致信温总理，高度评价中英关系和温总理访欧、访英取得的重要成果。布朗表示，温总理在剑桥的演讲广受欢迎，给大家留下深刻印象。英方对演讲受到干扰感到很抱歉，警方正在依法处理此事。剑桥大学校长理查德也致函温总理，对事件发生表示诚挚道歉。她说，暴力行为与大学秉持的价值观背道而驰，剑桥大学对此坚决反对。

试讨论：在会场中出现类似突发事件，应该如何处理？

4. 会场后勤服务

会场后勤服务包括会议耗材（笔、纸）等的准备、会场茶水服务、会场清洁服务、会场温度调控服务、会场灯光音像服务、会场值班安保服务等等。

小资料6：会议值班的安排

会议值班通常是指会议召开期间对于值班留守的人员和工作内容的安排，会议值班起着沟通上下、联系内外、协调左右的作用，它是会议顺利进行的重要保证。

会议值班通常包括记录办公来电、记录值班接待情况、编写值班日志、传递紧急信息等内容。要做好值班工作，一要制定完善的值班工作制度，包括信息处理制度、岗位责任制度、交接班制度等。二要有明确值班工作任务，即在会议中协助搜集有关情况、文件和资料，传递各种信息；加强与会议无关人员出入会场的控制；手边要有会议主要负责人员和联络人员的联络方式，以便出了问题及时与之联络、请示；要备有一份设备维修人员、车队调度人员和食宿等后勤服务部门联络人员的电话通讯录，以备不时之需；要做好信息沟通工作，保证会议信息的畅通无阻，不得随意离岗、脱岗；要协助会场工作人员做好各项具体服务等。

会议值班应该编制值班表，如：

×××××××××××××××会议值班表				
值班时间	值班地点	负责人	值班内容	备注
××××年××月×日	第××会场	张××	×××××××××××	……
××××年××月×日	第××会场	李××	×××××××××××	……
××××年××月×日	第××会场	王××	×××××××××××	……
××××年××月×日	第××会场	赵××	×××××××××××	……

5. 做好会议记录

会议记录是对会议基本情况的如实记载，召开会议一般都应有会议记录。会议记录包括两部分内容，第一部分为会议的基本情况记录：如会议名称、时间、地点、参会人员、主持人、记录人等。第二部分是会议的主要内容：如会议议题、讨论发言概要、决策及建议方案等等。会议记录应该真实地记载会议实际情况，客观地反映会议的内容和进程，它是重要的工作档案材料和后续写作素材，是会议分析研究的依据，也是检查会议召开情况与决定执行情况的凭证。

会议记录从记录的繁简程度来看，一般有摘要记录法和详细记录法；从记录工具来看，有音像记录法、电脑记录法和手写速记法。通常日常性的工作会议多采用摘要记录和手写速记的方法。摘要记录是抓住重点，摘录要点，比如主持人和发言人的发言要点、结论、会议通过的决议、决定等。摘要记录对记录人员素质要求较高，记录人员在记录时必须迅速做出分析概括，抓住重点，领会要义，明白取舍，既要准确地表达发言者的中心意思，又要做到简明扼要。会议中需要重点记录的一般都是领导的发言、主要嘉宾的发言、会议的决定、决议等等。

详细记录要求有言必录，要按照原话的方式记录所有人员的论述要点的材料和证据。做详细记录要求速度快，记录者精力集中，思想不能分散，否则就不能全面、准确、详细的记录会议内容。为了快速准确和全面详细记录，可采用速记符号或借助录音设备录音，会后再进行整理。详细记录要在会议结束后迅速整理原文，形成清晰的文字材料，以免遗忘，作为原始记录的手写稿和录音资料等可作原始资料保存。

做好会议的记录工作，要求记录真实、准确、完整，要对会议进行客观描述，如实记录与会人员姓名、缺勤情况及理由、上次会议记录概要、会议中提出的问题、观点、建议、会议中的突发情况及处理、下次会议的日期等等，较为重大的会议作出会议记录后还要请领导审阅签名。做好会议记录，不仅要求记录人员有认真、负责的态度，而且要求记录人员相应的秘书工作的专业知识和实践经验，能够满足会议记录的速度要求、真实性要求和资料性要求。会议记录人员必须熟悉会议及会议相关的情况，明确了解会议的宗旨和基本精神，否则会影响记录人员迅速地对会议内容做出完整准确的记录，容易造成记录里的误记、误判和漏记。

会议记录在格式上较为简单，通常由标题、正文、结尾三个部分构成。标题可直接写作“会议记录”，也可写作“会议名称＋会议记录”的形式；正文部份交待清楚会议客观背景信息并记录准确的会议流程即可；结尾部份应该有“记录人：×××”以及“领导签字：×××”等字样。

小资料7：

××××股份有限公司经理办公会第××季度第××次会议记录

会议时间：2014年9月10日14时30分～17时15分

会议地点：公司培训中心

出席人员：×××、×××、×××、×××……

列席人员：×××、×××、×××、×××……

缺勤人员及理由：×××(×××××××××××××××××××××××××)……

会议主持人：×××

主席致词：略

报告事项：

一、××××股份有限公司××××年××月至××月业务报告。

二、×××××事项报请批准。决定：准予。

讨论事项：

一、为增进促进本公司业务发展，特拟订本会新季度工作计划草案，提请讨论。决议：修正通过。

二、拟动用上季度业务费节余金额123万元，购买×××××，提请审议。决议：通过。

三、提议：建立利用星期六举办公司培训活动，以提高员工业务水平，是否可行？提请审议。决议：原则通过，具体方案需要人力资源部门提交。

散会：××时 ××分

会议记录人：×××

领导审阅：

2014年9月10日

小资料8:

人文学院教学会议备忘录

{2015}第01号

会议名称:人文学院教学质量工程及核心课程研讨会

会议地点:明德楼423会议室

会议时间:2015年1月13日16:30～17:30

会议出席人:小A、小B、小C、教学质量小组成员、2014年度教学质量工程主持人、核心课教师、实践课教师

会议主持人:小A　　　　　　　　记录人:小C

会议纪要:

重点围绕质量工程和核心课建设问题，对2012年度各教学单位教学工作目标任务考核进行了说明。(详细请见附表)指出学院教学工作方面存在的几个问题:

(1)核心期刊教研论文太少(2012年只有10篇)，最高的学院有20篇。

(2)校级质量工程项目至今没有优秀。

(3)大学生创新实践项目与国家级对接不好，至今没有国家级立项。而较多学院均有立项。

(4)实践课到课率太低，老师和学生重视程度不够。导致2012年度扣分严重。

(5)学科竞赛与得分高的学院存在较大差距。主要原因是项目偏少，参与面不够。与核心课程的结合度还有待提高。

(6)我院调课率太高，不仅高居第一，而且远远高于其他学院，不利于正常教学的开展。

自2012年开始，教务处开始将教学目标任务考核评分纳入各级学院教学考核，占总比例的50%。教学目标任务与教学考核密切挂钩。

具体内容如下:

1. 教学质量工程方面，要求主持人把握好项目开展进度，尽量不要延期。要及时出成果，收集的支撑材料尽可能丰富一点;多发表核心课程的论文。大学生创新创业项目方面，指导老师要探索国家级项目的标准，尽可能实现对接。

2. 学科竞赛方面，将多增加与课程对应的项目，如摄影摄像竞赛、会展类竞赛、社会管理调研大赛等。

3. 在教学检查方面，尤其要重视专业课到课率问题，2012年我院因到课率不达标扣了4分。专业课到课率标准:一年级100%，二年级90%，三年级80%，四年级70%。

4. 在试卷审题方面，要特别注意题量是否合适，试题卷题型难度是否相当;改卷时必须严格按照规定去做，符合规范。

5. 对××××、××××、××××、××××等要更加严谨和重视。

6. 核心课程尽可能形成教学团队。

7. 尽可能减少×××。

2015年01月13日

一、期末教学工作

(一)常规教学工作

1.根据学院安排,2012年寒假学生放假时间为1月7日至2月20日,下学期报到注册时间为3月1日、2日,3月3日正式上课。

2.各教学单位要对期末教学工作的各个环节进行监督检查,并对本学期的教学工作进行总结,针对存在的问题提出具体的改进措施。

3.各教学单位对涉及××、××课的课程的上课情况要加强自查,对未完成教学计划的课程,要督促老师按××、××的计划完成教学任务,以保障所有课程按教学计划保质保量完成。

4.为保障本学期考试工作圆满完成,请各教学单位在12月31日24:00前完成本学期所有考试的成绩录入工作。各教学单位应按照《人文学院考试工作管理规范》的要求,对考试组织、监考、阅卷、试卷分析、成绩登记、试卷归档、自查及互查等各个考试环节规范管理、严格要求,实现试卷质量的稳步提高。

5.本学期结束后一周内,各教学单位应对学生的学习状况进行清理,对本学期所得学分低于应得学分80%的学生给予学业提醒,并以书面形式通知学生本人,将通知副本寄学生家长签字后寄回回执。

6.12月20日前,各教学单位完成2011~2012年校级××××××项目的验收工作。(已发通知[2015]2号)

7.12月20日前,各教学单位提交××××奖评选方案和评选结果。(见附件)

8.12月25日前,各教学单位完成××××-××××年省级××工程项目检查工作。(已发通知[2015]1号)

9.12月25日前,各教学单位将本学期教学工作总结交至××处教学质量管理科。除常规工作外,重点突出人才培养特色、亮点和具体成效,并提出下一年度工作计划。

(二)××教学工作

10.制定××课程教学计划

根据人才培养方案,各教学单位制定下学期××教学课程教学计划、××工作计划(含校外××教学××申请),于本学期第××××周周×前上报××处××教学管理科审核。要求各教学单位认真核定并按时上报,一旦上报,一律不准随意变更,若因客观原因提出变更,需书面提出申请并由本单位领导签字认可。

11.做好××××届毕业设计(论文)工作

各教学单位按照《××处关于××××届本科毕业设计(论文)工作安排的通知》文件要求严抓毕业设计(论文)质量,加强教师的指导,做好阶段性工作和检查,确保学校毕业设计(论文)工作按计划保质开展。

12.做好××××级专业人才培养方案中××××模块学分及××认定工作

各教学单位按照《关于认定×××级专业人才培养方案中××××模块××及××的通知》和《××××模块××认定、置换及××评定实施细则(适用×××××级)》等文件要求做好认定审核、公示和学分及成绩录入工作。

13.××、××报告整理及归档

各教学单位按规定的要求认真做好本学期××、××报告归档工作,于下学期第一周将

××、××报告清单上交××处××××××管理科备案。

14. ××教学课程成绩的汇总和上报

本学期××(含××××)教学课程成绩汇总后于本学期结束前上报××处××××管理科备案。

15. ××开出率和×××利用率统计

为规范管理，更好地做好×××资源的规划和利用，各教学单位做好本单位本学期××开出率和××××利用率统计(×××利用率计算办法与×××考评报告中的一致)，并于下学期第一周将统计表格上报××处×××××管理科备案。

二、下学期初教学工作安排

(一)确保每位教师领到准确的上课课表，并明确教学任务；

(二)做好学生报到注册的准备工作；

(三)明确和落实教材；

(四)教学管理人员和教师按照《××××大学××学院教学工作规范》要求，做好课前准备工作。

(五)××教学工作

1. 做好××××年度××××建设项目立项申报方案的前期调研和论证。

各教学单位(中心)根据本单位的×××建设规划，通过广泛调研和论证，拟定和细化本单位××××年度××××建设各项目方案。要求项目预算合理，方案具有科学性、前瞻性和可行性。项目立项评审时间另行通知。

2. ××教学课程教学大纲、教学指导书的拟定和汇总

各教学单位完成下学期所开设的××教学课程教学指导书的拟定和汇总，并于下学期第一周将《××教学指导书一览表》与教学指导书(已备案的可不重复上送)一并送××处××××管理科备案。

3. 填报《综合性设计性××项目一览表》

各教学单位根据本单位制定的下学期××教学课程教学计划，填写《综合性设计性××项目一览表》，于下学期第一周上报××处××××管理科备案。

4. 及时跟进和总结××××届毕业设计(论文)工作

各教学单位要及时跟进和总结××××届毕业设计(论文)工作。加强过程质量监控，防止出现论文作假和学术不端行为。在实施和总结的基础上，各教学单位不断细化本单位毕业设计(论文)改革实施方案内容，以保证毕业设计(论文)教学工作实现既定的改革目标，工作效果和质量逐年提高。

5. 制定××××年学科竞赛实施计划和开展资源固化工作

1)除××重点资助的四大学科竞赛外，各教学单位需对现有的学科竞赛项目进行系统性梳理和总结，根据各项竞赛的难度、社会影响力以及和专业建设的紧密程度，遴选出一至二项作为××××年度××扶持资助项目和确定×××教学单位扶持资助项目，并于下学期第二周前填写《××××年拟参加学科竞赛项目汇总表》及各竞赛项目实施计划上报××处立项。

2)近几年，我校学科竞赛硕果累累，学校鼓励和支持各教学单位学科竞赛组开展成果资源固化和建设工作。通过竞赛"××××××化、××××××化、××××××××化"等手

段整合学科竞赛资源，使学科竞赛与各教学环节既紧密结合又深度融合。逐渐形成以高中年级学生为主力，低年级学生为后备，以老带新的竞赛队伍，发挥其“传帮带”作用。

6. 开展××项目库建设工作

为了更好地促进学生×××××××能力的培养，提升××质量，促进××××开放，提高××××的使用效益，各教学单位组织师生开展××项目开发和建库工作。要求教师为项目负责人，组织学习成绩优良、学有余力的在校全日制本科生或研究生作为项目组成员参与，学校将给予一定经费支持。

7. 制定××××开放计划

要求教学时段无教学任务的××××实行全面开放。各教学单位于下学期第三周前将《××××开放计划汇总表》、《开放性××项目实施计划》上报××处××××管理科，经批准后实施。

8. ××教学课程教案的编写。教师在开课前，应按照学校要求编写教案。

9. ×××设备维修及维护

各教学单位(中心)××××管理员在下学期开课前，要对×××设备做全面检查，发现有损坏的设备要及时维修，以保证××××××课的正常开出。

试讨论：以上资料与单一的会议记录有何相同与不同之处？会议记录应该包括哪些内容？

6. 拟写会议简报

在会议进行过程中，有时需要拟写会议简报。会议简报是一种简要反映会议实际情况、会议内容和进展情况的专用性文体，通常在大中型或者较为重要的会议中使用。会议简报要求内容真实准确、篇幅短小精悍、发布速度快、语言生动活泼。

会议简报写作详细可划分为标题、会议名称、会议时间、地点、主持人、出席情况、会议目的、会议议题、会议报告、讲话和发言、会议决定、签署等部分，大体上则可划分为报头、正文和结尾三个部分。报头正中用醒目大字标明简报名称、简报发布机关、印发日期、编号等信息，既可直接 使用“会议简报”作标题，也可使用“会议名称+简报”作标题。正文部分的写作可以全面介绍会议主要内容，也可概括介绍会议要点，还可摘录会议发言提要。结尾部门注明主送单位或个人姓名、抄送单位、增发单位和印发份数。简报发布时应注意保密原则，涉密性信息一般不随意发简报。

小资料9：公司会议简报

××公司××部门“领导员工面对面”会议简报

××月××日，×××部门××位代表参加了×××××有限责任公司召开的××部门“领导员工面对面”工作会议。×××总经理、×××副总经理及××部门×××经理、××部门××位员工代表参加了会议。

会上，××总经理×××对××部门××位员工代表的到来表示了热烈的欢迎，并对××部门××位员工的工作情况表示了高度的肯定。之后的会议上，员工代表×××首先就××××××××××××××××表示了感谢，并提出××××××××××××××××××；员工代表×××对 ××××××××××××××××××表示了感谢，并提出××××××××××××××××；员工代表×××对 ××××××××××××××××××表示了感谢，并提出××××××××××××××××；员工代表×××对××××××××××××××

×××表示了感谢，并提出××××××××××××××××。公司领导认真听取了员工意见和建议，对大家的辛苦工作表示了赞赏和肯定，并对员工有疑问的公司一些管理制度作出了相应的解释，对员工关心的问题做了记录，并承诺解决。

会议结束后，员工代表们纷纷表示×××，并希望以后这样的会议能够定期召开，沟通交流的平台搭建好，员工在公司工作才会更有主动性和积极性，公司效益才会越来越好。

小资料10：会议简报

××公司××××分公司

会议简报

第(×)期

××公司××××分公司办公室　　　　　　　　　　××××年××月××日

××月××日××公司×××××分公司召开了主题为"××××××××××××××××××××××××××××××××"的全体员工会议，这是××公司自成立以来第一次召开类似会议，会议内容事关公司未来发展和员工切身利益，本期《会议简报》转发×××副总经理的发言要点，供各单位参考学习。

×××××××××××××××××××××××××××××××

××月××日××公司×××××分公司在××公司总部召开了"×××××××××××××××××××××××××××××××"主题全体员工会议。

会上×××副总经理传达了"×××××××××××××××××××××××××××××"相关文件的主要精神，并就出何贯彻实施提出了三点意见：

一、

二、

三、

四、

最后，他强调，"××××××××××××××××××××××××××××××"事关我公司未来发展前景，与全体员工切身利益紧密相连，务必要从思想上对它引起重视，并自觉按照公司有关章程执行，避免出现×××××××××××××××××的情况。

送：××××办公室、各分公司

（共印××份）

7. 媒体公关

有宣传报道需求的会议通常需要安排新闻媒体报道，秘书人员在会议进行时有必要与新闻媒体打交道，主动积极的与媒介搭建良好的公共关系。大体上而言，秘书人员要处理好新闻媒介关系，达到会议预期宣传目标，必须从以下几个方面着手：

(1)对新闻报道的内容提供原则性标准

事实性原则，即新闻报道的内容必须与会议基本内容相吻合；

保密性原则，即掌控会议信息的保密程度，做到宣传有度；

请示原则，即报道中的重要观点和说法，要经领导审阅批准；

积极性原则，即要主动积极与媒介沟通；

适宜性原则，即在新闻报道的方式和内容选择上结合宣传对象、效果、时间、费用的因素综合考虑；

即时性原则，即在会议进程中，秘书人员要随时注意收集外界舆论和新闻媒体对会议的反映信息的报道并即时做出反应；

协助性原则，即在会议进程中和结束后，秘书人员要尽量为媒体提供便利并为媒体提供必要的信息资料。

(2)做好新闻媒体接待服务

会议秘书人员可撰写新闻报道稿件，经领导审阅后，向媒体发送；在会议召开期间，可以邀请有关报刊杂志、网站、电视台派记者驻会随访，发布新闻；在会议结束时，可召开新闻发布会，由会议发言人介绍会议情况并亲自回答记者提出的问题。

(3)完善工作程序

做好媒介公关需要以完善的工作程序作为保障。首先要有媒体人员登记程序，确保新闻报道有序、有利、不失控；再者要为媒体人员提供简单的会议材料；三是要安排拍照机会和新闻发布会；四是要在经费许可和不违法违纪的前提下，做好媒体人员的后勤保障工作。

(4)妥善处理新闻媒体的负面报道

当新闻媒体中出现有关会议的负面报道或者违规报道等，秘书人员要快速作出反应，既可通过积极频繁的沟通自行与对方联络处理相关事宜，也可委托或聘请专业公关公司处理危机。在不违反保密原则的前提下，面对媒体以公开化、透明化的姿态迎接对方采访，相关发言人要统一口径、实事求是，不可发布虚假信息或者食言而肥。

第四节 会议善后管理

一、参会人员离会

会议结束后，即为参会人员离场环节。普通小型会议人员自行离场即可，大中型异地会议则需要进行人员离场安排。具体包括参会人员购票服务、退宿服务、送站服务等，协助参会人员顺利踏上返程。对于暂时不离开的参会人员，则根据对方需求尽力做好辅助安排。

二、清理会场

会议结束时，秘书人员及相关工作人员应该抓紧时间清理会场，对会议用品、会议设备进行回收清点，租借的设备要借出方进行清点归还，会场要保持清洁，其中租赁的会场要及时与出借方进行归还交接。对于参会人员遗忘的物品要统一归拢并且联系失主，及早送还。

三、会议文件资料的收集与处理

会议文件资料涉及到会议的内容，在不涉及保密及立卷归档的前提下，可允许参会人员携带离开，对于不想携带离开的人员，可将多余的会议文件资料统一收取，进行废弃文件处理，以免造成污染。

对于有涉密性和立卷归档要求的文件资料，秘书要员应该在参会人员离场前全部收集齐全，特别重要的文件还要有回收签收登记程序，逐份检查。在资料回收的过程中，注意提醒参会人员不要使用设备进行记录、拍照等等，以防泄密。

1. 会议文件资料收集的种类

需要清退的会议文件资料通常包括：会前准备并分发的文件、会中产生的新文件以及会后的相应的文件。会前准备并分发的文件通常包括会议通知、会议邀请函/请柬、会议日程安排、会议议程资料等，会中产生的文件有会议记录、会议简报、会议主要观点、建议、方案摘要以及一些更正性资料等等，会后产生的文件指的是会议总结、会议反馈统计等等。

2. 会议文件的立卷归档

(1)会议文件立卷归档的作用

会议文件的立卷归档可以便于查找利用、反映会议工作的客观情况、便于作为档案进行保存管理。

(2)会议文件立卷归档的范围

会议所形成的形式文件、决议、方案、会议记录等均应纳入立卷归档的范畴，会议的重要资料，如会议通知、会议邀请函/请柬、参会人员名单及详细信息、数据统计资料、宣传资料、会议总结等也应纳入会议文件立卷归档范围。

(3)会议文件立卷的基本原则和方法

会议文件立卷的基本原则应为“一会一卷”，即将一次会议的整套文件资料放在一起，作为一个档案来保管，这有既有利于保存，也有利于查找利用。

会议文件的立卷方法可以分为编制目录法和特征立卷法两种，编制目录法立卷即指根据会议主办方的单位性质、职权结构设计、会议工作计划等情况，参考往年立档目录编制情况而编制存档目录的一种方法。特征立卷法则是根据会议资料的共同特征来立卷的一种归档方法。

(4)会议文件立卷工作程序

会议议论的立卷的工作程序为：收集资料（完整的会议资料；领导阅办完的资料；通讯记录及证件类资料）——分类整理——立卷归档——卷内文件的编号、编目——填写卷内文件信息表——案卷标题的拟制——填案卷封面——移交给档案管理部门——清理，销毁废弃文件资料。

四、会议结算

会议通常有收费性会议与免费性会议两种，其中免费性会议基本不涉及收费结算程序，部分免费性会议涉及到会议经费结算程序，而收费性会议则涉及收费结算与会议经费结算两个结算程序。

1. 会议收费结算

收费性会议通常要求参会人员向会议主办方支付一定费用，主要包括资料费、培训费、住宿费和餐饮费四类，具体收费项目、收费标准、缴费方式在会议通知中就已明文告知，如需要开具发票，参会人员应在会议结束前向主办方提出要求，并填写有关发票信息。如果涉及到全部退费与部分退费的情况，会议主办方应在会议结束前与参会人员完成收费结算手续。

2. 会议经费结算

会议经费是指为筹办会议所花费的经费，一般在会议计划书中已经提出并获得领导审批，主要用于会议资料印制、人员劳务支出、会场设备租赁、会议用品购买、食宿支出、交通通讯费用等等。会议结束后，秘书人员要根据经费预算表和实际支出情况进行核对，并严格按照财务手续进行报销。

五、会议纪要的写作

会议纪要是在会议记录的基础上，对会议的主要内容进行摘要整理的一种规范性文件，它由标题、正文、结尾三部分构成。

标题一可写作“会议名称＋纪要”，如《××医院院长办公会会议纪要》，二可写作“会议主办方＋会议内容＋纪要”，三可写作“会议主办方＋纪要”，如《国家发改委关于燃油税问题的会议纪要》，四可写作正副标题相结合的形式，如《加强××市经济管理——××市××会议上的发言纪要》。

会议纪要正文包括会议情况介绍（会议时间、地点、名称、主持人、参会人员、主要议题）以及会议主要内容（包括会议讨论内容、议定事项、方案、决策意见等）根据会议具体性质和内容等不同，正文部分可以对会议内容进行概括叙述，也可以分条款叙述，还可以进行要点摘录，这三种形式都是会议纪要正文常见的写作模式。

会议纪要的结尾部分主要是对会议进行小结以及发出号召等。

会议纪要是一种较为严肃正式的规范性文件，具有内容的纪实性、表达的要点性特点，同时多采用第三人称写法，它与会议记录在性质上和功能上都有区别。会议记录只是对会议过程进行实录，仅为一种事务性文书，而会议纪要则具有法定公文的性质。会议记录一般由秘书整理，只供领导检阅即可作资料存档，而会议纪要则需要在一定范围内进行传达，要求贯彻执行。

小资料11：

××省××市委××会议纪要（会议类）

[20××]第×号

时间:2011年7月7日下午至8日

地点:办公楼403会议室

主持人:王某某

出席:赵某、李某、钱某、张某

列席:赵某、李某、钱某、张某

议定事项

一、会议认真学习了省委2011年6月7日《关于某某事项》的通知，对我市××××××××的情况和××××××××度形势进行了分析和深入讨论，进一步统一了思想，明确了当前和今后×××××的任务和工作重点。

会议认为，××年来我市在贯彻××××××××××××××××的过程中，态度坚决，工作扎实，卓见成效，但对成绩不能自满自得，要看到××××的差距和××××任务的艰巨，要按照×××××××××××，进一步统一思想，认真抓好×××××××××的各项工作。

会议决定：

在省委传达×××××××××会议精神后，召开×××工作会议，通过传达×××××××××精神，分析我市×××××××××形势和任务，提高认识，统一思想、动员广大党员一心一意搞好×××××××××。会议定于10月底召开，由××××××××做好会议筹备工作。

二、听取了××同志关于2011年××××××××××××××××××表彰大会准备工作的汇报，原则同意“×××××××××”提出的××方案及召开时间，原则上同意××××××××及×××××××××位的名单，责成“×××××××”根据市委常委意见进行调整，并做好大会准备工作。对有些需要进一步研究的问题由“×××××××”再作准备，向××××××××会汇报。

三、会议听取了……

会议认为：……

会议决定：……

小资料12：

会议纪要

×××××〔2015〕13号

××省××××集团有限公司

会议时间：2011年8月8日09：00～10：30

会议地点：集团公司××××××××办公室

主 持 人：王某

参会人员：×××、×××、×××、×××、×××

记 录 人：×××

会议议题：关于×××××××××××的几个问题

会议内容：

××××年8月7日，×××副董事长和总经理×××，召集总工程师×××、经营副总×××、基建副总×××、总经理助理×××在××××××××办公室开会，研究明确了××××××××××××××××××××××××××××等问题，会议形成如下意见：

一、关于×××××××××××××问题

1. ×××××××从8月11日起执行×××××标准，具体明确如下：

(1)×××××××××××以上人员和×××××××××××××系统部长，××标准按×××××××××××××××××××××发放。

(2)公司×××××××××××科长，××××××××××××××××方案所确定的×××××××××××××××××××××××标准执行。

(3)机关××××××××(科)长，×××均按照×××××××××××××××××××所确定的一级标准执行。

(4)集团公司科员的×××级别，由各部领导组织考核，根据能力和成绩提出×××××××××××标准，经分管副总审核后，报公司领导批准执行。

2. 机关和8月份×××不再追溯考核，9月和10月份公司要对×××实行××××制。

3. 公司副总级领导已有×××××××的，暂按原有标准×××。暂还没有确定×××的，等董事长回来确定。

4. 关于××××××××××××管理办法

会议明确，××因×××××××××等不可抗力原因而造成×××的，公司暂按如下原则办理：

(1)在××期间，未开展任何有效的工作来××、×××××××××工作的，整个××××××××的××按30%×××。

(2)在××期间，为了××、×××××××××积极工作(如设备安装、调试)的，整个××××××××的工薪根据工作的实际效果按20%、30%或40%××。

5. 关于公司××××××及×××××××××标准

(1)参加公司×××××××××××××的人员，建议每人每班××××××××××××。

(2)集团公司××××××××××，建议××××××××××××、××××××××××、×××××××××××。

二、关于下一步×××××××××办法

1. 公司对×××××××××月××办法，由××××××××××××、××××××××××××××、××××××××××××根据《××××××××××××××××标准化××办法》进行修订补充，作为××××、××月份对××××××××以上人员××依据。总工程师吴志祥

2. 公司对×××××××××××部门人员的考核办法，由×××××××××××、×××××××××××××、×××××××××××××抓紧制定××××××××××人员的××细则办法，从××、××月试行，年底修订后正式推出××制度文件。

3. ×××××××××人员×××××办法，依据已定×××标准执行。

三、关于××××××问题

会议明确，从现在到年底，×××××××、××××××及××××××××暂定为：

1. 省内××××工作××天为全勤，省外××工作××天为全勤。

2. ×××××××××部门在保证不影响工作的情况下，可合理安排××××××××。

3. 因工作原××××××××××××××××的，经考勤部门核实后，对超出天数按××××××××予以补助，因××××××××不到×××××××××的，按员工的×××××××××××予以减薪。

4. 会议明确必须严格执行请×××××××××，×××××××××××、×××××××××××××、××××××××××××请假必须报总经理批准，一次违反规定的，罚款×××××元；两次以上违反规定的，×××××××××。其他人员的×××按照公司相关规定执行。

四、重申×××××××××××××领导×××××××××××

根据国家和地方政府对集团公司××××××××××××××××××××××××××制度的要求，各级××××××要认真落实此项制度，具体要求为：

1. 集团公司的董事长、总经理每月××××××××××、×××××××××××××、××××××××××××

2. ×××××××××××××××每月××××××××××××××××××，×××××××××××××××××××。

3. 安全××××××××××××××××领导××××××××××××××××××××。

××××年××月××日

主题词：××××××××××、×××××××××××××、×××××××××××

呈报：×××××××××××× 主送：××××××××××××××××××××

抄送：××××××××××××　　　　　　　　　　　　　留存

共印××份

网络资源

1. 中国会议网：http://www.chinameeting.com
2. 大会议网：http://www.dahuiyi.com
3. 中国学术会议网：http://conf.cnki.net

本章实训题

1. 会前准备情景模拟

这天，刘经理召集员工开会

刘经理：大家好，现在接近年底了，我们公司想要召开总结大会，大家讨论一下我们的总结大会的相关事项。

A. 我觉得我们的总结大会名称可以定为：某某集公司2014年全体员工总结大会。

B. 对，我觉得这个名称不错，主题鲜明。

C. 我们是面向全体员工吗?

刘经理：是的，我想这次的总结大会搞得大型一点，鼓舞员工为主要目的。

D. 那我们应该把会议时间定在12月20号，因为这天正是我们公司正式成立20周年庆。我觉得很有意义。

E. 对，到时候我们看看要不要请公司主要的赞助商，主要的董事会成员。

刘经理：这个提议不错。

A. 那我们需要很大的场地，我们要用到大会议室。只有那里才可以容纳那么多人。

B. 我们可以对优秀的员工进行表彰。让员工更加积极工作，鼓舞员工士气。

刘经理：好的，大家的提议都不错。那请秘书组的同事发放通知，务必通知到各部门同事。宣传组：负责对外的宣传。总务部：负责到时候会场的布置。保卫组：负责到时候的会场安全与维持秩序。联络组：负责各部门间的联络与协调。

ABCDE异口同声说：好的。收到！我们一定会把会议举办好的。

2. 会中管理情景模拟

王老板(作为合作商)受邀到某某公司的年终晚会

他到达飞机场，就看到该公司的员工到飞机场接机。接机人员将王老板送到会场。

到达会场，他看到门口有拉着横幅“某某公司20周年年终晚会”。同时有两位礼仪人员在签到，王老板签好到之后，就进入会场。

刚进门口，就有工作人员指引他走到他自己的位置。他看到有工作人员在会场维持秩序。

一些工作人员在忙着安排表演人员，安排好他们的进程，组织他们几时上台表演。

一些工作人员协调现场的争论，尽量让会场不那么混乱。

一些工作人员观察会场那些灯光，桌布，酒水等的问题。

一些工作人员负责引领到场的嘉宾，带领他们到达自己的位置。等等

过了一会儿，所有人员都安排妥当后，晚会准时开始。

王老板看到了一个细节，整个晚会都有一位秘书在记录晚会的点点滴滴。

晚会礼仪时而调动会场气氛，整个流程都是按照进程进行的。很顺畅。

3. 会议善后情景模拟

小刘是某某公司的秘书，公司召开股东大会。会后，小刘是这么工作的。

小刘将遗留在桌子上的文件收拾好，进行整理，有用的文件收拾好放在文件夹里，没用的文件将它搅碎。

整理做的会议记录，将其归档。

联系当地的酒店，安排股东们入住酒店，安排他们的吃饭与观光。

小刘：各位老板，你们好，这是公司为你们准备的晚餐与入住的酒店。各位老板今天辛苦了。

小刘还特别留意了少数民族的股东，看看是不是有一些股东在饮食上有特别的讲究。

最后，小刘对本次的会议做了总结。

小刘：老板，这是我对本次会议的总结，麻烦您看一下。

老板：好的，在你的总结中，我看到了你说觉得各小组分工执行不协调，会议准备不充分是把。

小刘：是的，老板，我们各个小组虽然都有按照各自的任务去完成工作，可是各个部门都缺少沟通，导致整体效果不好。今天，我到达办公室的时候，我发现空调度数开得太低了，进来以后让人很不舒服、所以我也是及时进行了调整。以及文具的准备方面，所以我觉得是执行部门准备得不充分。

老板：好的，我知道了。我们要总结经验，以后争取会议举办得更加顺利。

4. 设计题

假设你现在在某公司实习，办公室主任让你负责组织安排本公司年度表彰大会，试设计完整的会议流程。

第七章　办公事务管理

◉本章思考题

1. 你理想中的办公室是什么样的？
2. 办公室管理有哪些内容？
3. 领导工作日程应该如何安排？

办公事务管理是秘书工作的重要内容，也是秘书工作职能的主要体现。合格的秘书人员应该熟悉办公事务，并且能够熟练掌握事务处理的流程与技巧，以更好的发挥辅助性职能，为实现工作目标服务。办公事务管理通常包括办公室管理、办公日常事务管理、领导事务管理和辅助性人力资源事务管理、秘书文档管理等内容。

第一节　办公室管理

办公室既可指专门的办公场所，也可指某单位设置的办公机构，本章所述的办公室管理，指的是对秘书人员办公场所的管理。办公室是秘书人员日常工作的场所，办公室管理包括办公室的布局、办公室的布置、办公室安全管理和办公室保密管理四项内容。

一、办公室布局

办公室的布局情况直接影响办公人员的工作状态与工作效率，合理的办公室布局没有固定的类型，适合办公单位工作特点和性质的布局才是最合理的办公室布局。办公室布局大体上可以分为全开放式、封闭式与混合办公式三种类型。

1. 开放式办公室布局

开放式办公室布局包括全开放和半开放两种，全开放式办公室布局指的是在相对宽敞的空间内包括多位员工及其办公位置，办公位置之间无遮挡，完全敞开开放，如下图：

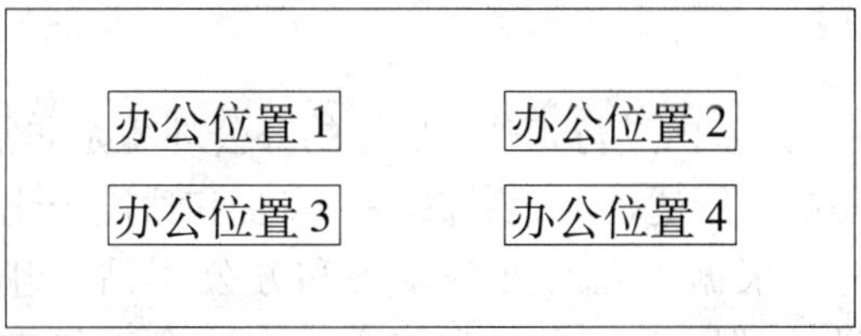

半开放式办公室布局通常使用隔板或者格子间将办公人员的办公位置分成半开放式的格子，这种布局在许多行业和部门中都采用，如下图：

工作位置1	工作位置2
工作位置3	工作位置4

无论是全开放式还是半开放式的办公室布局，都不注重隐私空间设计，工作人员通常是集中任务式办公，相互之间没有明显的区分和等级标志。这种开放式办公室有利于利用空间、节约成本、提高办公效率，但是没有隐私性设计，容易产生噪音和污染，员工易相互干扰、产生疲惫感和不受重视感。一旦出现矛盾或者传染性疾病，会较容易造成混乱。为了消除开放式布局的不利影响，近年来，基于对工作满意度和身体健康的重视，越来越多的人在工作场合使用绿色植物或者桌、椅、档案柜等用做开放空间内的简单遮挡物，在不违反工作纪律的情况下，这些方法可以有效的避免开放式布局的不足。

2. 封闭式办公室布局

封闭式办公室是一种较为传统的办公室类型，在独立的办公房间里，配备全套办公所需要用品，很多领导者办公室和高级秘书办公室具有这种布局特点，且由于在各单位、各部门中，不同领导分管不同业务，其工作对应的秘书人员会将领导办公室与秘书办公室就近安排到一起，便于开展工作。

封闭式办公室注重隐私性和保密性，比较安全，有利于员工集中精力工作，不受外界干扰；主要缺点在于成本较高，这种成本包括建筑成本和办公成本，即一方面需要单独设计门、窗、进行装修等，另一方面需要全套配置必需的办公设备和办公用品。此外，封闭式办公室也不利于监督员工工作情况，工作人员易产生隔离感或者孤独感，有时会降低工作效率。一般这种办公室不适于普遍使用，也不适用于工作任务密集型、流水合作型工作岗位人员使用。

3. 混合办公式办公室布局

混合办公式布局是指在大的开放性空间内，使用各种组合式的办公用具将空间划分为若干个工作区域，作为同一组织内部不同职能部门共同办公使用。除企业部门常用这种办公室外，我国行政改革后，很多地区也将许多政府职能部门划分办公区进行合署办公，成立各种行政服务中心等。

混合式办公一方面将工作有关联的各个部门集中起来进行办公，可以大大提高工作效率，节约工作成本；另一方面也消除了部分噪音干扰，对于流水线式工作部门及任务密集型部门较为适用。

二、办公室布置

秘书人员每天都要在办公室内进行工作，良好的办公环境是非常有必要的。在进行办公室布置时，应该遵循工作方便、舒适整洁、装饰统一、安全和适度美化的原则。

工作方便，主要指的是根据现在有办公设备和办公用品，组合出高效便捷的工作空间，而工作空间的一切设计都以工作方便为前提。在这个工作空间内，工作台、椅、档案柜、各种常用设备都摆放在最合适的位置上，便于秘书人员工作时能够方便的使用与还原，办公桌上的各种办公用品也摆放在伸手就能拿到的地方，便于寻找和使用，避免因找寻而浪费工作时间。

舒适整洁，即办公室的布置，既要令人舒适，又要干净整洁。令人舒适包括光线照明与办公桌的搭配要合适，良好的光线可以有效的避免疲劳，提高工作效率；还包括通风条件良好，新鲜的空气可以使人保持头脑清醒和旺盛的工作状态。干净整洁包括办公室的日常清洁维护和各类工作用具的有序摆放，这种工作环境可以令人保持良好的心情，工作起来井井有条。

装饰统一，一方面指的是办公室里的桌、椅、门、柜等应该保持统一风格与色调，避免让人产生杂乱之感；另一方面是指的办公室的窗帘、台布、悬挂品和摆件等也应该保持统一的风格，以免让人产生不伦不类的感觉。

安全，指的是办公室布置时，不要将危险品、有毒有害的植物放入，尖锐的物品、易燃的电线、纸张等都要归类进行分开摆放，并注意使用安全。不要将重物放置于易坠落的高处，不要将玻璃制品放在桌台边缘位置等等，以免产生不必要的安全隐患。

适度美化，即指工作人员根据自己的个人喜欢好，可对办公室进行适度装饰和绿化，但是在装饰风格上，应遵循简洁大方、清新典雅的风格，切忌花里胡哨，或者装饰成个人闺房、单身宿舍的风格。在绿色植物的选择上，要选择对人身体健康有益、保养难度不高、大小合适、品种合适的进行摆放，比如滴水观音、夹竹桃等一般不在室内摆放，浇水易活的绿萝等常被选为办公室植物，办公台面上宜放置小的仙人球等小盆植物，工商企业类办公室中喜爱“发财树”、“金钱桔”等植物摆盆，通常不选择盆景梅树进行摆放。

三、办公室安全管理

办公室安全管理，包括办公人员安全、设备安全、消防设施、防盗、用电、保密等多个方面。

要进行办公室安全管理，首先要对相关人员，特别是秘书人员进行安全管理培训，学习了解国家有关职业安全标准、法律、法规，落实所在单位有关安全管理的规定，并形成定期进行安全检查的工作习惯。

在办公室工作过程中，要熟练掌握各类办公设备操作技能，正确使用办公设备和物品，防止意外事故的发生，当设备发生故障时，应及时联系专业人员进行维修维护，切忌不懂装懂，胡乱拆卸，以免造成事故或者损坏设备。对于各办公室自行使用的设备，秘书人员应该要求工作人员学习了解基本的保养维修知识，发现异常随报告，确保设备整洁、运转正常、性能可靠。

消防安全是办公室安全管理的重要内容之一，一般各单位、各部门都会按照国家相关法律和防火标准配备消防设施和消防器材，秘书人员可组织消防学习，明确各部门领导和员工都有维护所属单位消防安全、保护消防设施、预防火灾、报告火灾、报告火警的责任和义务。可建立防火档案，明确所属单位防火的重点部位，建立灭火和应急疏散预案。此外，日常工作中，容易引起火灾的导因（如吸烟、使用大功率电器等）和常用防火小常识秘书人员也应熟练掌握，以防出现意外情况。

防盗管理，一是体现在硬件上，即办公室安装安装防盗装置，门禁系统或者设置保险柜等；二是体现在防盗要求上，即员工不得在办公室存放私人贵重物品或大笔现金，离开办公室（室内无人）应随即锁门；三是体现在管理制度上，部分重要办公室就由专人负责管理，保证设施设备的齐全；四是体现在工作安排上，比如财务人员外出存取大额现金时，应不少于二人，财务部门在保险柜存放过夜的现金应控制在规定范围内；五是体现在印章管理上，比如单位重要印鉴由专人负责，财务专用章和法定代表人印章分开存放，盖章人员须填写书面记录说明等等。

在用电安全管理方面，办公区域首先要确保电路、配电容量装置等是安全符合需要的，当这些老化时，要及时进行更新维护。在员工使用各类设施设备时，应遵守相关的操作程序和要求，禁止违规操作以保障用电安全。在日常工作场合中，员工不得在办公区域拉电线，或使用大功率电热器具。下班时应切断办公设备、电风扇、空调及各类办公电器的电源。

在办公室保密管理方面，主要涉及文件资料保密、电脑保密、网络保密、工作内容保密等。在收发、制作秘密文件资料时，应当履行清点、登记、编号、签收、审批等手续，做到在批准单位印制、在机要渠道传递、在规定范围传阅，随时掌握秘密载体的去向，非经批准的不复制、不需归档的应销毁，严禁闲杂人员随意查阅、复印、拷贝、携带涉密资料。在电脑保密方面，明确涉密电脑专人负责、不联网、设密码等要求，涉密信息严格进行专人保管和登记，不随意使用储存工具储存、转移涉密信息。在网络保密方面，注重内外有别，上网信息必须经过领导审批和保密审查，以防网上泄密。

此外，秘书工作中，通常与领导活动紧密联系，领导的日程安排、会议记录、重大决策事项（如人事安排、工资调整、机构重组等）等等秘书人员通常都能得知，因此，要注重保密，不该听的不听，不该问的不问，不该说的不说，防止主动和无意识泄密情况的出现。

小资料1：

办公室管理制度

第一章　总则

一、为了加强办公室管理，明确公司内部管理职责，使内务管理工作更加标准化、制度化和规范化，结合实际情况，特制订本制度。

二、本制度适用于公司所有成员。

三、切合公司实际，根据不同的制度内容编写相应的规范化要求，力求使办公室各项工作都有章可循、有法可依，保证公司的办公事务有效开展。

四、办公室人员应明确各项工作职责，简化办理流程，做到每周有计划、每月有总结。

第二章　职责范围

一、办公室管理人员直接受行政人事主管领导，在直属主管的领导下主持开展办公室的各项工作。

二、负责办公室相关规章制度的起草编写、一般性文书的整理汇编、资料信息收集编撰等文字工作。

三、负责公司文书管理、图书管理、办公用品管理、会议管理、清洁卫生管理等工作，保证各项事务有序开展。

四、协调各部门之间的行政关系，为各部门工作开展提供相应的服务。

五、负责公司对内、对外公共关系的维护和改善，做好来客接待和公司的各项文化宣传等工作。

六、收集各部门反馈信息和外部资讯，上传下达各种指令，及时做出整理，当好领导参谋。

七、协助其他部门工作，完成上级交代的其他工作，如：名片印制、收发传真等。

第三章　工作规范

一、办公室工作规范包括仪容仪表规范、礼仪规范、言语规范、行为规范，相关规定按照员工守则细则执行。

二、办公室管理人员严格按照本制度中的要求规范开展工作。

第四章 办公室事务管理

一、文书管理制度

文件是文书的重要组成部分，文件是各部门根据自己的职责范围所制发的具有执行效力的并设有特定版头的文书。本制度中，文件特指公司内外部发文文件；而文书特指内部一般性传阅资料。档案是文书基础上形成的，档案是文书的延续。现把文件、文书、档案统归于文书管理，并对文书管理制度做以下规定。

（一）文件管理制度

第一条 管理要点

1. 为使文件管理工作制度化、规范化、科学化，提高办文速度和发文质量，充分发挥文件在各项工作中的指导作用。

2. 文件管理的范围包括：上级下发文件、公司各类制度文件、外部传真文件、政策指导类文件、各类合同文件等。

3. 制度类文件按照公司文档统一格式进行编写，统一页眉、页脚，写明公司全称及文件性质；正文部分写明题目、时间、发文部门、内容等信息；措辞规范，表达无歧义。

4. 根据文件属性、类别，对所有文件进行编号，根据编号定期归档，做好相应的文字记录，以备查阅。

第二条 制度规范

1. 文件的起草、收发、打印、归档整理、借阅销毁等由办公室人员负责执行。

2. 公司上报下发正式文件的权利主要集中在行政人事部，各部门一律不得自行向上、向下发送正式文件。

3. 公司对内公开文件由行政人事部负责起草和审核，总经理签发；各部门需要向下或对外发文的文件由各部门负责起草，行政人事部负责审核，审核无误后行政办公室打印，打印后送回起草部门校对，校对无误方可正式打印，由总经理盖章，签发。

4. 凡寄至公司的文件、传真等，由办公室签收并做好相应记录。

5. 机密文件由行政人事部主管保管，办公室人员对一般性文件进行分类管理，定期整理并制作相关报表提交给部门主管。

6. 各部门因工作需要可借阅一般性文件，需严格履行借阅手续，对有密级程度的文件，需行政人事主管审批，总经理批准后方可借阅。

7. 办公室管理人员对文件借阅情况进行登记，做好借阅记录并限期清退。

8. 按时间、内容、部门、名称等内容分门别类进行整理，附件、批件、定稿等资料收集完全，存档备案。半年一小清，年终一大清。

9. 根据存档时间及存档的必要性对文件进行销毁，需上报行政人事主管签字批准，按照文件管理制度进行处理。

第三条 文件管理流程设计

1. 内部文件管理流程：起草文件→审查编号→审批、签发→打印文件→下发文件→文件存档

2. 外部文件管理流程：外部收文→文件整理→文件存档→清退→文件存档→文件销毁

3. 借阅流程：提出申请，办理手续→批准→借阅→清退→文件存档→文件销毁

（二）文书管理制度

第一条 管理要点

1. 为确保文书制发、处理、管理工作顺利进行，保证公司内部资料的安全性、完整性，促进与提高组织管理工作的效率，充分发挥文书在各项工作中的指导作用。

2. 文书管理范围包括：一般性文书（通知、公告、提案意见、会议纪要、总结汇编）、行政人事部发文文书（学习资料、各类简报）、宣传资料、各类应存档的图表、其他有关公司的重大事项文书资料。

3. 除通知外，一般性文书没有固定的格式，但必须标有页眉页脚，文本内容可根据文书具体内容进行调整。

4. 根据文书性质进行编号整理，定期对文书进行归档整理，保持纸质文档与电子文档的同步更新。

第二条 制度规范

1. 根据公司实际需要及上级安排，起草编写内部公开文书，张贴公示学习。

2. 按照文书管理范围，行政人事部的发文根据需要填写《发文簿》，所有文书原稿均由行政人事部分类存档备查。

3. 行政办公室发出的学习文书，需附上学习进度表；阅读者需认真学习并签名备注。

4. 按时间、内容等降序排列，整理归档，坚持平时归档与年终归档相结合，对照编号列出整理清单。

5. 根据文书的时效性和保存的价值性，对文书进行整理销毁；须上级审批同意，方可销毁。

6. 办公室负责人为第一责任人，若发现文书丢失，办公室人员必须查明原因，如实向主管部门报告，若未查明原因，则由办公室负责承担。

7. 违反以上规定者按照相关规定予以惩处。

第三条 流程设计

起草文书→填写《发文簿》（需要时）→张贴→存档→更新目录（纸质档与电子档）→借阅→清退→审批→销毁

（三）档案管理制度

第一条 管理要点

1. 为了维护档案的真实性和可查阅性，使档案管理更科学、更专业，及时分类、整理、编辑、传递文书资料，提高档案管理质量与效率。

2. 档案管理范围：公司各类证照及各类文件、文书资料、其他应存档的信息资料。

3. 根据文书整理和文件整理编号，对对应资料进行相应的归档、整理、备注，并存入专门的档案文件柜保管。

第二条 制度规范

1. 应归档的文件、材料由办公室人员负责收集，份数齐全，包括附件、批复、定稿等。

2. 所有归档文书材料经过初步整理，根据时间先后顺序再按同一项目文书材料集中整理，并贴上标签。

3. 坚持平时归档与年终归档、定期归档与不定期归档结合，对照编目，列出清单。

4. 各部门需借阅相关档案，须由行政人事部主管签字，审核通过后方可借阅，不得抄录、复制或借出。

5. 档案管理人员必须遵守保密规定，履行保密手续，特别是员工个人信息、公司图片等主要资料的保管，确保档案安全与完整。

6. 档案接收、移交，必须根据档案管理制度严格做好记录。

第三条 流程设计

根据文件、文书目录整理需要归档的档案→排序整理，编制编目→存档→借阅→清退

二、办公用品管理制度

第一条 管理要点

1. 为了加强办公用品管理，规范办公用品管理各项程序，节约办公经费，提高利用效率。

2. 办公用品管理人员负责办公用品的处理和管理工作，权责一致严格要求，无私自挪用现象。

3. 办公用品保管实行“日清月结，出入库等量、年终查存统计”原则。

4. 办公用品的采购，应进行多方比较，保证性价比和质量，择优选用，合理开支。

第二条 制度规范

1. 公司办公用品的采购、保管、发放和办公设备的入库登记由行政办公室全权负责。

2. 办公用品购置应遵循以下程序：每月27号之前各部门将所需办公用品报至办公室，行政办公室根据各部门的需求计划和月末办公用品清算单中的物品实际库存和用量，做出采购计划，经部门主管批准，财务部签字后方可采购。对急用品的采购，可根据具体实际进行灵活处理，但必须经部门主管批准。

3. 根据物品所属类别，对办公用品进行及时出入库登记，注明名称、数量、规格、单价、出入库时间等，做到账物相符。

4. 各部门申领的办公用品需及时发放，并做好填表记录；因特殊情况急需领用未填表登记，事后须及时补填。

5. 任何人未经允许不得进入办公用品管理室，不得私自挪用办公用品。

6. 办公用品管理人员负责收发入、离职人员的办公用品。

7. 办公室建立公司固定资产总账，每年进行一次汇总普查。

8. 管理员定期对办公用品进行盘查，核实库存，保证出入库等量。

第三条 管理流程设计

编制《需求计划表》—— 审批——采购——入库登记——发放——编制需求计划——统计申购情况——月末清算汇总——出库登记

三、图书管理制度

第一条 管理要点

1. 为了让大家有一个良好的借阅环境、快捷的办理手续，规范图书管理工作。

2. 图书管理人员严格按照制度中规定准时到岗，服务到位，保证借还流程有序进行。

3. 根据图书类别，对图书进行编号，并制作目录卡以备员工查阅。

第二条 制度规范

1. 各部门可根据实际工作需要，申请申购图书。

2. 按照各部门的实际需求申购图书，办公室每季度负责采购图书1~2次。

3. 对所有图书进行分类整理，贴上类别标签并编号登记，注明购进日期、作者、出版社及其他有必要的项目。

4. 按照规定时间借阅图书、归还图书；借阅期满，未按时办理续借手续经通知仍未还书者，按照规定进行惩处。

5. 借书人员妥善保管好图书，不得在书中圈点、画线、涂写，如严重损害或丢失图书，需做出相应的赔偿，丢失图书者全额赔偿。

6. 图书管理员定期对图书进行清点，如遇图书丢失，查明原因，报部门主管，按指示行事。

第三条 管理流程设计

1. 申购流程：填写申购单→审批→采购→图书入库登记

2. 借还流程：查阅图书目录卡→填写借阅单→图书卡签字→图书借阅→续借图书，再次填写图书借阅单

四、会议管理制度

第一条 管理要点

1. 为了提高会议质量，促进有效沟通，提高行动能力，进而规范会议管理。

2. 根据公司实际及具体的情况，确定会议召开的必要性。

3. 清楚会议召开目的，合理安排时间，做到少而精，讲究高效原则。

4. 会议负责人有效的控制会议，明确会议召开与否的界限；提高会议主持人控制会议进程的能力与水平，保证会议实效。

5. 按照制度规定，严格会议管理，参会人员准时参加会议，并遵守会议纪律。

6. 会议组织者审时度势，明确会议要点，做好一切准备工作。

第二条 制度规范

1. 收集会议议题，根据选定的议题收集会上所需资料，拟定会议时间、地点等做好会议通知工作。

2. 会议主持人负责会议的召开并负责现场秩序的维护，行政专员负责做好相应的会议记录。

3. 行政专员根据参会人员的发言状况及相关事项，及时整理好会议记要或者会议决议，打印并张贴。

4. 按照时间排列，将所有会议记录文字资料和电子资料同步整理并归档。

5. 会议记录为公司的机要档案，保管人员不得擅自外泄。如需查阅应严格按照文书管理制度规定执行。

第三条 管理流程设计

会前:确定议题、会上所需资料准备、通知→会中:积极参与,做好会议记录→会后:整理会议记录→张贴→归档整理

五、清洁卫生管理制度

第一条 管理要点

1. 为了营造一个良好的工作环境,树立公司形象,保证清洁卫生管理工作顺利进行。

2. 按照规定,清洁人员完成所有规定项目,并达到相应洁净标准。

3. 办公室管理人员为第一责任人,管理所有清洁项目并不定时对卫生进行保持与维护。

第二条 制度规范

1. 清洁区域包括:办公区域、卫生间、会议室、地板及其他纳入在内的区域。

2. 按照排班安排,轮流打扫清洁,行政人事部人员负责卫生检查工作。

3. 清洁卫生实行卫生责任制,办公室管理人员负责管理办公室所有区域的清洁卫生,当日值日生按时做好所有的清洁,监督者及时做好相应的督察。

4. 由办公室管理员不定时对清洁卫生进行维护,保证地面整洁,茶水供应,洗手间的整洁和卫生纸供应等工作。

5. 值日生在规定时间内做好所有清洁项目,填写《清洁卫生值日表》,监督员认真核实,并填写《清洁卫生监督表》。

6. 未按要求清洁者,按照规定予以处罚。

第三条 流程设计

安排清洁排班→完成清洁项目→填值日表→监督检查→填写监督表→办公室人员执行维护→发现问题→执行处理

六、日常事务管理

(一) 接待管理

第一条 来客接待是行政事务的重要组成部分,为使接待工作规范有序,维护公司的良好形象,对接待工作做具体的要求。

第二条 以主动、热情、礼貌为原则,接待人员应落落大方,以礼相待。按照接待要求,严格自己要求,做到言行、礼仪规范。

第三条 接待人员问清来者意图,引领其见所需见的人员,并奉上茶水,做好一系列的后续工作。

第四条 流程设计:接待来访人员→询问来意,需要找的人→通知被访者→引领会见→奉上茶水→送客→整理客人走后清洁

(二) 报刊收发整理

第一条 办公室管理人员按照公司实际需要,订阅报刊,做出计划预算,负责办理订阅的有关手续。

第二条 办公室管理人员负责每日收取报纸并整理放置在公共阅览资料架上,报纸、内部刊物可随意阅览,但不得带出公司或随意撕剪,阅毕放回原位。

第三条 任何人不得随意将公司内部刊物挪为他用。

第四条 报纸每周更换一次,所有报纸每季度处理一次。

第五条 流程设计:收发报刊→整理→放置资料架→定期清理

(三) 后勤管理

第一条 为了认真贯彻公司的各种制度，充分发挥和调动员工的积极性和主动性，根据实际严格制度。

第二条 后勤管理分为日常清洁卫生管理和考勤登记汇总管理工作。

第三条 办公室人员负责每日的清洁卫生监督和维护，及时提醒值日生和监督者做好相应工作。

第四条 根据外出工作人员情况，及时督促其按时填写外出工作时间登记，如实填写时间及外出事由。

第五条 办公室人员每周进行一次外出工作时间统计，每两周进行一次考勤汇总统计，月末根据外出工作时间登记进行总的考勤汇总。

第六条 流程设计：监督→如实审核→汇总登记→报表

（四）文化宣传管理

第一条 负责公司内部文化活动的宣传和落实工作，同时负责公司外部的宣传维护工作。

第二条 根据需要，及时收集信息、加工信息，做好信息传递工作。

第三条 关注国家政策法规，及时记录政策动向，制作简报以供学习。

第四条 收集与工作有关的学习资料，丰富大家的知识面，附上签阅单进行进度跟踪。

第五条 流程设计：获取信息来源→编辑整理→张贴→学习→存档

（五）其他事务

第一条 名片制作、收发传真等其他事务。

第二条 负责公司文书的打印复印工作。

第三条 负责树木花卉的养护工作。

第四条 协助其他部门工作，完成上级交代的其他任务。

附则

第一条 本制度由行政办公室制定，解释权归办公室。

第二条 本办法由总经理核准后实施，修改时亦同。

（资料来源 莲山 课 件 www.5YKJ.com）

第二节 办公日常事务管理

一、办公用品管理

办公用品一般分为低值品和高值品，按照各单位的不同制度规定，低值品价值通常在几百元以下，如签字笔、圆珠笔、铅笔、刀、胶水、胶带、大头针、图钉、曲别针、复印纸、打印纸、便签纸、橡皮擦、夹子、涂改液、记事本、电风扇、线插板、剪刀、钉书机、计算器、电话机、装订机、档案盒、印泥等价值较低的日常用品等，可以由秘书人员自行采购，也可以由单位相关部门统一采购后再领取；高值品通常是指的办公设备，价值从几百元到几千元、上万元不等，如电脑、打印机、复印机、传真机、碎纸机、文件柜、空调、相机、投影仪、办公桌椅等价值较高的物品，这类高值品通常需要经过采购部门统一招标采购，并由资产管理部门进行资产登记与管理。

秘书人员进行办公用品管理时，通常需要经历办公用品采购申请、采购审批、采购、入库、保管与领取、维护与报废等程序。

1. 办公用品采购申请与审批

采购低值办公用品时，秘书人员可以根据领用者需求或者单位办公需要列出办公用品采购清单，并填写《办公用品申请表》，也可以由申请人员直接自行填写《办公用品申请表》，如：

办公用品申领表

申领部门： 科　　**经手人：**　　**日期：**2015 年 3 月 1 日

序号	办公用品名称	型号规格	数量
1	卫生纸	普通	1 件(10 ~ 12 个)
2	打印纸	普通	4 盒
3	文件夹	单夹	5 个
4	……	……	……
5	……	……	……
6	……	……	……

科长签字：　　**处领导审批：**

需要采购办公高值品时，则需由秘书人员或申请人员填写《办公高值品采购申请表》，如：

×××××有限责任公司办公高值品采购申请表

申请部门(公章)：　　**申请日期：**2015 年 3 月 1 日

申请人(联系人)：　　**联系电话：**123456778

<table>
<tr><td rowspan="2">项目
名称</td><td rowspan="2">单位</td><td rowspan="2">数量</td><td colspan="2">预算价格</td><td rowspan="2">规格型号和质量技术标准
(可另附页说明)</td></tr>
<tr><td>单价</td><td>总价</td></tr>
<tr><td></td><td></td><td></td><td></td><td></td><td></td></tr>
<tr><td></td><td></td><td></td><td></td><td></td><td></td></tr>
<tr><td></td><td></td><td></td><td></td><td></td><td></td></tr>
<tr><td></td><td></td><td></td><td></td><td></td><td></td></tr>
<tr><td></td><td></td><td></td><td></td><td></td><td></td></tr>
<tr><td>合 计</td><td></td><td></td><td></td><td></td><td></td></tr>
<tr><td colspan="6">申请原因：</td></tr>
<tr><td colspan="2">申请单位负责人意见：

年 月 日</td><td colspan="3">采购主管单位审核意见：

年 月 日</td><td>主管领导意见：

年 月 日</td></tr>
</table>

1. 本表适用于办公高值品(家具、计算机、打印机、传真机、复印机、数码相机、碎纸机等)的采购项目。

2. 申请单位确定的设备单价必须符合《×××××有限责任公司办公设备标准化配置管理办法(试行)》的限额标准，所申请设备的规格型号和技术参数作为参考执行，采购管理单位有权根据实际情况予以调整。

2. 办公用采购与入库

填写的《办公用品申请表》或《办公高值品采购申请表》在得到批准后，应当交到××××部门统一采买，相关秘书人员及××××部门应当做好供应商的建档工作，编制出常用办公用品的价格表，做好供应商的比较、甄选工作，高值品采购应该做好招标工作，尽最大可能控制好办公用品的采购成本。

在采购的办公用品到货后，应由关秘书人员及××××部门统一签收、保管和发放。××××部门应将购买清单及付款单据交由财务部门，由财务部门与供应商之间进行账款清算，并办理结账手续。

3. 办公用品的领用与保管

根据单位各部门对于办公用品的需求，××××部门可将采购到的办公用品进行发放，发放出去的办公用品应当做好相应的领用记录，明确领用部门、领用人、领用日期等。此外，涉及到高值品领用时，还需要实行资产管理责任制，对每个部门安排相应资产管理员，将高值品使用人、领取人、保管责任人角色统一起来，强化保管责任。办公用品发放后，须明确规定不同各类办公用品的保管使用期限与保管责任，对于因个人工作失误、非正常使用等原因造成办公用品重大异常损耗的，根据个人责任的程度，由责任人承担所造成相应损失部分的赔偿，赔偿额度要根据损坏用品的本身价值与资产管理的报废年限进行耗损折旧核算。

4. 办公用品的维护与报废

办公用品在正常使用的情况下，若出现问题，可以进行维修处理。对在保修期内的保修用品，应联系供应商的售后维修人员进行专业维修，对已过了保修期，但未达到报废标准，需要进行收费维修的且超过一定额度的，应该根据所在单位的相关规定提交《办公用品维修申请表》，经主管领导审批同意后方可联系维修。

对于已经达到报废期限且无法维修使用的办公用品，可以根据所在单位相关规定填写《办公用品报废申请单》，经资产管理责任人确认、资产管理部门检查、主管领导审核批准后可以进入报废程序，报废品原则上由资产管理部门统一回收处理，并在相应的《资产管理用品登记表》或者《高值办公用品登记表》上核销。

对于调动、辞职的员工，在办理相关手续时，应该办理其领用的办公用品的相关清退手续。

二、办公印章管理

秘书人员在工作中处理各种办公文件，经常需要使用到印章。印章使用后，即说明所出文件代表秘书人员所在单位，可作为证明性、标志性、权威性、法律性或者职权性的凭证。因此，办公印章管理是秘书人员重要的办公管理内容之一。秘书人员管理的印章通常包括：公章、专用章(包括合同专用章、财务专用章、发票专用章、及其他专用章)、人名章(包括法人章、法人手签章、主管领导手签章)、银行预留印鉴、部门章等各类印章。印章的管理包括印章的刻制、领取、保管、使用、作废等环节。

1. 印章的刻制

印章的刻制事关重大，国家机关的印章刻制有明确规定，正式单位印章须报公安部门批准后方可刻制或由上级单位负责制发，内部章刻制须到指定部门方可。普通企业类单位公章、各部门章和专用章等的刻制必须报主管领导批准，印章的刻制、变更、注销、归档等工作统一由行政办公室或者行政秘书负责。要刻制新的印章，一般是基于以下流程：

（1）单位内增设机构或机构更名，需刻印章或更换旧章的，须填写《刻章申请单》，报部门主管领导审核签字，部门主管领导签字后，申请部门将《刻章申请单》交所属单位行政办公室，并经单位主管领导批准，单位主管领导批准后由行政办公室按照统一标准刻制后交由使用部门使用。

刻章申请单

申请部门： **申请日期： 年 月 日**

印章名称：	印章样式：（图）
印章用途：	部门主管领导意见：
单位主管领导意见：	
备注：	

（2）新刻制或更新的印章，使用前一律用印油留取印痕，领取人填写《印鉴使用留样登记表》，报行政办公室备查，永久保存。更新印章需交回旧章。有印章的部门撤销后，在规定期限内，主管部门须将印章交还给行政办公室。

印鉴使用留样登记表

使用部门： **登记日期： 年 月 日**

印章名称：	印章样式：（图）
印章保管人：	印章用途：
印章启用时间：年 月 日	印章保管人：（签字）
主管领导意见：	
备注：	

2. 印章领取与保管

对于政府机关单位来说，由上级机关制发的印章要由下级单位持介绍信前往领取或由专人送达，领取时需要当面验章并办理交接手续；由公安批准到指定部门刻制的印章同样要由领取单位持介绍信前往领取或由专人送达，领取时需要当面验章并办理交接手续。企业印章通常由各使用单位前往行政部门统一领取，领取时需要当面验章并办理交接手续。

印章领取后，原则上由使用单位行政办公室或指定行政秘书保管，各部门印章或专用章由部门负责人或部门指定专人保管与使用，不得转借他人。具体而言，印章保管有以下注意事项：

（1）单位正式公章由主管领导授权办公室专人保管并盖章，各类部门专用章由其相关部门指定专人保管并盖章；其中涉及财务的相关印章（包括各种预留印鉴章）由主管领导指定专人保管并盖章，也可委托给财务部门专人保管并盖章。

（2）领导人名章由领导自行保管或由其指定的秘书保管，且应该做到合同章、财务章分开保管，单位在银行的预留印鉴由财务部指定专人保管并盖章。

（3）印章保管责任人因故暂离岗位时，可临时委托办公室其他人员保管，但必须做好交接手续。

（4）各种印章如有遗失或误用的，由印章或专用章管理的部门负责人全权负责。

3. 印章使用

各类印章的保管人，在使用印章时应该严格遵循印章使用规则，即严格遵守用印批准手续，监督用印且进行用印登记。

（1）严格遵守用印批准手续

使用印章时，按照各单位用印相关规定，重要事项均需要详细填写《×××单位用印审批表》，将需要用印的资料或者情况说明报由主管领导批准后方可用印，如：

×××公司用印审批表

用印部门		用印人	
用印材料名称		用印时间	年　月　日
用印类型		用印数量	
部门主管 领导审批		单位主管 领导审批	
备注：			

单位的各类印章原则上只限在单位内部使用，因公外出或特殊情况（成批加盖不方便搬动的证书、报表、文件等）需使用的，必须填写《印章外带登记表》，经部门负责人批准后，报单位负责人审批，用毕后立即归还，如：

印章外带登记表

年 月 日

申请部门		申请人	（签字）
印章名称			
外带时期	年 月 日至 年 月 日		
外带地点			
外带用途及理由			
部门主管领导意见			
单位主管领导意见			
印章保管责任人	（签字）		

此外，单位财务专用章仅作单位对外开具的票据和与单位相关的金融事务以及财务报表的用途，人事专用章作有关人员身份证明、人事调动安排证明时使用审批最为严格，违反使用此类印章时，印章保管人需要负重大责任乃至法律责任。涉及法律事宜需使用印章的，须依有关规定经单位法律顾问或主管领导审核后方可盖章。

(2)监督用印

印章保管责任人在盖章前应对所需盖章的文件进行审阅，如果在盖章材料的内容、手续、格式等方面发现问题或疑问，应请示相关领导。在一些重要的用印情况下，要核对无误后方可盖章。对违反或不符合单位规定的用印，印章管理人员应拒绝盖章。

盖章时，盖出的印章要位置恰当，图案清晰，文字端正，有固定或指定盖章处的材料应在规定盖印处盖章，如果没有指定，盖印人应参照有关规定，选择适当位置盖印，通常盖在文章末尾与年、月、日之间，具体要求上部不压正文、下部不骑年跨月。正式印章应用红色印泥或印油，专用章或其它印章根据有关规定可用红色、蓝色或紫色印泥或印油。

此外，盖章人员严禁在空白纸张上或纸张的空白部位上盖章，盖章的需要复印或保留一份原件存档以备查。

(3)用印登记

各个单位行政办公室与各部门都要准备《印章使用登记表》，印章使用和盖章情况应该在登记表上予以记录，如：

印章使用登记表

序号	用印日期	用印内容	使用人	审批人
1	年 月 日			
2	年 月 日			
3	年 月 日			
4	……	……	……	……

三、值班工作

值班制度在现实生活中普遍存在，其主要工作内容就是保证组织保持内外沟通与联系，及时获取信息并处理问题。秘书人员通常需要参与安排制定本单位的值班制度、编制值班表格等。

1. 值班制度制定

制定值班制度，通常包括值班信息处理制度、岗位责任制度、保密制度、请示报告制度、交接班制度等内容，秘书人员需要结合本单位实际情况将这些制度明确化、实际化、可操作化。

小资料2:值班管理制度

一、本公司全体员工都有值班的责任和义务，值班表由行政办公室秘书组负责制订，值班人员严格按值班安排表值班。

二、值班人员要在各部门办公室或者值班室值班，坚守岗位，按照值班要求做好来电记录、来访接待、安全巡视，并填写好相关值班日志等各类值班表格，保证值班电话24小时畅通，不得擅离职守。当日值班主管人员全面负责当日的值班工作。

三、值班人员要及时处理值班中遇到的情况和问题，按照工作对口原则进行请示和汇报，发生突发事件后按照值班紧急事件处理程序向当日值班主管人员汇报，及时妥善处理。

四、值班人员要做好安全保卫、防火和保密工作。

五、值班人员在交接班前应关好门窗，断水断电，并进行交接班。

六、交接班时，接班人员要提前5分钟到岗接班，交、接班双方人员要当面交接值班钥匙和值班记录，并在值班记录上履行签字手续，做好工作交接。

七、值班人员有事(包括公事、私事)或因病不能值班时，报经当日值班主管领导批准后，可在办公室登记并调换值班时间。严禁擅自不值班或值班脱岗，擅自不值班或值班脱岗的按旷工处理，因旷工、玩忽职守造成损失的，要承担相应责任。

八、由于本人特殊情况不能参加值班的由本人提出书面申请，由部门主要领导批准。

九、值班室的用品由当班人员负责清洗更换。

2. 值班表格编制

值班表格主要包括来电值班来电记录表、值班接待来访记录表、值班日志和值班表等，如下所示：

值班来电记录表

来电时间	来电单位	来电人员姓名	来电内容

来访记录表

来访时间	来访单位	来访人员姓名	来访内容

值班日志

<table>
<tr><td>值班员</td><td></td><td>月　日　时　分</td><td>接待情况</td></tr>
<tr><td colspan="4">值班情况：</td></tr>
</table>

××××有限责任公司××(时间)值班表

(　年　月　日－　年　月　日)

<table>
<tr><td>值班时间</td><td>值班地点</td><td>值班人员</td><td>注意事项</td><td>值班任务</td></tr>
<tr><td></td><td></td><td></td><td rowspan="6">1.
2.
3.
4. X
5. ……</td><td rowspan="6">1.
2.
3.
4.
5. ……</td></tr>
<tr><td></td><td></td><td></td></tr>
<tr><td></td><td></td><td></td></tr>
<tr><td></td><td></td><td></td></tr>
<tr><td></td><td></td><td></td></tr>
<tr><td></td><td></td><td></td></tr>
<tr><td>备注</td><td colspan="4"></td></tr>
</table>

3. 值班工作的主要任务

(1)记录及传递信息

在值班工作中，随时有可能接收到来自单位内外部的邮件、来电、上级指示等等，也随时有可能需要将这些信息传递给相应的对象，因此，值班工作的首要任务是保证所处组织的信息沟通处于通畅状态。在值班期间，值班人员可以处理自己职责权限范围内的事项，对于超过自己权限范围的事项，则要进行及时的记录、传达和请示。

(2)接待来访工作

值班期间，值班人员代表所属单位形象，来访者一般由其接待。接待过程中，要及时做好信息登记，了解清楚来访者的背景、目的、意图。对于符合规定的来访要求予以满足，对职责权限范围内的来访事项进行处理，对于不能解决的事项要予以解释，或者向相关的领导和部门反映、传达，对于提出不合理要求的来访者可予以挡驾、回避或者委婉拒绝。

(3)临时事件或突发事件处理

值班工作中有时要处理好除常规值班事务之外的临时性事件和意外突发事件。如领导临时交办的事项，各类生产事故、交通事故、盗窃事件和不可抗力灾害等，应及时向主管领导反映汇报，保护事故现场，未得到领导指示前，不擅自许诺或做出决策。

(4)值班材料编写

值班材料编写主要是填写值班日志和各类信息登记表等，这有利于保证值班工作的连续性和连贯性，也可以成为值班档案的来源，为后续档案查找利用工作提供依据。

四、备用金管理及报销

在日常办公过程中，通常涉及到一些小额支付，如小额交通费、茶水点心费、停车费、低值办公用品添置费等，这些支付不适宜使用复杂的财务程序或者支票支付，因此，小额备用现金管理及报销工作成为秘书人员常备的工作内容之一。

1. 备用金获取

经主管领导和财务部门审核同意，根据所属单位财务管理制度规定，秘书人员每个个经费使用周期内会获得一定额度的备用金款或者备用金预借款。这笔备用金由秘书人员进行保管，需要完成一定的财务手续才能获取，在备用金使用周期结束后，需要携带相关票据凭证前往财会部门结帐并领取下一周期款项。

2. 备用金管理

在管理过程中，秘书人员要建立备用金专用帐簿，清楚写明备用金收取的日期、金额、支出日期、用途、金额、余额、审批人、经手人等详细信息，并定期进行小结。

在管理过程中，备用金支出通常需要主管领导审批和签字，若非秘书人员本人支出，支出人需使用经主管领导签字的现金凭单和票据方可从秘书人员手中支取现金。

备用金通常存放在备用金专用账户，或者以现金的形式管理，秘书人员要做到公款公用、账户分开、现金专门存放等要求，注意备用金的账户密码安全和现金保管安全，有条件的单位要专门设置备用金和票据专用保险柜，以防遗失。

3. 备用金的报销

备用金的报销是指在每个备用金发放周期即将结束时，秘书人员将有关票据和使用材料整理，按照财务审计手续前往相关部门进行报销的过程。秘书人员进行备用金管理和报销，要了解国家有关票据管理的财务制度，要了解本单位、本部门财务管理的相关要求，提供规范的审批凭证、规范的票据凭证、按照规范报销程序进行报销。

小资料3：

中华人民共和国发票管理办法

财政部令[1993]第6号

第一章　总则

第一条 为了加强发票管理和财务监督，保障国家税收收入，维护经济秩序，根据《中华人民共和国税收征收管理法》，制定本办法。

第二条 在中华人民共和国境内印制、领购、开具、取得和保管发票的单位和个人(以下简称印制、使用发票的单位和个人)，必须遵守本办法。

第三条 本办法所称发票，是指在购销商品，提供或者接受服务以及从事其他经营活动中，开具、收取的收付款凭证。

第四条 国家税务总局统一负责全国发票管理工作。国家税务总局省、自治区、直辖市分局和省、自治区、直辖市地方税务局(以下统称省、自治区、直辖市税务机关)依据各自的职责，共同做好本行政区域内的发票管理工作。财政、审计、工商行政管理、公安等有关部门在各自职责范围内，配合税务机关做好发票管理工作。

第五条 发票的种类、联次、内容及使用范围由国家税务总局规定。

第六条 对违反发票管理法规的行为，任何单位和个人可以举报。税务机关应当为检举人保密，并酌情给予奖励。

第二章 发票的印制

第七条 发票由省、自治区、直辖市税务机关指定的企业印制；增值税专用发票由国家税务总局统一印制。禁止私印、伪造、变造发票。

第八条 发票防伪专用品由国家税务总局指定的企业生产。禁止非法制造发票防伪专用品

第九条 省、自治区、直辖市税务机关对发票印制实行统一管理的原则，严格审查印制发票 企业的资格，对指定为印制发票的企业发给发票准印证。

第十条 发票应当套印全国统一发票监制章。全国统一发票监制章的式样和发票版面印刷的要求，由国家税务总局规定。发票监制章由省、自治区、直辖市税务机关制作。禁止伪造发票监制章。发票实行不定期换版制度。

第十一条 印制发票的企业按照税务机关的统一规定，建立发票印制管理制度和保管措施。发票监制章和发票防伪专用品的使用和管理实行专人负责制度。

第十二条 印制发票的企业应当按照税务机关批准的式样和数量印制发票。

第十三条 发票应当使用中文印制。民族自治地方的发票，可以加印当地一种通用的民族文字。有实际需要的，也可以同时使用中外两种文字印制。

第十四条 各省、自治区、直辖市内的单位和个人使用的发票，除增值税专用发票外，应当在本省、自治区、直辖市范围以内印制；确有必要到外省、自治区、直辖市印制的，应当由省、自治区、直辖市税务机关商印制地省、自治区、直辖市税务机关同意，由印制地省、自治区、直辖市税务机关指定的印制发票的企业印制。禁止在境外印制发票。

第三章 发票的领购

第十五条 依法办理税务登记的单位和个人，在领取税务登记证件后，向主管税务机关申请领购发票。

第十六条 申请领购发票的单位和个人应当提出购票申请，提供经办人身份证明、税务登记证件或者其他有关证明，以及财务印章或者发票专用章的印模，经主管税务机关审核后，发给发票领购簿。领购发票的单位和个人应当凭发票领购簿核准的种类、数量以及购票方式，向主管税务机关领购发票。

第十七条 需要临时使用发票的单位和个人，可以直接向税务机关申请办理。

第十八条 临时到本省、自治区、直辖市行政区域以外从事经营活动的单位或者个人，应当凭所在地税务机关的证明，向经营地税务机关申请领购经营地的发票。临时在本省、自治区、直辖市以内跨市、县从事经营活动领购发票的办法，由省、自治区、直辖市税务机关规定。

第十九条 税务机关对外省、自治区、直辖市来本辖区从事临时经营活动的单位和个人申请领购发票的，可以要求其提供保证人或者根据所领购发票的票面限额及数量交纳不超过1万元的保证金，并限期缴销发票。按期缴销发票的，解除保证人的担保义务或者退还保证金；未按期缴销发票的，由保证人或者以保证金承担法律责任。税务机关收取保证金应当开具收据。

第四章 发票的开具和保管

第二十条 销售商品、提供服务以及从事其他经营活动的单位和个人，对外发生经营业务收取款项，收款方应向付款方开具发票；特殊情况下由付款方向收款方开具发票。

第二十一条 所有单位和从事生产、经营活动的个人在购买商品、接受服务以及从事其他经营活动支付款项时，应当向收款方取得发票。取得发票时，不得要求变更品名和金额。

第二十二条 不符合规定的发票，不得作为财务报销凭证，任何单位和个人有权拒收。

第二十三条 开具发票应当按照规定的时限、顺序，逐栏、全部联次一次性如实开具，并加盖单位财务印章或者发票专用章。

第二十四条 使用电子计算机开具发票，须经主管税务机关批准，并使用税务机关统一监制的机外发票，开具后的存根联应当按照顺序号装订成册。

第二十五条 任何单位和个人不得转借、转让、代开发票；未经税务机关批准，不得拆本使用发票；不得自行扩大专业发票使用范围。禁止倒买倒卖发票、发票监制章和发票防伪专用品。

第二十六条 发票限于领购单位和个人在本省、自治区、直辖市内开具。省、自治区、直辖市税务机关可以规定跨市、县开具发票的办法。

第二十七条 任何单位和个人未经批准，不得跨规定的使用区域携带、邮寄、运输空白发票。禁止携带、邮寄或者运输空白发票出入境。

第二十八条 开具发票的单位和个人应当建立发票使用登记制度，设置发票登记簿，并定期向主管税务机关报告发票使用情况。

第二十九条 开具发票的单位和个人应当在办理变更或者注销税务登记的同时，办理发票和发票领购簿的变更、缴销手续。

第三十条 开具发票的单位和个人应当按照税务机关的规定存放和保管发票，不得擅自损毁。已开具的发票存根联和发票登记簿，应当保存五年。保存期满，报经税务机关查验后销毁。

第五章 发票的检查

第三十一条 税务机关在发票管理中有权进行下列检查：(一)检查印制、领购、开具、取得和保管发票的情况；(二)调出发票查验；(三)查阅、复制与发票有关的凭证、资料；(四)向当事各方询问与发票有关的问题和情况；(五)在查处发票案件时，对与案件有关的情况和资料，可以记录、录音、录像、照相和复制。

第三十二条 印制、使用发票的单位和个人，必须接受税务机关依法检查，如实反映情况，提供有关资料，不得拒绝、隐瞒。税务人员进行检查时，应当出示税务检查证。

第三十三条 税务机关需要将已开具的发票调出查验时，应当向被查验的单位和个人开具发票换票证。发票换票证与所调出查验的发票有同等的效力。被调出查验发票的单位和个人不得拒绝接受。税务机关需要将空白发票调出查验时，应当开具收据；经查无问题的，应当及时发还。

第三十四条 单位和个人从中国境外取得的与纳税有关的发票或者凭证，税务机关在纳税审查时有疑义的，可以要求其提供境外公证机构或者注册会计师的确认证明，经税务机关审核认可后，方可作为计账核算的凭证。

第三十五条 税务机关在发票检查中需要核对发票存根联与发票联填写情况时，可以向持有发票或者发票存根联的单位发出发票填写情况核对卡，有关单位应当如实填写，按期报回。

第六章 罚 则

第三十六条 违反发票管理法规的行为包括：(一)未按照规定印制发票或者生产发票防伪专用品的；(二)未按照规定领购发票的；(三)未按照规定开具发票的；(四)未按照规定取得发票的；(五)未按照规定保管发票的；(六)未按照规定接受税务机关检查的。对有前款所列行为之一的单位和个人，由税务机关责令限期改正，没收非法所得，可以并处1万元以下的罚款。有前款所列两种或者两种以上行为的，可以分别处罚。

第三十七条 对非法携带、邮寄、运输或者存放空白发票的，由税务机关收缴发票，没收非法所得，可以并处1万元以下的罚款。

第三十八条 私自印制、伪造变造、倒买倒卖发票，私自制作发票监制章、发票防伪专用品的，由税务机关依法予以查封、扣押或者销毁，没收非法所得和作案工具，可以并处1万元以上5万元以下的罚款；构成犯罪的，依法追究刑事责任。

第三十九条 违反发票管理法规，导致其他单位或者个人未缴、少缴或者骗取税款的，由税务机关没收非法所得，可以并处未缴、少缴或者骗取的税款一倍以下的罚款。

第四十条 当事人对税务机关的处罚决定不服的，可以依法向上一级税务机关申请复议或者向人民法院起诉；逾期不申请复议，也不向人民法院起诉，又不履行的，作出处罚决定的税务机关可以申请人民法院强制执行。

第四十一条 税务人员利用职权之便，故意刁难印制、使用发票的单位和个人，或者有违反发票管理法规行为的，依照国家有关规定给予行政处分；构成犯罪的，依法追究刑事责任。

第七章 附 则

第四十二条 对国有金融、邮电、铁路、民用航空、公路和水上运输等单位的专业发票，经国家税务总局或者国家税务总局省、自治区、直辖市分局批准，可以由国务院有关主管部门或者省、自治区、直辖市人民政府有关主管部门自行管理。

第四十三条 国家根据经济发展和税收征收管理的需要，提倡使用计税收款机，具体办法另行制定。

第四十四条 本办法由国家税务总局负责解释，实施细则由国家税务总局制定。

第四十五条 本办法自发布之日起施行。财政部1986年发布的《全国发票管理暂行办法》和原国家税务局1991年发布的《关于对外商投资企业和外国企业发票管理的暂行规定》同时废止。

第三节 领导事务管理

一、领导日程管理

具有较强专业素质的秘书人员通常由领导授权安排工作日程，领导日程管理可以为领导节省大量的精力和时间，也可以使得工作更有效率、富有成果。

1. 领导日程安排的原则

(1)充分沟通与了解原则

为领导安排工作日程，第一个重要原则就是要与领导充分沟通并且对领导的性格、工作风格、工作情况有较为全面的了解。领导日程管理没有万能的模板，真正有效率的日程安排都必须建立在对方配合的基础之上，而领导是否与秘书人员合拍，是否能够按照日程安排去工作，就取决于日程安排时对于领导的了解程度以及与领导的沟通程度。

(2)目标导向原则

工作目标是日程安排中的鲜明导向，领导的工作是整个单位工作的一个部分，秘书人员为其安排日程时，一定要考虑到本单位、本部门的目标、任务和工作计划，如与领导个人安排发生冲突，一定要及时汇报，沟通后协调解决。

(3)排序原则

工作事项有轻重缓急，日常事项有多有少，处理周期有快有慢，领导人员在工作中的工作任务非常多，常规工作安排、临时性工作安排、会议安排、社交应酬活动等在日程管理中都会出现。秘书人员应该对这些事项进行记录和排序，区分轻重缓急，按照选远后近、先重后轻、先外后内、先紧急后常规的顺序安排日程。若有一揽子工作业务可以同时解决或统筹解决的，可以将其归类排序，排放到同一日程安排中，避免重复工作，浪费精力。

(4)弹性原则

领导工作事项中，通常既有常规性工作事项，也有临时紧急的例外工作事项，为了避免因临时性安排造成的日程混乱，秘书人员在安排日程时要留有弹性、随机应变，根据事项的紧急轻重程度即时做出调整，将事项的调整情况与变动情况及时告知领导，以免遗忘。

(5)劳逸结合原则

任何一个人都不是工作机器，正常情况下，日程安排中的工作量不可满负荷计算安排，通常要留出三分之一到一半的空间。一方面可以使领导工作有张有弛，不至于过于疲惫，另外一方面也有利于临时性事项的调整安排，不至于打乱全部日程管理布局。

2. 领导日程安排的内容

(1)领导短期工作安排

受领导活动复杂性限制，领导日程长期安排通常不会太具体，大体只涉及每一年度、季度惯例性的活动内容，一般不需要秘书人员进一步安排。为领导做日程安排，主要集中在短期安排方面，尤以每周安排和每日安排最为普遍和常用。

秘书人员通常在每周开始时要求领导告知工作计划，经秘书人员汇总、协调和简单调整后，在每周最后一个工作日或者提前一天告知领导下周日程安排或者次日日程安排，有制度性规定的单位，还要求秘书人员将领导日程发到有关部门备忘。

安排周日程和每日工作进程时，要做到:一要突出重点，最重要的工作放在最佳工作时段，并多次提醒领导，辅助其做好相关准备，提醒其准时参加;二要注重预约，已预约好的事项要提醒领导某一时段的安排，根据预约的重要程度合理安排时间，如要取消，也应第一时间告知对方，陈述取消预约的理由并委婉致歉;三要注重时间管理，将可以统筹整合的工作内容安排到一起，将有难度的工作和较为轻松的工作混合搭配，注重领导时间安排上的弹性与人性化考虑，提高时间利用效率;四要注重沟通，日程事项安排或者变动要及时与相关领导互通信息并获得对方确认，不可自作主张，以防造成时间和工作上的冲突。

(2)领导约见安排

领导约见安排是领导活动的一项内容，如果对方与秘书人员的主管领导已经有约在先并获得领导同意，在取得领导确认后可直接安排时间约见;如果是临时性预约，可在了解对方的背景、姓名、意图、联系方式后，根据领导日程时间安排情况，与领导沟通决定是否需要约见;如果是不速之客，且意图不明的约见者，秘书人员可委婉挡驾，以防给领导造成骚扰和不便。

(3)会议与调研活动安排

会议活动与调研活动是领导人员参与得较多的工作活动，秘书人员安排领导会议活动和调研活动时，首先要了解清楚这类活动参加的必要性，即与领导是否关系紧密，必须要参加；二是要了解清楚这类活动的目的和要求，以便协助领导作相关性准备(如是否需要领导发言，是否为了解决某项问题，活动事项是否在领导职权范围之内等)；三是要了解会议和调研活动其它参与方的基本情况(如参加的主要目的是什么，是否和本单位存在竞争或者合作关系，是否有工作亮点和工作困难，是否需要领导出面协助解决问题等)。

在此类活动中，通常需要秘书人员确定好对方的联络方式与联络人员，了解活动具体安排，以便报备给领导，同时这类活动往往还讲究身份格规格对等，有些还会有仪式类、住宿、餐饮等应酬安排，这些安排秘书人员都要事先了解清楚，为领导考虑周全。

小资料4:领导日程管理

王秘书将接任张总的专职秘书，正在和前任李秘书做交接工作。她们之前交接场景如下：

王秘书:我想首先了解一下张总的工作日程，可以吗?

李秘书:张总这几天日程安排得很满:上午八点半与一位客户经理会谈，下午三点公司内部开会;明天上午八点半在德伦公司与其公司的代表谈合作，明天下午两点到集团公司内部开会……

王秘书:(边听边记录)好的，我了解了，谢谢。(接着王秘书跟张总见了面，汇报了一周的日程安排)

张总:我想在下周四或周五拜访一位老客户，请你打电话预约安排一下。

王秘书:好的，张总。

(下午两点上班时间，王秘书刚想着和张总所说的老客户联系时，前台秘书打来来电话。)

前台秘书:公司在华南地区的总代理赵总来了，正在会客室，他想见总经理。

王秘书:好的，知道了，我会安排。(刚放下电话，德伦公司的代表助理打来电话。)

德伦公司助理:由于特殊原因，我们必须于明天中午乘飞机去德国总部开会，所以，希望能将谈判合作事宜改在今天下午，否则，会谈将无限期推迟。

王秘书:(查看日程表)因为下午张总事先有安排，我们将双方会谈安排在今天下午四点半钟您看合适吗?

德伦公司助理:好的。

(王秘书调整好日程表后向上司汇报)

请根据张总日程安排的变化，重新为张总拟定日程安排表。

二、领导差旅安排

参加会议、实地考察、参观访问、业务洽谈、签订合同等工作都常常涉及到差旅问题，领导参加差旅活动时秘书人员须为其做好差旅安排，以保证领导公务差旅的顺利，使其能在预定时间内高效有序列地完成工作目标。

在领导差旅安排问题上，秘书人员通常需要为其编制差旅计划、准备差旅物品以及具体承办差旅费用手续性事项。

1. 领导差旅计划编制

编制领导差旅计划，即指在固定时间期限内，为领导安排好出行的行程以及差旅期间的日程，主要包括日期、时间、交通工具、食宿、具体工作事项等，如下表：

领导差旅计划表

出发日期	具体时间	交通工具	地点	事项
年 月 日	时 分－ 时 分	城轨	A－B	
	时 分－ 时 分	高铁	B－C	
	时 分－ 时 分	城轨	C－D	
差旅活动日期： 年 月 日－ 年 月 日	月 日上午 月 日下午 月 日上午 月 日下午 ……			
返回日期	具体时间	交通工具	地点	事项
年 月 日	时 分－ 时 分	城轨	D－C	
	时 分－ 时 分	高铁	C－B	
	时 分－ 时 分	城轨	B－A	

2. 领导差旅准备工作

编制好领导差旅计划表后，秘书人员必须为领导做出差准备，准备内容包括：

(1)各类票据

如机票、汽车票、船票、火车票、动车票以及与差旅事宜相关的发票等等，通常秘书人员会提前与领导沟通，再结合领导级别与所属单位有关差旅的制度规定，为领导定好往返票据。

(2)资料类

领导出行前，秘书人员需要为其准备好差旅所需的业务资料，如介绍信、讲话稿、备忘录、合同、协议、邀请函、差旅计划安排表等等。此外，领导差旅目的地的气候、人文、住宿条件、饮食特点、合作方的背景、竞争对手的基本情况等等也属于可以提供的资料范畴。

(3)陪同接待

此次差旅活动有无人员陪同、几人陪同、到达地点有无人员接待、具体接待计划与日程安排如何，都属于秘书人员要事先联络确定好的内容，并将具体情况及时告知领导。

3. 领导差旅费用安排

差旅费用问题在很多单位管理制度中都有相关的明确规定，不同级别领导的差旅补贴、出行工具、出行时间等都有详细描述，秘书人员在安排领导差旅费用时，应该注意以下几点：

(1)差旅费用申请

秘书人员可协助出差领导提交差旅费用申请表，详细说明需要经费的人员、日期、时间、用途、金额等情况，并由领导审批签字后提交财务部门；

(2)请款手续

由于各行各业的财务管理制度中基本上都规定差旅费用的报销应为凭票报销，这里的票据指的是交通票据、住宿票据、缴费票据、餐饮票据等正规票据，在没有私人预先垫款的情况下，差旅计划开始前，须向所在单位的财务部门办理差旅预借款的请款手续。

(3)费用安排

根据各单位管理规定，差旅费用通常包括差旅期间的交通费、餐饮住宿费、正规缴费项目缴费以及出差补助等，秘书人员要按照领导差旅具体情况，结合领导级别与陪同人员级别待遇的相关规定办理订票手续和进行费用安排。

(4)费用报销

领导旅程结束后，须将差旅期间产生的票据及请款金额的余款交由秘书人员，按照规定的财务程序去财务部门办理报销和请款核销手续。若有超支部分，需由出差领导及陪同人员按实缴纳，若有个人垫资部分，须在财务报销手续完成后进行返还。

第四节　辅助人力资源管理

一、员工招聘过程中的秘书辅助职能

员工招聘是现代社会各行各业中常见的工作内容，它通常由各单位的人力资源管理部门或者人事管理部门具体承办负责，由各单位领导和部门领导讨论决定，秘书人员在这些过程中发挥的主要是辅助性的作用。

员工招聘包括员工招募、甄选和聘用等内容，因此，秘书人员在员工招聘过程中的辅助作用也主要体现在这三个环节中。

1. 员工招募环节中秘书人员的辅助作用

员工招募环节中，秘书人员首先要协助制定具体的招聘计划和策略，这是根据秘书人员所属部门人员缺口情况和领导进人意图，先由秘书人员具体细化为招聘计划书，再交领导审核批准的过程。招聘计划书包括招聘的岗位、人员资格要求、人员数量、信息发布方式、招聘对象、招聘方法、招聘经费预算、时间安排等，计划书成文后，交由主管领导审定，再上报给单位人事部门或人力资源管理部门。

再者，秘书人员有时还要承担发布招聘信息和收集候选人信息的工作。一方面，通过招聘网站、单位主页人事网、报刊杂志招聘、电视媒体招聘等形式向社会发布招聘信息，广而告之本单位用人计划与人才需求，另外一方面，通过整理收到的应聘简历和求职申请，挑选推荐符合招聘要求的应聘人员。如有必要，还需对应聘人员的背景和资历等进行真实性调查，并将调查结果上报给主管领导或者人事主管部门。

2. 员工甄选过程中秘书人员的辅助作用

在员工招聘甄选的过程中，秘书人员一般会协助对所有应聘者的情况进行初步的核查、各项测试及面试等等。由于员工甄选主要考察应聘者的知识面、能力、性格和价值观，所以秘

书人员通常要为甄选工作做这四个方面的准备。

在知识方面，人员甄选既考察普通知识，也考察专业知识，普通知识即常识，专业知识即招聘岗位所需要的特定知识。秘书人员可根据本部门本单位知识方面的要求，核对应聘人员是否有相应知识背景或者工作经验，是否有相关资质或者资格证明，以及准备甄选测试内容等。

在能力方面，应聘者由于个体差异，会有不同的记忆力、想象力、观察力、注意力、分析能力、操作技能、应变能力等的个性化特征体现，秘书人员可以辅助搜集或者整理这些人员的相关能力证明材料，或是设计能力性测试环节等。

在个性方面，它体现为行为个体的心理特点的总和，脾气的好坏、内向还是外向、乐观还是悲观、责任感的强弱等，都属于个性的范畴。秘书人员在甄选开始前，可根据应聘者材料对其个性进行简单概括总结，供招聘人员选择时参考，也可协助参与个性测试的设计。

员工的价值观、事业观决定了其工作的动机、态度等等，所有的用人单位都希望能够招聘到做好工作意愿强烈的人员作为员工，即希望员工有强大的工作动力。因此，在招聘员工时通常会对应聘者的价值观和工作动力方面的内容进行关注，问卷测试和面试谈话已经成为测量这项指标的重要工具。秘书人员要在这个环节发挥作用，必须学习和掌握心理学的有关知识，协助招聘人员进行问卷设计和谈话设计，以期达到更好的招聘效果。

3. 人员录用过程中秘书的辅助作用

人员录用分为签订合同、员工入职安置、岗前培训、员工试用、员工转正等几个步骤，秘书人员在这个过程中，主要在合同事务和安置事务方面协助新员工。

员工录用的合同通常包括试用期的规定、签定合同的法律依据、合同期限、签定合同员工的姓名、性别、有效证件及法定社会身份、双方权利义务、员工工作内容、工作条件、报酬福利、工作纪律、变更解除合同的规定、双方违约责任等等内容。秘书人员一方面需要依据《中华人民共和国劳动合同法》和本单位的具体实际情况编写，经领导审批后作本单位聘用合同使用，另一方面可能秘书人员需要协助对新进员工签约事宜进行解释和指导。

在员工入职安置环节，员工报到所在部门的秘书人员通常需要为新员工出示报到安置流程，指导新员工办理人事手续及其他手续，如下图：

××××有限责任公司新进教职工报到流程

欢迎加入×××××有限责任公司！

到人事处××××科（××楼×××室）领取体检表，体检表贴一寸彩照并加盖人事处公章后，到××市××医院体检（地址名称，空腹前往）

↓ 体检合格

把体检表交回×××室。填写新员工信息登记表；交身份证、××证、××证、×××资格证书的复印件；交××银行存折（×个）复印件。

↓

到×××××安排住宿（地址名称）

到×××办理就餐卡协调函盖章；填写××××登记表，×××××登记表（××楼×××）

到××××办理相关医疗事宜（××楼×××室）

↓

到××××办理××卡、就餐卡（地址名称）

↓

到人事处××××科签订聘用合同

↓

到人事处××××科领取报到通知单，到所在部门报到。

↓

报到完毕

负责人：×××　　经办人：×××　　电话：123456678

小资料5：

1. 对症才能下药——招聘渠道要精选

A公司人力资源经理李先生近来一直都困惑不已，每次从人才市场出来后，李先生都有一股沮丧的感觉，一方面是出口部总监急着要“外贸经理”人选，另一方面是李先生每次去人才市场都无功而返。这种的尴尬困境，想必很多人力资源从业者都不陌生，因为在企业的招聘实践中，发生这种情形的频率太高了，这一方面严重地影响了企业的招聘效率和招聘质量，另一方面也加大了企业招聘的隐性成本和显性成本。

那么出现这样的问题，企业应该如何解决呢？从源头上讲，此问题解决方案的关键还是在于招聘渠道的精选。这就正如医学意义上的“对症下药”的道理一样，正所谓对症才能下药。企业在布局招聘流程时，首先需要想到的是“我需要什么样的人”，第二则是“怎样去找到这样的人”。怎样找到这样的人呢？这就需要做好招聘渠道的特性与招聘岗位特性的结合。第一要清晰招聘岗位的特性，不仅要明白“我需要什么样的人”，还要熟知“这些人”的岗位层次、岗位重要程度、所属类别、招募的紧急程度、薪酬区间、市场供求状况、活动频繁区域等；第二要分析各招聘渠道的优点和缺点，如网络招聘有哪些优点和缺点？现场招聘的优点在哪里、缺点在哪里？猎头招聘的优点和缺点是什么？员工推荐的优点和缺点又是什么？只有将各种招聘渠道的优点和缺点了然于胸，才能做到科学选择；第三，就是做好结合工作。拿案例中的“外贸经理”为例，该公司以国外出口业务为主，“外贸经理”职位属于公司重要岗位，招募紧急，合适人选在市场上呈现供不应求状态，这是该职位的关键“特性”，那么根据这些特性，我们就可以将招聘渠道锁定在猎头招聘。因为猎头招聘具有效率高、人员质量有保证的“特性”。同理，具体到其他职位也是如此，关键是要把握好“对症”与“下药”的关系，力争达到“岗位”特性与“渠道”特性最优组合的目标。

2. 重点就要突出——信息发布要讲技巧

多“逛”于人才市场的人，也许都会有这样一个印象：所有招聘海报的格式几乎都是一样的，而且各个招聘职位的排版也几乎没有什么差异。这其实就在某种程度上说明了，招聘信息发布工作没有得到重视。那么企业应该怎样重视信息发布工作呢？具体来讲，在选择了合适的招聘渠道后，企业在信息发布方面要做好两点工作：第一，要明确招聘重点。在将招聘信息对外发布时，企业需要根据不同职位人员需求的轻重缓急来确定每次招聘活动的重点，从而为招聘活动确定一个核心；第二，重点职位要突出显示。一般来讲，企业发布招聘信息的第一层次目的就是吸引求职者眼球，那怎样才能吸引求职者眼球呢？那就是突出显示，在确定了整个招聘活动的重点和核心职位后，企业就需要在排版上对这些职位信息进行突出显示，如放大职位需求信息、加“急聘”二字等，总之，要使这些职位信息能够达到突出、个性、差异的效果。当然，仅做这些还是不够的，企业还需要选择合适的人才服务机构，合适的招聘展位，这些都是招聘信息大范围传播的关键要素。

3. 谁也不愿意等待——等待地点要费心

谁愿意等待？谁也不愿意等待，但在招聘实践中，等待是不可避免的，这样就需要招聘者在等待地点上花费一番功夫。一是等待地点的选择。有的企业可能会安排在前台，有的企业可能安排在部门会议室，有的企业可能安排在培训室，不管选择哪里作为等待地点，企业始终要把握两个原则：其一，不能将等待地点安排在人员来往较为频繁之处，如前台就不是一个合适之处；其二，要能够彰显出企业“尊重人才”的氛围，地点的选择直接影射着企业的用人理念，如果企业要营造一种“尊重人才”的氛围，则就需要在地点上进行慎重选择。二是等待地点的设置。其实任何人员都可能是企业的“服务对象”，通过等待地点的合理设置不仅有利于提升企业的服务形象，企业文化的对外传播，而且也有利于增强企业的人才吸引力，当然也可以有效缓解面试者焦灼等待的情绪，对此企业就可以尝试在等待地点上摆放公司的一些文化宣传手册、企业发展史、外界宣传和评价等，以便于在构建优良企业形象，缓解等待情绪的同时，增强企业的人才吸引力。

4. 寒暄，谁都喜欢——面试发问要铺垫

寒暄，这个基本的礼仪，也许很多人都比较喜欢，尤其是初次见面时，真挚的寒暄不仅有利于缓解彼此“陌生”的心理环境，更是可以营造一种轻松的沟通氛围。那么将这个观点运用到企业招聘实践中，则是要求企业方在面试发问前也要来点铺垫，通过真挚的寒暄来缩减彼此之间的心理距离。如这样的面试：应聘者刚在座位上坐稳，准备迎接扑面而来的“审问”时，结果迎来的却是“座什么车过来的？转车没有？路途辛苦了！”一类的话题，朋友式的开场白很快就拉近人们的心理“距离”，结果整个面试就在愉快、轻松、开诚布公的氛围中渡过。所以说，企业若是真的想在面试中获取应聘者大量潜在的信息，一定也要在发问前来点“寒暄”，如谈天气怎么样，近来比较热门的话题等，一方面通过寒暄的实施来凸显企业对应聘者的关爱和重视，营造一种轻松的沟通氛围，另一方面也有利于实现企业与应聘者由“对弈共同体”向“合作共同体”的转变，达到开诚布公、知己知彼的沟通境界。

5. 察言更要观色——面试观察要“两不误”

正如前文所说，面试环节需要解决的主要问题和核心问题就是最大化的获取应聘者的潜在信息，从而确保后续录用决策的准确性和科学性。那怎样才能最大化地获取应聘者潜在的信息呢？答案是集中两大方面：一察言，二观色。一般来讲，在多数企业开展的面试中，企业方都会采用“STAR”法则与应聘者展开面谈，其实这就是所谓的“察言”，企业方期望通过应聘者讲述过去发生的事件来了解其所具备的能力，但有一点需要注意的是，在“察言”中，企业要把握两方面问题。第一，要注意应聘者的讲述方式。有的应聘者可能会倒着讲述工作经历，有的应聘者也可能顺着讲述工作经历，不管采取何种方式讲述，企业需要注意地就是讲述方式的连贯性，是否具体、有核心，如果应聘者一会儿倒着讲述，一会儿又顺着讲述，给人一种很游离和空泛的感觉，那企业就应该重点关注了。第二，要注意应聘者的语气。语气其实就是心理活动的反映，在关注应聘者语气方面，企业需要留意应聘者讲述的语速，如是否有轻重缓急之处、是否有结巴之处、是否给人一种自信和铿锵有力的感觉。

察完言后，企业还需要“观色”。因为仅仅“察言”还是不够的，尤其是对于那些职场老手来说，即使你再仔细的“察言”，也有可能被忽悠，所以面试中的“观色 ”也很重要。具体来说，“观色”也是要做好两点工作：其一，观面部表情，如脸色是怎样的，眼神是怎样的。其二，观姿态。如坐姿是否有变化、讲述时的手势是怎样的。总的说来，“察言与观色”一方面在于检验应聘者讲述信息的真实性，另一方面则在于获取应聘者潜在的信息，当然在做这方面工作时，面试还不要忘记了记录工作。

6. 策马不忘扬鞭——招聘评估要及时

招聘评估也许是一个很遗忘的角落，因为就通常情况来讲，企业对招聘关注更多的是原定的招聘目标是否完成，这其实就是一种结果导向式的评估，但熟知绩效管理的从业者都知道，绩效管理不仅需要评估结果，也要评估过程，所以，企业招聘评估的焦点就需要集中在已发生的招聘活动的过程和招聘结果这两大方面。首先，在过程评估方面，企业要关注是否有突发事件、突发事件是否得到了合理解决、计划与实际是否有差异之处、是否存在明显的纰漏之处等几大指标，而在招聘结果方面，企业主要是锁定三大关键指标，一是成本核算，二是实际到位人数，三是应聘总数。与此同时，在开展招聘评估工作时，企业还需要把握的一个关键点就是及时，通常来讲，在完成每个项目或阶段性的招聘活动后的一个月内，企业就需要开展招聘评估，因为一旦绩效评估与招聘活动的间隔时间过长，绩效评估的激励力度就会呈现出递减之势，所以招聘评估的及时性工作也是整个招聘流程需要把握的一个重点。（《员工招聘流程的六个重要节点》，卓博人才网［引用日期 2013－03－20］）

二、员工管理过程中的秘书辅助职能

员工管理主要涉及到员工纪律管理、员工劳动关系管理、员工沟通管理、员工工作情况管理、员工人际关系管理等方面内容，秘书人员做为领导的助手，有必要为管理员工工作提供一些必要的辅助性帮助。

1. 辅助规范性职能

在员工管理过程中，秘书人员的辅助规范性职能体现在三个方面：第一方面，秘书人员协助领导编制和撰写单位员工管理的各项规章制度、劳动纪律等制度规范性文件，作为员工管理的纪律性依据；第二方面，秘书人员还参与引导员工遵守公司的各项规章制度、劳动纪律的工作，以培养员工的遵守纪律的意识，在某种程度上对员工行为起规范约束的作用；第三方面，在劳动关系处理中，员工劳动争议处理、上岗、离岗手续办理、员工申诉、人事纠纷和意外事件处理过程中，秘书人员都要发挥协助作用，帮助相关人员按规定的规范性程序处理和解决问题；第四方面，在员工绩效考评工作中，秘书人员通常要参与制定单位的考评标准和体系指标，并具体执行部门考评程序，往往在年终进行绩效核算时，秘书人员要拿出可作考评依据的规范性材料和统计性资料，以客观事实证明考评工作的科学性、客观性、公平性，保证绩效考评顺利进行并为员工所接受。

2. 辅助协调性职能

在员工管理过程中，秘书辅助协调性职能主要体现为工作协调和关系协调。在工作协调方面，秘书人员可以在职权范围内帮助员工熟悉工作环境、工作伙伴 与单位内各个部门，协助其建立良好的工作关系；在关系协调方面，秘书人员一方面可以引导员工建立良好的人际关系，另一方面可以通过畅通上下沟通渠道，帮助员工和领导之间进行双向沟通，建立良好的上下级关系。

此外，现代社会中越来越多的用人单位开始关注员工心理健康和员工工作满意度等问题，因此，秘书人员还可组织员工心理健康和员工工作满意度调查，通过分析调查结果，及时帮助领导了解和把握员工的心状态和工作心态，这有利于针对谣言、怠工等不良情绪进行预防、检测及处理，也有利于及时发现和引导、满足员工需求。

3. 辅助信息性职能

秘书人员是一个组织中的信息中心，组织中的每一个员工既是组织中信息的接收终端，也是信息的发出来源，还可以是信息的需求方与过渡方。工作过程中，秘书人员可为组织领导和组织员工提供有关国家法律、法规、公司政策、个人身心等方面的信息的传递、加工、咨询服务等，协助他(她)们平衡工作与生活，更好的满足组织各方的信息需求，提高各类信息的利用率和使用效益。

三、员工离职过程中的秘书辅助职能

1. 辅助规范性职能

在员工离职程序中，秘书人员常发挥的辅助作用有制度规范性辅助和离职程序性辅助两种。就制度规范性辅助而言，秘书人员要协助管理人员撰写和完善员工离职管理的规章制度，编制相关规范性表格等，如：

×××有限责任公司员工离职管理办法

1 **目的**:为规范本公司员工离职行为，确保各项工作平稳过渡转移，特制订本办法。

2 **适用范围**:本办法适用于×××有限责任公司全体员工离职处理程序。

3 **离职**

3~1 员工因故辞职，应填写《员工离职申请表》(附件一)，并报所属部门主管领导与人事部门审核。

3~2 本公司正式员工离职应于提前一个月提出书面申请，试用期员工离职应提前一周提出申请。

3~3 员工因严重违反公司规章制度而需要离开工作岗位的，作辞退处理，有关辞退条款，依《××××有限责任公司员工管理办法》执行。

3~4 离退休员工合乎退休条件时得自动申请或命令退休，有关退休条款，依《××××有限责任公司员工管理办法》执行。

4 **工作移交程序**

4~1 员工获准离职时，持由人事部门发出的《离职通知书》(附件二)依规定办理移交手续。

4~2 离职员工应填写《移交登记表》一式三份(附件三)，经所在部门行政秘书对照清点无误后，交人事部门盖章。

4~3 移交事项应包括各种财会凭证、现金、工作用品、业务文件资料以及其它应移交工作事项。

4~4 离职人员为主管/经理以上级别人员时，由其直属领导负责监督移交工作。

4~5 离职人员办完离职手续后，可前往人事部门结算工资。

5 **违规责任**

5~1 员工离职时必须办妥离职手续，否则员工本人将承担由此造成的损失，必要时将要求其承担法律责任。

5~2 凡违纪辞退、除名的员工，公司不事先通知和作任何补偿。

6 **附则**

6~1 本办法由人事部门制定。

6~2 参考文件 :《×××有限责任公司员工管理办法》

6~3 附件

附件一:员工离职申请表

×××有限责任公司员工离职申请表

姓名		所在部门	
入职日期	年　月　日	合同有效期至	年　月　日
岗位		离职类型	
申请日期	年　月　日	预计离职日期	年　月　日
离职原因说明			
对公司建议			
所属部门意见			
人事部门意见			
总经理意见			

附件二：离职通知书

×××有限责任公司员工离职通知书

××××部：

××部门员工×××已于2010年05月10日正式办理离职手续，本人所领用物品及所负责工作交接完毕后，可持《移交登记表》结算本人工资。该员工自离职手续办理当日起即停止考勤及工资统计，并不再享受我公司各项福利待遇。特此通知！

×××有限责任公司人事部

2010年5月11日

附件三：移交登记表

×××有限责任公司员工离职移交登记表

姓名：	部门：	职位：	离职日期：　年　月　日	
序号	应办事项	经办单位	经办人盖章	扣款金额
1			（盖章）	
2			（盖章）	
3			（盖章）	
4			（盖章）	
5			（盖章）	
6			（盖章）	
7			（盖章）	
……	……	……	……	……
注：1. 上述事项必须办理清楚方可离职； 2. 离职员工凭本表及离职通知书前往财务部门办理工资结算。 3. 本表一式三份，一份交财务部门，一份交人事部门，一份自留。				

就离职程序性辅助而言，秘书人员只需要按有关制度规定提供离职人员必要的帮助即可。

2. 辅助信息性职能

在员工离职过程中，秘书人员还具有辅助信息性职能，可以通过与离职员工的谈话和手续办理过程了解员工离职的原因等信息，并可据此协助领导者调整招聘、用人的规章制度与方法等等，促进单位员工管理优化发展。

一般而言，社会发展的趋势、人才市场的竞争、新法律的出台、制度规章的调整、交通状况的变化等是影响员工离职选择的主要外部原因，工资福利待遇、领导管理风格、职业规划发展、工作压力与工作性质、职场人际关系等是影响员工离职选择的内部原因，家庭情况变化、个人性格、个人需求动机、工作情况等是影响员工离职选择的个人原因。

员工离职会造成用人单位人员流动，这种流动如果控制在一定的比例范围内，有利于促进竞争和优胜劣汰，增强用人单位的活力，优化年龄结构和知识、个性、能力结构，从而推动用人单位人力资源管理的良性发展；与此同时，若是用人单位人员离职率太高，流动性太强，则会增加用人单位的招聘、人员培训、员工培养锻炼等离职重置成本，使得人心浮动，工作效率低下，从长期来看，不利于用人单位的良性发展。

秘书人员在进行离职谈话和员工离职原因登记总结时，应该及时的收集和补充员工离职的动因，并以此为依据，建议领导在员工招聘、人员培训、人员管理、人员奖惩等方面进行完善，更加关注员工心理和人性化制度安排，为用人单位留住更多更好的人才。

第五节　秘书文档管理

秘书文档管理，包括秘书文件管理和秘书档案管理，两者结合，构成秘书人员办公文字管理的主要内容，是任何行业秘书从业人员都必须掌握的管理技能。

一、秘书文件管理

文件是在特定组织中由特定人员编写的具有一定效力的公务性文字资料，包括上行文（如报告、请示、函）、下行文（命令、决定决议、通知、通报、批复、会议纪要）和平行文（议案、通知、函、会议纪要），而秘书文件管理则指的是秘书人员对处理这些文件资料的工作程序的总和，旨在使文件工作中的人、财、物、时间、信息等资源达到帕累托最优（Pareto Optimality，也称为帕累托效率，是指资源分配的一种理想状态，即资源分配效益达到最优化的一种分配状态）。

1. 秘书文件管理的主要内容

文件管理的主要内容就是根据组织运行的需要，及时的创制、加工、整理、传递、保存、处理文件，为组织运行提供有效的信息，整个处理过程必须及时、准确、安全、统一规范。

（1）文件创制、加工、整理

文件创制即根据工作任务和工作要求，收集有关的信息材料进行整合，以公文化语言进行描述表达并形成文稿，经领导审核批准后，以正式文件形式下发的过程。文件加工是指在原有文件的文稿基础上，根据现实情况的变化和工作要求，对原有文稿进行增加和删减的过程。而文件整理，则是在原有一份文件或者几份不同文件的基础上，将其内容和文件结构根据新的工作要求进行重新排序安排的过程。

（2）文件的传递

经过创制、加工、整理的文件发出后，需要根据有关发文制度经多种传递方式（如专人派送、远程邮寄、电子邮件、传真等）传递给文件接收者。在现实工作中，文件传递往往不是单向的，且一次传递不代表传递过程结束。文件接收者要根据发文者的要求进行回复、进一步传递、返还或者办结处理。

（3）处理文件

根据职责要求，秘书人员接收文件后必须进行处理，经过分办、批办、拟办、承办、传阅等工作环节后，根据文件处理规定进行处理，或根据文件内容要求进行回复。对于具有保存价值的文件，秘书人员可做好它的收文登记并进行分类，放置入专用的文件袋或者文件盒中，做好检索待查；对于涉密文件要按有关保密规定处理；对于需要送还的文件要及时送还给发文部门；对于办结无效的文件，可以暂存或者使用销毁。

2. 秘书收文办理流程

秘书书文办理流程，即秘书人员收到文件后进行文件处理过程，包括签收、拆封、登记、分办、传阅、拟办、批办、承办、催办、注办、归档，其中传阅、拟办、催办为非必选项。

签收文件时，要清点核对份数，看看对方是否发对了地方，不是本单位本部门的文件要提醒送件人员，或者放在一边待处理，紧急文件要先签收。

拆封文件时，首先要核对信息，非收件人不可拆封文件，拆封时要小心细致，不要随手一撕，应用刀剪沿封口小心拆开，以免损坏文件，拆封后的信封要进行销毁处理。

登记文件时，应在收文登记表或者收文登记卡片上进行登记，如：

×××××有限责任公司收文登记表

序号	收文日期	文件名称	发文机关	份数	处理意见	备注
1	月　日					
2	月　日					
3	月　日					
4	月　日					
5	月　日					
……	月　日					

进行文件登记时要分清楚轻重缓急，急件随到随登，普通件按照正常收文程序登记，尽量做到当日文件当日登记，登记序号准确，不使用易产生歧义的简称和含混不清的表达。

分办文件时，要分清办件与阅件，按主次依手续分发，注意文件分办的发送范围。

传阅文件时，要注意传阅的范围，一般由发文单位指明或者与文件范围相关的人员才是传阅对象，传阅后要及时清查，保证文件不遗失、不流出。

拟办文件时，对秘书的政策水平和专业知识有一定的要求，通常在我国各级政府政策研究室秘书人员群体和企业高级主管助理秘书群体中适用，秘书人员须将“拟办意见”填入文件随附的文件处理单中，如：

×××××有限责任公司文件处理单

文件编号：　号　　　　时间：　年　月　日

来文单位		来文日期	年　月　日
来文名称		文件受理号	
文件内容			
拟办意见	拟办人：		
总经理意见	总经理：（签字）		

批办时，领导在对文件进行认真阅读分析后提出处置意见，若要加快批办速度，领导可直接电话告知秘书人员其批办意见，并指定承办部门办理。

承办时，有关工作人员要按领导的批办意见具体贯彻执行，解决具体公文中所针对的事务和问题。在承办事项处理时，同样要分清轻重缓急，提高速度的同时还要办出结果。

催办即文件处理管理机构根据文件的承办时间限制和其他要求催促承办部门和承办人员加快文件办理速度。

注办即将文件的处理结果在相关处理单上注明，以备忘待查。

归档即指文件办结以后，对处理完毕的公文进行整理并归入相关档案。

3. 秘书发文办理流程

秘书发文办理流程，即指秘书人员以本单位名义制发公文的过程，包括拟稿、审核、签发、编号、缮印、校对、盖章、登记、封发、立卷、归档等步骤。

拟稿。就是草拟文件的初稿，这是发文处理的第一步，关系到文件质量与可行性。拟稿首先要符合国家法律、法规、政策、规定等；其次要情况属实、条理清晰、表达明确、逻辑严谨、表述规范、言简意赅；第三不得超文件发出部门的职权范围，不得违反发文规定。

会签即发文时，发文部门领导应在所发文件“核稿”栏签字；撰拟文件内容涉及到其他部门职权范围内事项时，需与其他部门协商，取得一致意见后方可行文，若不能取得一致意见，则须将各方观点及依据陈列，并经有关部门会签后报请上级部门裁定。

核稿即在文件送领导签发前，由办公室分管文字的负责人对文件草稿进行审核。审核的重心是依据公文的基本要求，对草稿的体式、内容等进行全面的检查，审查是否有需要行文，行文方式是否妥当，是否符合行文规则和有关要求等。

签发是指领导人或者被授予权限的部门领导对文稿终审核准后，在正式定稿上批注并且签名，这是领导对文稿的最后审批，文件草稿经领导签发后，即成为最后定稿，文件从此生效。

编号是指文稿签发后，要进行编号登记，防止发文混乱。编号应按文件格式规定的方法编排，一般包括发文代字、发文年号和该年度发文序号三部分组成，如，校党字[××××]第×号。

缮印是指以誊录抄写、印刷、电子邮件等方式对签发后的文稿进行印制，在缮印过程中，不得擅改定稿，注意版面设计的美观大方，注意保密。

校对是文件制发过程中的一个重要环节，也是进行文件把关的一个重要步骤，一般而言，文件制发要要坚持三校制度，即一校由起草者进行，二校由核稿人员进行，三校由部门负责人进行。校对时要以文件定稿为基础，进行认真仔细地校对，防止出现错别字或者标点符号错误，影响文件严肃性。

用印即指在印毕的文件上加盖发文单位公章，或请有关领导签注姓名的过程，这表示文件的正式性质和规范约束性效力，这是公文生效取信的凭证。用印要做到端正、清晰、位置恰当，即所谓“上不压正文，下不要骑年盖月”。

分发文件时，必须建立发文登记簿，严格履行收文人签字手续，保证文件发放不出差错。

立卷归挡是发文处理工作最后一道程序，即将制成的文件连同文稿一起，按正文在上、草稿在下的顺序收集起来。进行立卷归档时，要将需要整理归档的文件区别鉴定保管年限，并拆除装订障碍，修补不合规范的文件，编写文件页号，填好档案登记表，整理归档，最后在年终向档案管理部门移交。

小资料6：

××××处文件管理规定

为使我处公文处理工作进一步规范化、制度化，提高公文质量和公文处理效率，保证公文的严肃性，根据《×××××××××文件控制程序》和《×××××××××××××公文处理实施细则》，结合我处实际情况，特制定本办法。

一、文件管理程序

(一) 发文程序

拟稿→拟稿人签名→科长(所长)审批→主管副处长审批→处长审批→拟稿单位修改核稿→印制(一式三份)→用章→使用单位发放→××处备案→文件归档

(二) 收文程序

收文→登记→处领导批阅→项目负责人承办、落实→××处检查督办→文件归档

(三)文件的发放

各单位确定文件的发放范围，负责发放，并交一份给××处备案。发文单位建立《文件发放登记表》，注明发放编号，由领用者签收；收文单位填写《收文登记表》，文件资料管理人员妥善保管本单位文件。

(四) 文件格式、用章

部门制度及内部通知、在××内的行文，采用部门公文版头，使用"××××××××××××××××××管理处"红头发文纸，加盖处公章。

(五) 文件的保存、保管及传达

重要的文件以及与单位人员切身利益相关的文件，各单位必须传阅后整理与归档。在资料管理人员工作岗位变动时，应按规定进行资料移交。

(六)文件的形式有文字、图表、声像等，载体可用纸张、胶片及电子媒体等。

二、公文处理规定

(一)××处常用的公文种类主要有：

1. 通告 2. 通知 3. 通报 4. 意见 5. 报告 6. 请示 7. 函 8. 会议纪要

(二)公文格式规范：

1. 公文格式主要包括标题、主送机关、正文、附件、成文日期、印章、主题词、抄送机关、用纸规格等内容。

2. 公文标题应当准确简要地概括公文的主要内容并标明公文种类，一般不使用标点符号。标题居中，用2号字加粗。

3. 主送机关指公文的主要受理机关，应当使用全称或规范化简称，在标题下空一行，正文之前顶格打印。

4. 正文是公文的主体部分，要求情况确实、观点明确、文字精炼。在主送机关下一行左空2字为正文内容，用4号字。

5. 附件是正文的补充说明或有关参考资料。公文如有附件，应当置于正文之后，与正文装订在一起，并在正文下空1行、左空2字标识附件顺序和名称，顺序号用阿拉伯数字，名称后不加标点符号。

6. 单一机关制发的公文在落款处不署发文机关名称，只标识成文日期(右空4字)，印章要端正居中地盖在成文日期上；联合行文须加盖两个印章时，成文日期左右各空7字，主办机

关印章在前，落款处亦不署发文机关名称；联合行文须加盖三个印章以上时，应在落款处署发文机关名称，每排最多三个印章，最后一排如余一个或两个印章时，须居中排布。

7. 附注一般是公文的发放范围、使用时须注意的事项说明，如“联系人”等，而不是对公文的内容进行解释或说明。对公文的内容进行解释或说明一般在公文正文中用句内括号或句外括号的方式解决。

公文如有附注，应加圆括号、左空2字标识在成文日期的下一行。

8.“请示”应当在附注处注明有关工作的联系人及联系电话。

9. 当公文排版后所剩空白不能容下印章位置时，而应采取调整行距、字距的方法解决。

10. 公文用纸为国际标准A4型，左侧装订。

11. 公文字体统一用仿宋体。

（三）行文规则

1. 向上级机关行文，一般只能主送一个上级机关，不宜多头主送，以免责任不明。如需其他相关的上级机关阅知，用抄送形式，但不得抄送其下级机关（“请示”一般不抄送）。

2.“请示”和“报告”要分开，公文标题中不得使用“请示报告”字样。“请示”应当一文一事，“报告”不得夹带请示事项。

（四）草拟公文应注意以下事项：

1. 结构层次序数，第一层为“一”，第二层出为“（一）”，第三层为“1.”，第四层为“（1）”。

2. 使用简称时，应当先用全称并注明简称。

3. 公文中的数字，除成文日期、部分结构层次序数和在词、词组、惯用语、缩略语的数字必须使用汉语外，均应使用阿拉伯数字。

4. 文稿内容涉及其他部门职权范围内的事项，拟稿单位应和相关部门会稿，并由相关部门负责人签署意见及姓名、日期。

5. 提交处领导审核的文稿，须在落款位置上签上拟稿人的名字（手写）。

（五）公文监印生效后，由拟稿单位负责发送。

（六）重要文件形成过程的底稿由各拟稿单位文书处理人员负责收管。

全体工作人员，应当高度重视公文处理工作，严格遵守本规定，努力提高公文处理工作的质量和效率。

附：常用公文式样

××××年××月××日

主题词：×× 文件管理 规定

××××××××××××××××××管理处　　　　×××××年××月××日印发

小资料 7：

××××××××××××××××公文处理实施细则

第一章 总 则

第一条 为使××公文处理工作进一步规范化、制度化，提高公文质量和公文处理效率，保证公文的严肃性，根据××省人民政府办公厅和××××有关文件精神，结合××实际情况，特制定本实施细则。

第二条 ××的公文，是××实施领导、处理公务的具有特定效力和规范格式的文书，是传达贯彻党和国家的方针、政策，发布规章制度，请示和答复问题，指导、布置和商洽工作，报告情况，交流经验的重要工具。

第三条 公文处理指公文拟制、办理、管理、立卷归档等一系列相互关联、衔接有序的工作。

第四条 公文处理应当坚持实事求是、精简、高效的原则，做到及时、准确、安全、保密。

第五条 机关工作人员，特别是领导干部应当高度重视公文处理工作，严格遵守办文规定和制度，努力提高公文处理工作的质量和效率。

第六条 ××办公室是××公文处理的归口管理机构，主管并指导××职能部门的公文处理工作。各职能部门应有专人兼管公文处理工作。

第二章 ××自制公文处理

第七条 ××常用的公文种类主要有：

（一）决定：适用于对重要事项或重大行动做出决策和安排。

（二）通告：适用于在一定范围内公布应当遵守或周知的事项。

（三）通知：适用于批转××职能部门的公文，转发上级机关和不相隶属机关的公文，传达要求××各单位办理和需要周知或执行的事项，任免和聘用干部。××的规章制度和其他规范性文件，根据实际内容可分别冠以“规定”、“办法”、“细则”等名称，一般用“通知”印发。

（四）通报：适用于表彰先进，批评错误，传达重要精神，交流重要情况。

（五）意见：适用于对重要问题提出见解和处理办法。

（六）报告：适用于向上级机关汇报工作，反映情况，答复上级机关的询问；

（七）请示：适用于向上级机关请求指示、批准。

（八）批复：适用于答复下级单位请示事项。

（九）函：适用于××外有关单位商洽工作、询问和答复问题，向无隶属关系的有关主管部门请求批准等。

（十）会议纪要：适用于记载、传达会议情况和议定事项。

第八条 公文格式规范：参照《国家行政机关公文格式》国家标准施行。

（一）公文格式主要包括版头、发文字号、密级、签发人、标题、主送机关、正文、附件、成文日期、印章、主题词、抄送机关、用纸规格等内容。

（二）发文字号由发文机关代字、年号和序号组成。××发文代字为“党发”、“××发”，分别代表××党委、××行政行文，如“党发〔××××〕×号”、“××发〔××××〕×号”。党政联合行文，使用党委文件字号。此外还有“××教”、“××学”、“××人”等分别代表××对某一方面工作的专门行文，如“××教〔2004〕×号”、“××学〔2004〕×号”。××发文编号归口××办公室。

（三）涉密公文应当在首页右上角标注密级和保密期限，其中“绝密”、“机密”级公文还应标明份数序号。

（四）公文标题应当准确简要地概括公文的主要内容并标明公文种类，上报的公文还应标明发文机关。标题中除发布的规章制度名称和转发的有关文件加书名号外，一般不使用标点符号。

（五）主送机关指公文的主要受理机关，应当使用全称或规范化简称，在正文之前顶格排印。决定、会议纪要等文种不标注主送机关。

（六）正文是公文的主体部分，要求情况确实、观点明确、文字精炼。

（七）附件是正文的补充说明或有关参考资料。公文如有附件，应当置于正文之后，与正文装订在一起，并在正文下空1行、左空2字标识附件顺序和名称，顺序号用阿拉拍数字，名称后不加标点符号。

（八）成文日期以领导人签发的日期为准，联合行文以最后签发领导人的签发日期为准。

（九）公文除“会议纪要”和印有特定版头的党委普发性公文外，应当加盖印章。单一机关制发的公文在落款处不署发文机关名称，只标识成文日期（右空4字），印章要端正居中地盖在成文日期上；联合行文须加盖两个印章时，成文日期左右各空7字，主办机关印章在前，落款处亦不署发文机关名称；联合行文须加盖三个印章以上时，应在落款处署发文机关名称，每排最多三个印章，最后一排如余一个或两个印章时，须居中排布。

当公文排版后所剩空白不能容下印章位置时，不得采用“此页无正文”的方法解决，而应采取调整行距、字距的方法解决。

（十）附注一般是公文的发放范围、使用时须注意的事项说明，如“联系人”等，而不是对公文的内容进行解释或说明。对公文的内容进行解释或说明一般在公文正文中用句内括号或句外括号的方式解决。

公文如有附注，应加圆括号、左空2字标识在成文日期的下一行。

（十一）上报的公文应当在发文字号右侧标注签发人姓名。其中，“请示”应当在附注处注明有关工作的联系人及联系电话。

（十二）主题词是反映公文主要内容的规范化名词或词性词组。公文应当标注主题词，最多不超过7个。上报的公文按照上级机关的要求标注主题词。

（十三）抄送机关指除主送机关外需要执行或知晓公文的其他机关，应当使用全称或规范化简称。

（十四）公文用纸为国际标准A4型（规格：210mm×297mm），左侧装订，张贴的公文用纸大小，根据实际需要确定。

第九条 行文规则

（一）行文应当确有必要，注重实效，坚持少而精。可发可不发的公文不发，可长可短的公文要短。

（二）××的主要行文关系

1. ××党委、××行政可以对上对下行文，也可以与有关单位和兄弟××之间相互行文。以中共×××××××××××××委员会或×××××××××××字号行文，一般是关系全局性的、重要的、方针政策性问题的决定、通知，以及对上级机关呈报的重要事项。

2. ××办公室根据××党委授权，可以向××内各单位行文，主要是传达××领导的批示、布置全局性的具体工作，以及需以办公室名义印发和转发的文件。

3. 各职能部门以××名义行文，须经××办公室审核并按规定程序办理，不得自行以××名义对外对内直接行文。以××名义行文，一般是必须向上级有关部门请示、报告××某一方面的重要工作，或与××外有关单位商洽工作、请求批准的重要业务事项。确需以××名义对外的一般性工作联系和具体业务事项，使用××信函式公文版头，由××办统一编函号，加盖××印章。其他××一般性工作和业务性通知，以及会议上布置过的工作、通报过的事项，一般不以××名义行文。如确有必要行文，以××办公室名义转发或以部门名义行文。

4. 以部门名义行文，不得使用印有××"文件"版头的公文纸和××信函公文版头行文，可采用部门公文版头，自行编部门文号，加盖部门印章（部门行文仅限于在××通知本部门职权范围内的一般性工作和业务事项）。

5. 各××××和××单位不得使用任何形式的公文版头行文。

（三）向上级机关行文，一般只能主送一个上级机关，不宜多头主送，以免责任不明。如需其他相关的上级机关阅知，用抄送形式，但不得抄送其下级机关（"请示"一般不抄送）。

（四）"请示"和"报告"要分开，公文标题中不得使用"请示报告"字样。"请示"应当一文一事，"报告"不得夹带请示事项。

（五）除上级机关负责人直接交办的事项外，不得以××名义向上级机关负责人报送"请示"、"意见"、"报告"。

第十条 发文办理程序

（一）发文办理指以××名义制发公文的过程，即：业务主办单位或××办拟稿（需按规范的文件格式打印成稿）→拟稿单位负责人或××办公室主任审稿→相关单位负责人会签（需要会签的）→××办核稿→××领导签发→××办编号、登记→拟稿人××对→××办印制、装订、用印→拟稿单位登记、发送、立卷归档。

（二）草拟公文应注意以下事项：

1. 公文文稿首页须使用"发文稿纸"，拟稿人须在"发文稿纸"上签署姓名和拟稿日期。

2. 以××名义上报和下发的综合性文件由××办公室起草；××某一方面工作的文件由相应的职能部门起草。起草重要的或者上报的文件，应当由部门领导亲自动笔或亲自主持、指导起草。

3. 文稿内容要符合国家的法律、法规和方针、政策，并注意与××有关政策、制度的衔接、协调；提出的措施、办法应切实可行。

4. 情况确实，观点明确，结构严谨，层次分明，语言精炼，字词规范，标点正确，篇幅力求简短，避免空话、套话。

5. 人名、地名、数字、引文正确。引用公文应当先引标题，后引发文字号。引用外文应当注明中文含义。日期应当写明具体的年、月、日。

6. 结构层次序数，第一层为"一"，第二层出为"（一）"，第三层为"1."，第四层为"(1)"。

7. 应当使用国家法定计量单位。

8. 使用简称时，应当先用全称并注明简称。

9. 公文中的数字，除成文日期、部分结构层次序数和在词、词组、惯用语、缩略语、具有修辞色彩语句中作为词素的数字必须使用汉语外，均应使用阿拉伯数字。

10. 文种、格式使用正确。

11. 须定密的公文应按××有关保密制度的规定做好定密工作。

(三)文稿内容涉及其他部门职权范围内的事项，拟稿单位应和相关部门会稿，并由相关部门负责人签署意见及姓名、日期。

(四)公文文稿送××领导审批、签发前，由××办公室进行审核，以协助××领导保证公文的质量。审核的重点是:是否确需行文，以何形式行文，是否符合行文规则，公文内容、文字表述是否恰当，文种使用、公文格式是否规范。对不符合要求的公文，可将文稿退回拟稿单位修改、补充材料或直接予以修改。职能部门以××名义草拟的文稿交××办公室审核前，须经该部门领导审核。审稿的重点参照上述要求。

(五)××办公室对一般公文实行“二次核稿”制度，即秘书一核，秘书科科长二核;重要的或者上报的公文实行“三次核稿”制度，即增加由办公室分管主任最后核稿把关。

(六)经审核后的文稿由××办公室送有关××领导签发。拟稿单位不得将文稿直接送××领导签发。

(七)签发是决定公文最后定稿和批准发出的关键环节，文稿经××领导核准签字后即成为定稿，并据此生效，签发人代表××在内容、文字上对公文的正确性负完全责任。××领导审批、签发公文应认真负责，严格把关，并明确签署自己的意见、姓名和日期。

(八)签发公文工作分工，一般由分管××领导签发;其中涉及重大问题的，分管××领导应提交×××办公会或党委办公会讨论同意后再签发。

(九)××对由拟稿单位负责，××办公室实行末××把关。××对人员须在“发文稿纸”上签署姓名和日期。

(十)公文正式印制前，由××办公室进行复核，重点是:审批、签发手续是否完备，附件材料是否齐全，格式是否统一、规范等。

(十一)公文监印生效后，由拟稿单位负责发送。

(十二)对于按发文程序处理完毕的文件，文件形成过程的底稿和印制件2份由各拟稿单位文书处理人员负责收管，年度送档案室归档立卷。

第三章 外来公文的处理

第十一条 外来公文的处理亦称收文处理。收文处理指对收到公文的处理过程，主要包括接收、登记、拟办、批办、传递、签收、承办和催办等程序。

第十二条 上级部门的来文、重要函件、秘密刊物等均应编号登记。登记要及时，以防漏登、压误。

第十三条 所收公文由××办公室分管主任提出拟办意见。对需××领导阅示的公文，应根据其内容和领导的分工，注明主送领导;对需要办理的公文，要注明主办和协办单位;对有时限要求的公文，要注明办结时间。

第十四条 ××办公室文书处理人员要按照办公室领导注批的拟办意见，及时、准确地分发传递文件。文件传递一般应先送主要领导、主管领导和主办部门;急件可先送主办部门，后送××领导。文书处理人员应随时掌握公文去向，避免漏传、误传和延误。

第十五条 凡登记在册的文件在传递交接时，要履行签收手续。签收字迹要清晰、易识，要写姓名和收到日期。一般件注收到月、日，急件注收到时间。

第十六条 ××领导批阅文件一般不超过两天，急件应及时批示。

第十七条 承办部门收到交办的公文应按批办意见和文件要求及时办理，不得延误、推诿。承办事项涉及其他部门的，承办部门要主动与有关部门协商办理。传阅的文件不应超过两天，如遇周末，应在当天送还。承办部门办结后应在文件处理笺上注明办理情况，并将办理结果及时向有关领导汇报。对指定期限上报的文件，承办部门应按要求提前作好准备，留出交××办公室办文的时间，避免临时报批文件的情况。若注批承办单位不当，或因特殊情况不能在规定时间内办完，须及时予以说明。

第十八条 送××领导批示或者交有关部门办理的公文，由××办公室文书处理人员负责催办，紧急公文跟踪催办，重要公文重点催办。

第十九条 ××办公室文书处理人员对收到和发出的公文，应经常核对，定期清缴，做到文帐相符，并分类立卷，年度移交档案室存档。

第四章 附 则

第二十条 本实施细则自发布之日起施行。

第二十一条 本实施细则由××办公室负责解释。

二、秘书档案管理

秘书档案管理工作就是指秘书人员在工作中运用科学的方法管理工作中形成的具有保存意义和价值的文件资料并使其为工作需求服务的活动，它包括档案收集、整理、保管和提供利用四个环节。

1. 档案收集

档案的收集是指将分散的文件资料等进行归档，并向档案管理部门移交的工作。

(1)档案收集的对象

档案收集的对象是在日常工作中形成的各种文件资料，具体包括：

文件类资料，包括上级部门发来的各种文件、下级部门发来的各种文件，平行部门发来的各种文件以及本部门发出的各种文件。上级部门发来的各种文件包括命令、决定、决议、规定、通知、批复等，下级部门发来的各种文件包括请示、汇报等，平行部门发来的文件包括各种函件、通知等，本部门发出的各种文件包括上行文件、下行文件和平行文件各类。

会议材料，指的是本部门在一定时间段内举办的或者参加的会议的相关资料，包括会议通知、会议报告、会议决议、会议总结、会议纪要、领导发言稿、典型发言稿、会议简报、会议记录、会议音像资料和电子文档等。

部门业务资料，包括业务往来签订的合同、协议书、客户资料、谈判资料、业务技术资料、业务活动资料、业务成果资料等等。

部门人事资料，包括领导任免文件材料、员工奖励惩罚文件材料，员工劳动、工资、福利等方面的文件材料。

部门资产材料，包括本部门财产、物资等的统计数据和管理数据材料。

部门其它资料，如部门内部总结、参加各种活动的记录性资料等等。

(2)档案收集工作注意事项

严格执行档案管理制度，即要根据本单位的工作特点，建立严格的归档制度。秘书人员和档案管理人员要通过各种渠道严格把关，按文件登记情况清查应该归档的文件，对于不符合规范要求的进行整改，对于没有补充交齐的进行处罚，尽一切可能将档案管理制度贯彻执行下去。

争取领导支持，为收集工作提供有力保障。档案收集工作对于许多人来说比较陌生，秘书人员和档案管理人员要顺利的完成此项工作，必须争取领导的重视。收集工作做的好坏，与领导是否重视档案工作有密切关系。领导重视了，收集到的档案资料质量就高、数量就多。因为由于各单位所形成的档案，有相当一部分是产生于领导的工作活动中。如果领导不重视档案，这个单位的档案就会大量流失。如何避免和减少档案流失，秘书人员和档案管理人员就要积极地与领导进行沟通和交流，做到及时汇报、及时请示，遇到问题及时向领导提出建议，并设法让领导亲身体验到档案的重要作用，领导才能真正重视档案工作。档案收集工作落实到人，强化秘书人员和档案管理人员的责任感。档案收集工作是一项制度性较强的工作，要求相关人员必须有高度的责任感。只有在平时的文件处理过程中严格按照文件处理流程处理、登记和收集，最后的收集工作才会显得有条不紊，杂而不乱。

2. 档案整理

档案整理包括档案装订、档案分类和档案立卷三个步骤。

(1)档案装订

档案装订通常可以分为线装、钉装、胶装和不装订四种情况。线装通常用作档案的长期保存，钉装和胶装则一般用在保管期限不长、档案价值不高的档案装订中，而不装订通常指的是图纸的档案材料。

从具体装订方法来看，主要有：

“三孔一线”装订法。此装订方式主要用于页次较多的档案材料，是档案传统的装订方法。装订固定效果好，但对档案本身产生一定的破坏性。

“二孔一线”装订法。此装订法主要用于财会档案的装订与教学试卷档案等的装订。优点是装订固定效果好，缺点是操作较专业化，较麻烦，对档案实体破坏性较大。

胶水(糨糊)粘贴法。此方式主要用于页次较少的档案材料的装订，缺点是不耐高温，对保管环境要求较高，对适宜档案保管需要的胶水和糨糊难以正确辨认。

变形材料装订法。这种方法比较简单，但是装订效果受材料限制。如使用金属制品进行直接钉装，可以根据材料的厚薄可选择不同型号的装钉，缺点在钉子易锈且对保管环境有较高要求，不利于档案的长时间保管和重新装订。塑料制品材料要求有较高的强度，否则容易断裂。

真空塑封法。需要专用设备，成本较高且不便利用，但适用于已经数字化后的档案保存。

(2)档案分类

档案分类就是对一个立档单位中的所有档案依据一定的标准，按照档案来源、时间、内容和形式特征的异同点，对档案进行有层次的区分，并形成相应的体系和有序的结构，这也就是所谓的全宗分类法。

根据档案来源划分，可分为国家机构档案、党派团体档案、企业单位档案、事业单位档案、名人档案等。

根据档案的时间划分，可分为年度档案，将某一年度特定单位内部的所有档案按照不同标准分为若干类别。

根据档案的内容划分可分为立法档案、行政档案、人事档案、业务档案、军事档案、外交档案、经济档案、科学技术档案、艺术档案、宗教档案等等。

根据档案的形式特征划分的档案较为复杂，既可以按照记录信息的方式划分，又可按照档案所有权划分，还可按照行业类别划分等等，应结合具体档案工作环境和档案工作特点而定。

(3)档案立卷

根据《中华人民共和国档案法》规定:"对国家规定的应当立卷归档的材料，必须按规定，定期向本单位档案机构或者档案人员移交，集中管理，任何个人不得据为已有。""机关、团体、企事业单位和其他组织必须按照国家规定，定期向档案馆移交档案。"立卷是根据档案的特征，将在某些方面有共同特点的文件综合到一起组成一个案卷的过程。

立卷的方法一般是按文件的作者、名称、主要内容、时间、地点、人物以及收发文机关等特征归纳组卷，可按其中之一种特征组卷，也可几种特征结合使用。

按文件作者立卷，即将同一作者的文件一同立卷，这种方法有利于查阅者从作者的角度查找利用档案。

按文件名称立卷，是将种类名称相同的文件一同立卷，这种方法可以较好的区分文件种类，反映了文件的主要作用，可以较好的区分文件的重要程度和保存价值。

按文件主要内容立卷，是将反映同一内容的文件一同立卷，有利于保持材料在某一方面的连贯性和持续性，可以使查阅者较好的了解某一方面内容的全部历史变迁过程和处理全貌，有利于帮助利用者思考和解决问题。

按文件时间立卷，这是目前社会上各用人单位常用的一种立卷方法，按照月份、季度、年度等周期来将文件立卷，使查阅人在查找时可以根据明确的时间坐标来找到所需的文件。

按文件地点立卷，就是将涉及到同一地区的文件一同立卷，多用于下属单位的行文分类与保存，有利于上级部门进行区分管理。

按文件人物立卷，就是将涉及到一位或几位对象的文件统一立卷，这种立卷方法可用在业务档案资料或者名人档案资料的处理上，有利于以主要人物或者主要对象为指标进行档案利用和查找。

按收发文机关立卷，是指将涉及到某个收文机关或者某个发文机关的文件进行统一立卷，这种立卷方法有利于理清部门关系，区分工作职能，明确不同部门的权责范围和业务领域，对于熟悉工作和处理部门关系、客户档案等都有较大益处。

进行档案立卷时，首先要拟制本年度文件分类归卷的条目，称为立卷类目。它是以条款形式写成的，每个条款包括一组文件的作者、问题与名称，后面注明保管期限。条款的名称就是预拟的案卷标题。其次做好平时归卷，已收集的文件，随时或定期按立卷类目所列有关条款归入卷夹。最后全面检查调整，然后确定组卷。组成案卷后，对卷内文件进行系统化的技术加工，包括:卷内文件的系统排列、编写卷内文件的页号、填写卷内文件目录和卷末备考表、装订成卷、填写案卷封面。

3. 档案保管

确定保管期限、防止档案损坏、延长档案寿命、维护档案安全是目前档案保管工作中比较重要的四项工作内容。

(1)确定保管期限

档案的保管期限与档案管理规定有关，也与其本身的价值有关。我国现行的档案保管期限规定为永久、长期和短期三种。所谓永久保存，即指档案无限期保管下去，这种通常在普通单位中较为少见；长期保存指的是档案保存16～50年左右，一般单位中涉及到长期保存的主要是技术机密档案或者历史档案等；短期保存，一般指保存15年以下，许多行政档案、业务档案等的保存都在这个时间范围内。

（2）防止档案损坏

防止档案毁损是秘书人员和档案管理人员的主要工作职责之一，对于档案管理人员来说，档案管理防损工作有更高的要求和更专业的技术指标，对于秘书人员来说，防止档案损坏主要做到几个方面：一是保持档案资料的干净、整洁、完整；二是及时将档案资料存放在档案文件夹、档案盒和档案柜中；三是及时将档案立卷归档，有序排列，以防混遗失；四是做好档案使用登记工作，防止丢失；五是做好防盗保密工作，重要档案需要锁好，并严格出借管理。

（3）延长档案寿命

延长档案寿命，从文件制作阶段开始就要注意选择合适的载体和适宜的书写材料，如使用黑色墨水书写等；在装订阶段，选择合适的装订材料和装订方法；在档案保管阶段，对重要文件进行复制，采取修补和其它专业处理措施。

（4）维护档案安全

维护档案安全，既包括有形的纸质档案安全，也包括电子档案安全。无论是纸质档案还是电子档案，它的安全都包括保持自身的完整性和保密性两个方面。要保持完整性，纸质档案要从保管条件和保管手段上下功夫，使其不被损坏，电子档案要做好备份，防止数据丢失。要保持保密性，纸质档案要严格管理制度，防止遗失、被盗等，电子档案要设置查阅密码和查阅权限，严格查阅管理。

秘书人员将日常档案立卷后通常要按规定时限移交给档案管理人员，需要填写《档案移交案卷目录》，如：

档案移交案卷目录

序号	份数	责任者	案卷题名	起止日期	页数	备注
1				年 月 日－ 年 月 口		
2				年 月 日－ 年 月 日		
3				年 月 日－ 年 月 日		
4				年 月 日－ 年 月 日		
5				年 月 日－ 年 月 日		
6				年 月 日－ 年 月 日		
……				年 月 日－ 年 月 日		
移交单位：			部门负责人审核意见及签名：（签字）			
接收单位：			综合科档案室			
移交人：			接收人：	时间： 年 月 日		

4. 档案利用

(1)档案查阅

档案查阅是档案利用的最普遍的形式，档案管理中由于考虑到档案保密和档案保护等因素，通常将档案查阅分为有条件的开架阅览和申请登记阅览两种类型。

开架阅览主要是针对单位内部人员，其目的是为了简化档案利用手续，方便相关人员迅速大量查阅。这种查阅的特点是：它一般提供档案副本和非保密、无密级规定的档案供查阅使用；它指定专门的查阅场所进行查阅；它提供查阅检索工具和进行查阅指示；在一定时间内，它允许查阅人员自由阅览。

申请登记阅览指的是档案查阅要员在档案查阅前，要填写《查阅档案申请表》，经有关部门和领导审批同意后，方可查阅，这种查阅方式主要针对有密级规定的档案查阅或外来人员档案查阅等情况适用。

查阅档案申请表

年　月　日

申请人	
查阅档案内容	
申请部门负责人意见	签名：　　年　月　日
归档部门负责人意见	签名：　　年　月　日
查阅人签名	
备 注	1. 如跨部门查阅档案，需归档部门负责人签署意见。 2. 财会档案必须是财务处人员查阅 3. 科研项目档案必须是课题组成员查阅 4. ……

各行各业各用人单位在档案查阅方面都有相应的管理制度，通常包括以下内容：档案查阅需要有相应登记审批手续；查阅档案，不得擅自超越查阅范围，因公查阅，不得因私查阅；查阅档案人，严禁损毁档案和夹带档案资料；在查阅时，须遵守查阅规定，严禁吸烟、喝水等危害档案安全的行为；档案保密有要求，不得随意翻拍、翻印、传播档案内容；外单位人员需借阅、查阅档案时，须持有关单位的证明进行身份登记，且由领导批准，方能借阅和查阅档案等。

(2)档案借出

档案借出管理比档案查阅更为严格，首先需要填写《借出档案申请表》，如：

借出档案申请表

年 月 日

申请人			
借出档案内容			
申请部门负责人意见	签名： 年 月 日		
归档部门负责人意见	签名： 年 月 日		
××公司主管领导意见	签名： 年 月 日		
预计归还日期	年 月 日		
借出人签名		归还人签名	
备 注	**如跨部门借出档案，需归档部门负责人签署意见。**		

一般情况下，档案是不外借的，但为了照顾某些工作岗位的特殊需要或者必须使用档案原件作证等需要，才可以暂时借出档案，但是特别珍贵、密级很高且还未解密、容易被损毁的档案等，是禁止借出的。

档案借出有严格的管理制度，对出借档案的条件和要求会作出明确规定，如：本单位员工借出本单位一般档案，必须办理借出手续，借出理由必须是因公借阅使用，必须注明档案归还日期；借出有密级档案，须写《档案借出审批单》并经单位相关领导批准，方可借出；其它单位人员不可借出本单位档案；珍贵档案、秘密和绝密级档案、易损毁档案一律不借出，档案的借出者承担档案保管责任，不得遗失、私自翻拍复制、拆损、污损档案，违者须按单位《档案管理规定》承担相应责任。

(3)制发复印件

在企业、科研部门、业务单位等档案利用服务中，经常需要按照档案原件制发各种复制本，这是开展档案利用的一种重要方式。档案复制本既可以借内部人员使用，也可以有偿提供给外部人员，这是档案交流的一种途径。

复制一般档案，需经相关领导批准后，才能办理复制登记手续进行复制。档案复制时，应由专人严格按照复制制度执行，可以复印、翻拍、扫描、打字，也可以手抄。使用设备复制时，复制人员必须遵守设备操作规定，防止因设备故障损坏档案原件，进行手抄复制时，复制人员复制过程中环境的安全，不可使档案原件受潮受损。

涉密及较为珍贵的档案，一般不随意制发复印件，如有特殊需要必须制发，须在不违反保密规定的前提下，由主管领导审批后制发。复制件领取人员须签订有关保密协议，并在规定时间内将复制件按处置程序要求进行处置。

(4)提供咨询服务

档案咨询服务是近年来较为时兴的一种档案服务方式，包括一般性咨询、专门性咨询、事实性咨询、知识性咨询、专题研究性咨询、情报性咨询等，市场上甚至还出现了专业的档案咨询公司提供这些服务。档案咨询是指档案管理人员以档案为依据，自己所掌握的档案信息和专业知识，对档案咨询者提供或详细或简单、或有偿或无偿的咨询服务，从而指导咨询者获得有关某一方面档案的线索、为其解答疑惑的服务。

(5)制发深层次开发的档案资料

制发深层次开发的档案资料有多种形式，其中以档案信息管理网络化、档案信息资料化、档案信息市场化三种形式为主流。

档案信息管理网络化，即引入现代信息新处理手段和设备，利用电脑输入、缩微技术、检索系统等现代化设备和手段，增强对档案信息的收集、存储、检索能力，提高档案信息资源开发利用的效率。档案管理部门可以通过建立档案信息网络，如档案信息查阅内网、公共网、专业网等的建设，开放或者部分开放信息资源系统，实现档案信息资源在不同领域内的共享。

档案信息资料化管理，即指通过档案信息的重新编写研究，提高它的信息价值，比如编写大事记、组织机构沿革史、统计年鉴、会议简集、科技成果集、单位年鉴、单位史集、科技图册、科技简报等。有针对性的进行档案信息资料化缩写可以把档案记录信息从静态转化为动态，由简单的直接查询服务转化为提供综合档案信息的高层次服务。通过对档案信息的收集、分类、分析、排序编写成为档案综合化产品，可以使信息利用者更全面、更快捷的、更高效的获得档案信息。与此同时，有效性、特色性、专业性、实用性较强高质量编写成果，还可以使档案信息增值，极大的提升档案价值和利用效率。

档案信息市场化管理，是指根据市场对于档案信息类别、形式等的需要开发可以推向市场的档案信息产品及附属产品。档案信息市场的开发，建立在市场调研和对市场需求充分把握和了解的基础之上。在不违反国家有关法律、政策和档案管理规定的前提下，面对市场有针对性的推出档案信息查询服务、综合咨询服务和资料复制编写服务，都有广泛的市场应用前景。在市场化管理中，档案管理可不仅仅局限于原始资料提供，除了可以提供一次加工、二次加工、多次深加工等不同层次的档案信息，还要积极开发利用档案检索工具，在科学管理开发档案的同时，提供准确、实用、方便、快捷、性价比高的检索服务，降低档案信息获取的成本。

深层次开发档案信息，不仅在形式上要创新，在档案管理思路和理念上也要创新。根据目前社会发展趋势，档案管理人员应该变被动为主动，强化主动服务的理念，变冷漠、高高在上的管理态度为热情、细致周到的服务态度，变被动、等人上门的管理意识为主动、寻找开发市场的开拓精神。与此同时，针对可开发可利用的档案信息，各行各业各部门都应积极参与，强化宣传意识，从领导人员、秘书人员到专职档案管理人员，都要认识到档案的重要作用、档案部门的职能、档案工作的内容和基本任务，促使人们建立客观、准确的档案信息开发利用理念。

小资料8:各类档案管理制度

A:总体要求

1. 各种档案按归档立卷的要求，按有规定程序装订并移送档案管理部门统一保管。
2. 档案的文字书写，必须用蓝黑或黑墨水书写。
3. 档案查阅和借出须符合相关程序规定，并办理相关手续。
4. 档案保管要安全，定期检查。

B:档案统计制度

1. 做好档案数量与类目统计。
2. 做好档案查阅信息统计。
3. 做好档案借出信息统计。
4. 做好档案利用率、利用范围等各项利用指标统计。

C:档案保密制度

1. 遵守国家有关档案保密的法律、法规和制度。
2. 查阅、外借、复制涉密档案不得违规泄密。
3. 档案利用不可超限、违规。

D:档案安全保管制度

1. 档案管理地点非工作人员严禁入内。
2. 档案室内严禁吸烟、喧哗、洒水，做好防潮防火防腐蚀工作。
3. 档案室门窗要牢固，随走随关，上班前后要经常检查，严防失窃。
4. 档案室内要保持清洁卫生，有防火、防盗、防光、防虫、防鼠、防潮、防尘、防污染等措施。
5. 档案柜、档案盒等要要坚实、耐用。

E:文书档案归档制度

1. 凡本单位工作中形成的各种文件材料，按照归档范围，由各部门统一交到档案管理部门进行归档文件整理。
2. 文件归档的装订要求(具体形式与材料要求)
3. 采用的分类方法说明。
4. 保管期限说明。
5. 编号说明。
6. 填写归档文件目录和卷盒封面内容。
7. 归档文件目录份数要求。
8. 归档时间要求。

F:声像档案立卷归档制度

1. 声像档案包括单位活动中反映主要事件、会议、人物等有价值的资料。
2. 声像档案的移交时间规定。
3. 声像档案的分类及信息登记规定。
4. 按要求填写好卷内目录，编好号码。

G:人事档案管理制度

1. 人事档案管理的依据说明。(不同级别的人事管理有不同的参考规定)
2. 人事档案管理的意义与作用。

3. 人事档案管理人员业务素质与专业要求。

4. 人事档案的收集规定(员工招聘、录用、出入境、简历、人事劳资、职称评定、证明材料、党团材料、审查材料、表彰材料、处分材料、专利材料、学历背景材料、学籍材料、户籍材料等等)

5. 人事档案的移交管理规范。

6. 人事档案管理责任制度。

7. 人事档案分类(如在职人员档案、离退休人员档案、死亡档案等)。

8. 人事档案保密制度。

9. 人事档案转递管理。

10. 人事档案利用管理。

小资料 9:企业档案管理办法

《企业档案管理办法》是国家档案局、国家经委、国家计委联合颁布的，该办法是根据国务院关于加强企业管理和改善档案工作的要求，为进一步加强企业档案工作，更好地为企业提高经济效益服务制定的。

第一条

根据国务院关于加强企业管理和改善档案工作的要求，为进一步加强企业档案工作，更好地为企业提高经济效益服务，特制定本规定。

第二条

企业档案是企业在各项活动中形成的全部档案的总和。其构成是以科学技术档案为主体，包括计划统计、经营销售、物资供应、财务管理、劳动工资、教育卫生和党、政、工、团工作等方面档案。

第三条

企业档案工作是企业管理基础工作的组成部分，是维护企业经济利益、合法权益和历史真实面貌的一项工作。

第四条

企业档案工作要坚持集中统一的管理原则。

文件归档

第五条

企业要根据国家法规和有关部门的规定，制定文件材料形成、积累、整理和归档的制度。

文件材料的运转要遵循计划、生产(施工)、技术、经营等项工作(以下简称生产活动)和文书处理的程序。

第六条

企业生产(施工)活动中形成的科技文件材料(含缩微胶片，照片，录音、录像和计算机磁带等，以下同)，由产品试制、科研课题和工程项目负责人指定有关人员负责积累、整理后归档。

各项管理工作中形成的文件材料，由各职能部门按其业务范围，指定有关人员负责积累、整理后归档。

第七条

企业文件材料归档的基本要求

1. 归档的文件材料必须完整。

2. 归档的文件材料必须准确地反映企业生产、科研、基建和经营管理等各项活动的真实内容和历史过程。

3. 归档的文件材料必须层次分明，符合其形成规律。

第八条

企业必须编制文件材料的归档范围。企业文件 i 材料的归档范围主要有以下几个方面：

1. 产品生产方面。有产品设计、工艺、工装的图样和技术文件，原材料检验、产品生产过程和生产调度工作中形成的各种文件材料等。

2. 经营销售方面。有企业经营决策和经销管理的各种记录、文件、合同、协议等文件材料，市场经济信息，广告宣传和用户服务工作中形成的文件材料等。

3. 设备仪器方面。有设备仪器的图样和技术文件，设备仪器安装、调试和验收过程中的技术性、凭证性文件材料，设备仪器的运行、维修记录，设备改进、改装和报废的文件材料等。

4. 技术管理方面。有质量管理、技术引进、技术改造和标准、计量、能源、环保、科技情报、科技档案等管理中形成的各种文件材料。

5. 计划统计方面。有各种计划、统计报表和计划管理、统计分析活动中形成的各种文件材料。

6. 物资供应方面。有物资、原材料采购、库存保管、供应和工具管理中形成的各种文件材料。

7. 劳动工资方面。有定额、定员和劳动调配以及劳动工资、劳动保护等工作中形成的各种文件材料。

8. 财务管理方面。有财务管理中的各种帐册、报表、凭证和文件等。

9. 教育培训方面。有干部、职工教育和技术培训的文件、教材等。

10. 党、政、工、团工作方面。有企业党务工作以及组织、宣传、人事、保卫工作中的各种文件材料，企业行政工作、共青团工作和工会工作中的各种文件材料等。

11. 科学技术研究方面和工程建设方面，按有关规定执行。

12. 其他方面。

第九条

归档时间

1. 产品试制、课题研究、基建工程或其他技术项目，在任务完成后或告一段落时，要将应归档的文件材料组成保管单位，由项目负责人审定后，向档案部门归档。

2. 各项管理工作中形成的文件材料，在第二年上半年内，要将应归档的文件材料组成保管单位，由各职能部门负责人审定后，向档案部门归档。

第十条

企业各类文件材料一般归档一式一份，比较重要的和利用频繁的文件材料要适当增加归档份数。

第十一条

企业文件材料的形成、积累、整理和归档工作要列入生产、技术、经营等各项管理程序；列入生产、科研、基建和经营等各项活动的工作计划；列入企业有关部门的职责范围和有关人员岗位责任制。

第十二条

企业产品试制定型、科研成果鉴定、基建工程竣工验收，必须有档案部门参加。文件材料不完整、不准确、不系统，不能进行鉴定、验收。

第十三条

企业产品和工程创优、科研成果评奖，归档的文件材料是否完整、准确、系统要作为一项考核内容，档案部门不签署意见不得申报成果。

第十四条

企业新购重要设备仪器和引进项目的文件材料到货时，有关专业部门应会同档案部门检查验收文件材料；并及时归档。

第十五条

企业工作人员因公外出参观学习、考察和参加各种会议，收集获得的文件材料要按照归档范围的规定，及时向档案部门归档。

第十六条

企业档案部门要对企业文件材料的形成、积累、整理和归档工作进行指导、监督、检查。

档案管理

第十七条

企业要建立健全各项档案管理制度，列入企业的经济责任制体系，并制定严格的考核和奖惩办法。

第十八条

档案分类

1. 根据国家和有关部门档案分类编号的规定，编制企业档案分类编号方法。

2. 分类编号要遵循文件材料的形成规律，并且要便于保管和提供利用。

3. 企业生产、技术等管理性文件要按其文件内容分别归入生产、科研、基建、设备等类中统一编号。

4. 常用的分类方法有：

(1)按产品型号分类；(2)按设备型号分类；(3)按科研课题分类；(4)按工程项目分类；(5)按专业性质分类；(6)按组织机构分类；(7)按时间分类。

第十九条

档案编目与编制检索工具

1. 要编制档案总目录、档案分类目录、底图目录和保管单位目录。

2. 要根据需要编制档案检索工具，并且进行档案著录工作，著录方法按照国家标准GB3792.5－85《档案著录规则》执行。

第二十条

档案保管

1. 接收档案必须认真验收，并办理接交手续。

2. 存放档案必须有专用柜、架，排架方法要科学和便于查找。

3. 底图除修改，送晒外，不得外借。修改后的底图入库，认真检查其修改、补充等情况。底图存放以平放为宜。

4. 缩微胶片、照片、磁带等的保管:

(1) 存放胶片、照片、磁带要用特制的密封盒、胶片页夹和影集等，按编号顺序排列在胶片柜或防火柜内。缩微母片和拷贝片应分别存放;

(2) 胶片库房应设置在没有臭氧、氧化氮、硫化氢，二氧化硫等有害气体和物理性污染地段，库房内应设有防火和空气调节设施，温度、湿度应符合规定的要求。

5. 要定期进行库藏档案的清理核对工作，做到帐、物相符，对破损或载体变质的档案，要及时进行修补和复制，库藏档案因移交，作废、遗失等注销帐卡时，要查明原因，保存依据。

6. 档案库房的一般要求:

(1) 保存档案必须有专门的库房，并且具备良好的卫生环境和防盗、防火、防光、防潮、防尘、防有害生物和防污染等安全措施;

(2) 档案库房建设要列入企业基本建设计划，库房建筑设计按照《档案馆建筑设计规范》执行。

第二十一条

图纸的修改、补充

1. 修改已归档的图纸要有经过领导批准的图纸修改、补充通知单。

2. 修改内容较小时，可直接在图画“杠改”、“刮改”或者发送“变更通知单”，采用“杠改”、“刮改”时应在修改处标注“修改标记”。

3. 修改内容较多时，应另出新图代替，原来图纸作废。新图列入原图纸目录，并且注明所代替的原图图号。作废的图纸应注明新图的编号，根据需要另行保管。

4. 整个保管单位内图纸作废，由新图代替时，应重新编制保管单位，并且注明原保管单位编号。原保管单位标注新保管单位的编号后，根据需要另行保管。

第二十二条

档案鉴定

1. 企业要根据国家利有关部门的规定，编制档案保管期限表，档案保管期限分永久、长期、短期三种。确定保管期限的基本原则是:

(1) 对企业有长远利用价值的档案应永久保存:

(2) 对企业在一定时期内有利用价值的档案分别为长期或短期保存;

(3) 凡是介于两种保管期限之间的档案，其保管期限一律从长。

2. 鉴定工作要组织由企业领导、专业技术人员和档案人员参加的鉴定小组，直接对档案进行鉴定。每次鉴定要写出鉴定报告，在保管单位备考表中注明鉴定意见，由小组负责人签名，并且注明鉴定日期。

3. 鉴定工作应该定期进行，具体由企业根据实际需要确定。

4. 档案通过鉴定，要求达到划定保管期限准确，保管单位质量达到标准规定，鉴定中发现档案不准确、不完整，企业应及时责成有关部门和人员负责修改、补充。

5. 销毁档案必须严格掌握，慎重从事，销毁前要造具清册，提出销毁报告，经企业领导审批，并报送有关档案管理机关备案。销毁档案时要严格执行保密规定。

第二十三条

档案统计

1. 企业档案管理要建立健全统计工作，统计数据以原始记录为依据，做到准确、可靠。

2. 档案统计主要有档案管理基本情况统计，档案数量统计，档案提供利用及其效果的统计等。

第二十四条 档案管理现代化

1. 企业档案管理现代化是企业现代化管理的组成部分，要列入企业现代化管理的整体计划中统筹考虑。

2. 企业档案部门要应用现代管理方法。有条件的大中型企业要逐步应用电子计算机为主，包括缩微技术和先进的监控装置、通讯设施和办公自动化等现代管理手段。

第二十五条

档案管理经费按照财政部、国家档案局（1980）财企字第629号文《关于企业档案库房建设和购置设备所需费用如何列支的规定》执行。

第二十六条

企业要按照国家有关规定向有关档案馆移交有关档案或复制件。

第二十七条

企业破产以后，除设备档案、基建档案等随同实物移交外，其余档案应向有关档案馆移交。

档案利用

第二十八条

企业档案信息开发利用是企业档案管理的一项重要内容，开发工作主要是指对生产、技术和经营管理的档案信息开发。档案信息开发利用要重点服务于改善企业经营管理、提高产品质量、降低物质消耗和增加经济效益等方面。

第二十九条

企业档案信息开发利用的几种形式

1. 在企业内部实行档案开架阅览。

2. 编制并交流档案目录。

3. 对档案进行加工整理，汇编专题资料或编制产品、科研成果、基建工程简介、文摘和数据手册、图表手册、市场信息、用户反映、国内外同行业生产情况介绍等。

第三十条

企业档案开发与提供利用，必须严格执行保密制度。

第三十一条

对于积极主动开发与提供利用档案，为发展企业生产、提高产品质量、降低物质消耗和增加经济效益等做出贡献的人员，企业应给予表扬和奖励。奖励办法按国家有关规定执行。

档案管理体制

第三十二条

企业档案管理涉及生产活动和党、政、群等各个部门，应由一位副厂长（副经理）分工领导，并且列入企业领导议事日常，作为考核企业领导人政绩的一部分。

第三十三条

要加强和充实企业档案管理机构，集中统一管理企业档案工作。有条件的大型企业要建立企业档案馆或企业档案资料信息中心。

第三十四条

企业档案部门是企业档案、资料的贮存基地和利用中心，负责统筹、协调、组织、管理企业的档案、资料工作。

第三十五条

档案管理人员

1. 企业要配备适应档案、资料工作需要的专职档案人员，并且应有一定数量的专业技术人员。

2. 大中型企业档案部门的主要负责人应具备中级以上专业技术职务的学识水平和工作能力。

3. 企业档案管理人员享受专业技术管理人员待遇，按工程技术专业或档案专业技术职务聘任。

附则

第三十六条

企业党、政、工、团档案管理按照中共中央办公厅、国务院办公厅印发的《机关档案工作条例》的有关规定执行。

第三十七条

企业会计档案管理按照财政部和国家档案局制发的《会计档案管理办法》的有关规定执行。

第三十八条

企业人事档案管理按照中共中央组织部的有关规定执行。

第三十九条

集体企业、乡镇企业可参照本规定执行。

第四十条

本规定由国家档案局负责解释。

第四十一条

本规定自发布之日起执行。

网络资源

1. 办公制度范文网：http://fanwen. chazidian. com/fanwen320568/

2. 中国领导网：http://www. cnleaders. net

3. 中国人力资源网：http://www. hr. com. cn

4. 中国档案网：http://www. chinaarchives. cn

本章实训题

1. 日程安排管理情景模拟

小王是某货运公司行政经理秘书，最近他对其工作感到十分苦恼，总觉得时间太紧，需要办理的事情太多。

以下是他一个上午的工作安排：

8:30 分抵达公司，先整理办公文件；安排会议室，下午两点钟有个部门例会要准时召开；通知开会人员，准备会议资料，复印会议资料等；还要帮其上司拆封、传递、分类今天所收到的邮件，其中有份邮件急需经理回复；他在做这些事情的同时，有位客人来访，他必须停下手头现做的工作，来接待客人；突然电话响了，上司要求小王预定周末去上海的飞机票，安排应聘人员下午4点过来面试，给某客户打电话，询问客户什么时候有空可以过来办理事情。

此时，小王开始手忙脚乱，无法抉择哪件事情应该先办，哪件事情可以迟些办理？

通过此案例，我们可以知道秘书工作纷繁复杂，需要我们进行合理的规划和安排，运用好ABCD分类法，我们才能充分利用时间，安排好相关事宜，取得最佳效益。

运用ABCD分类法，小王可以这样安排自己的工作。

8:30分抵达公司，先整理办公文件；安排会议室，确认开会地点；通知开会人员；帮其上司处理邮件，整理出急需经理回复的邮件，并通知上司及时回复；接待来访客人；接听电话；准备会议资料，复印会议资料；电话通知应聘人员下午4点面试；给客户打电话，确认会面时间；预定机票。

2. 文件处理与档案管理情景模拟

市场部经理秘书小张收到由总经理办公室传来的一份《关于推荐2014年年度市场部培养对象的通知》要求市场部于2014年5月18日前上报总经理办公室。

小张他拆开文件密封袋，把文件取出后，确认了文件的发文机关，清点好文件份数，核对好日期等，将文件登记在收文登记簿上。

接着小张对收文进行整理，将公文送至相关领导阅知办理。领导对公文进行阅读后，提出了处置意见，小张对领导的批办意见进行起草，交由领导审批，再上交至总经理办公室。

总经理办公室将收到的通知交给人事部经理秘书小红，她收到后先登记，将通知送至人事部经理，人事经理要求她拟稿，完成后交由经理审核，然后以文件的形式，通知公司各个部门。

最后将办理完的公文进行立卷存档，以备日后查阅。

3. 办公印信管理情景模拟

小王是某百货公司总经理的秘书，由于她对工作认真负责，为人也是坚守原则，所以总经理将公司大大小小十几个章都交给小王管理。有一天，财务部经理要求小王在审批项目计划表(需大批量盖章)上盖财务专用章，用章前，小王像以往一样对用印内容予以审阅，发现表上无出现大问题就急急忙忙地盖章，既没数清总共盖了多少张，也没检查盖印的是不是都是审批项目计划表。后来，总经理找小王谈话，询问她是不是盖章前没有对用印内容进行严格审批，乱盖公司的财务专用章，以至于公司损失了一笔不小的金额。小王感到十分困惑，究竟是哪个环节出现问题？直到有一天，小王突然想起是不是当时在盖章时，没有仔细检查计划表中是否夹杂着其他文件，才对公司造成经济损失，对此，她懊恼不已。

印章的适用，应严格执行印章使用原则。严格履行用印批准手续，严格监督用印，严格执行用印登记制度等。

4. 办公资产管理情景模拟

小周是某公司的行政秘书，一天，他在打印文件时，发现打印机器坏了，但是，再过一个钟头就要开会了，文件是会议需要用到的重要资料，需要马上复印。但是按照办公室资产管理规定，小周他要去资产管理员那里填写《维修通知单》，再由工程部派维修人员来进行维修，小周心想，这样一折腾，文件肯定无法准时提交到会议桌上，这样会议就无法正常进行。小周面对这样的情况该怎么办呢？

在办公资产管理中，对于日常简单非紧急维修项目，要到资产管理员那里填写《维修通知单》，经部门负责人确认签收后，再提交工程部，工程部再委派专门人员来进行修理。但是如属紧急维修项目，可及时打电话通知工程维修部来进行修理，事后补单即可。

5. 小额现金管理情景模拟

小张从事秘书工作以来，一直记载着公司的各种零用现金的用途。打开他的零用现金账簿，可以清楚看到各项零用现金的用处，上面清楚注明收到现金的日期，收据的编号，收据的金额，支出现金的日期，用途，还有零用现金的余额等。有一天，公司职员小余拿着购买办公文具的收据来向小张报销，小张看了一眼，觉得没有什么大问题，她直接拉开抽屉，拿出办公室零用现金，把钱还给了小余。隔天，小张将单据递交给行政主管签字，又过了几天才将收据单记录在零用现金账簿上。

小张在管理办公室零用现金过程中出现了哪些问题?

首先小张应该将现金锁好，他将现金放置在抽屉中，很容易造成现金的丢失，没有担负好保管的责任。其次，小张给小余报销办公文具金额，应先认真核对零用钱现金凭单，经行政主管签字后，才能将现金还给小余。秘书人员在管理办公室零用现金时，切记要及时将每一笔支出的现金及用途等记录在零用现金帐本上。

6. 差旅事务管理情景模拟

某分公司总经理要求其秘书小园帮他安排 18 号前往北京进行某项目的实地考察，在京所需时间大概是 2 天 1 夜，下班前将行程计划表上交。

秘书小圆接到经理的吩咐后，先帮经理预定好 18 号早上 8 点从天津飞往北京的机票，还帮他预定了住宿酒店等，最后帮经理制定了一个旅行计划表。

旅行计划表

日期	时间	交通工具	地点	待办事项
5 月 18 号（星期三）	8:00 ~ 9:00	飞机	天津 ~ 北京	出发
	10:00 ~ 12:00	汽车	北京	与项目经理共餐
	12:30 ~ 14:00		北京	午休
	14:30 ~ 17:30	步行	北京	进行实地考察
	18:00 ~ 19:00		北京	晚餐及就宿
5 月 19 号（星期四）	9:00 ~ 11:30	步行		进行实地考察
	12:00 ~ 13:00	汽车	北京	会见某公司经理并与他共进午餐
	13:30 ~ 14:30		北京	午休
	15:00 ~ 17:00	汽车	北京	召开项目会议，给出指导意见
	17:30 ~ 18:00		北京	晚餐
	19:00 ~ 20:00	飞机	北京 - 天津	返回

秘书在进行商旅事务管理时，需要了解清楚上司本次出差的目的、任务与要求，然后根据这些来制定详细的旅行计划，旅行计划一般包括：日期、时间、交通工具、住宿、待办事项等。

第八章　秘书公关事务管理

◈本章思考题

1. 秘书常见公关活动有哪些?

2. 当你作为秘书要安排公关活动时，是否觉得无从下手?

3. 秘书人员应该具备哪些公关素质?

秘书人员在工作过程中不可避免的要接触到一些公关事务，这些事务本身纷繁复杂，各种类型又有自己不同的特点和要求，秘书人员一方面必须了解其基本处理程序和技巧，另外一方面又要采用不同的方式去适应，才能完成工作任务，达到领导和所在组织目标的要求。根据秘书公关活动的主题和公关活动出现的频率，本章选择参观活动、宴请活动、庆典活动以及信息发布活动做为秘书公关事务管理的四个主题进行介绍。

第一节　参观

秘书人员处理参观活动类公关事务包括主动组织参观活动和接待参观对象两项内容，主动组织参观活动即指通过公关策划、请示沟通与具体安排组织实施等程序组织本单位、本部门相关人员外出进行参观活动的行为过程。接待参观即指秘书人员经协调与沟通，在安排好参观内容后，对外来参观人员进行迎接、陪同、解说和接待的行为过程。

无论是主动组织参观活动还是接待参观对象，都有固定的参观程序和众多的注意事项、公关技巧等，需要秘书人员进行专门的学习，并且熟练掌握。

小资料1:参观学习实施方案

×××××关于组织××××××××赴×××××考察、学习的实施方案

一、参观学习的目的/意义

为进一步推进××××××××××改革，促进××××××××××专业素养不断提升，提高他们××、××、××××的水平，借鉴×××××理念，学习××××的成功经验，领略××的××文化，交流××××信息。经×××××、××、××研究，拟定组织××××全体成员及×××××赴××省××市××××考察、学习。现将有关具体事宜安排如下:

二、组织机构：

组长：×××，对本次外出考察、学习活动负总责；

副组长：×××，负责本次活动的整体策划和接洽工作。×××负责本次考察、学习活动的具体事宜及资料收集汇总；×××负责外出考察组成员的生活安排；×××负责人员人事协调。

外出考察人员：××××××××××××××，共计××人。

三、考察、学习时间：

往返××天，即××月××日至××月××日

四、考察地点：××省××市××××

五、学习、考察内容：

1. 听取×××××改革情况经验介绍；

2. 听取××××经验介绍；

3. 参观××××文化建设；

4. ……；

六、组织方式：

×××××××××与××××××××旅行社联合组织

七、经费运作方式：

本次外出考察、学习预计经费为×××万元（含往返车费及考察经费），人均××××元，按照各自单位与个人各占百分之五十比例摊派。

八、活动日程大体安排（具体安排见旅行社日程）

1. ××月××日上午××××时，统一前领取资料，在×××××旅行社乘车出发。

2. ××月××日早餐后统一乘车返回。

九、相关事项安排

1. 考察、学习人员花名册见附表一。

2. 考察、学习人员住宿安排见附表二。

3. 考察、学习人员就餐安排见附表三。

4. 带好身份证及日用品。

十、相关要求

1. 考察、学习期间守时、守纪、注意形象、注意安全、听从安排。

2. 认真、虚心学习，积极思考。

3. 考察、学习结束后每人须在一周内写好一篇总结发至12345@163.com。未交或迟交者其学习考察经费全部由个人承担。

4. 未尽事宜另告。

附表一：考察、学习人员花名册

附表二：考察学习人员住宿安排

附表三：考察学习人员就餐安排

一、参观活动的程序

1. 确定参观活动的主题

参观活动的主题，即参观活动的主要目的和意义，也是秘书人员所在的单位组织、参加参观活动或者举办参观活动的宗旨或是希望达到的效果。它通常包括以下几种主题：

(1)宣传主题

参观活动的宣传主题，一般而言是为了扩大组织的知名度、美誉度，宣传本组织的产品、制度或者文化等等。如一些知名企业每年都会有专门接待社会各界参观其企业生产的活动，并设有参观陈列室等，旨在宣传企业文化、企业产品、企业制度，培养和巩固消费者的忠诚度，提升本企业的知名度和美誉度。

小资料2:百事可乐公司

百事可乐(Pepsi - Cola)最初于19世纪90年代由美国北卡罗莱纳州一位名为Caleb Bradham的药剂师所造，以碳酸水、糖、香草、生油、胃蛋白酶(pepsin)及可乐果制成。该药物最初是用于治理胃部疾病，后来被命名为“Pepsi”，并于1903年6月16日将之注册为商标。后来逐渐发展为美国百事公司推出的一种碳酸饮料，也是美国可口可乐公司的主要竞争对手。

百事公司是全球最大的食品和饮料公司之一，成立于1898年，主要业务包括百事可乐饮料、菲多利休闲食品、佳得乐运动饮料、纯果乐果汁和桂格麦片食品。业务范围遍及世界上近200个国家，雇有员工198,000人。

百事的产品满足了各种各样的需要和偏爱，从娱乐性的产品到有助健康生活方式的产品都一应俱全，旗下主要知名品牌包括：百事可乐、激浪、佳得乐、乐事、百事轻怡、纯果乐、立体脆、七喜、美年达等。

百事品牌的理念是“渴望无限”，倡导年轻人积极进取的生活态度，寓意对年轻人来说，机会和理想是无限的，他们可以尽情地遐想和追求。为了推广这一理念，百事选择足球和音乐作为品牌基础和企业文化载体，在广告和社会公益活动中借助迈克尔·杰克逊、张国荣、布兰妮、王菲、罗志祥、蔡依林、郭富城、陈慧琳、郑秀文、赵晨浩、热力兄弟、贝克汉姆、里瓦尔多、卡洛斯、范志毅、李玮峰、祁宏等一大批明星作为品牌代言人，极力倡导企业文化所提倡的精神，使百事的“新一代的选择”和推崇“快乐自由”的风格广泛地被人们尤其是青年人的理解和接受。这样，很多人就明白了，为什么“百事”的产品从简单的包装到向运动系列、功能系列拓展都刻意体现一种动感和欢快的格调，从而使许多青年人成为“百事”忠实和热心的消费者。百事文化不仅是企业的，也是社会的，它深刻地通过其产品的推销影响着一大批人，反过来又推动企业按照这种文化的定位不断创新，得以经历了100多年还保持着旺盛的朝气。

1981年，百事可乐与中国政府签约，在深圳兴建百事可乐灌装厂，成为首批进入中国的美国商业合作伙伴之一。时至今日，百事已在全国各地先后建立了40多家合资或独资的企业，总投资超过10亿美元，直接员工近10,000人，提供间接就业机会达150,000个。

为了更好的发挥产品结构优势，将市场经营重点放在核心品牌方面，百事公司曾于1997年10月作出重大战略调整，将拥有必胜客(Pizza Hut)、肯德基(KFC)和Taco Bell的餐厅从公司分离出去，使之成为一家独立的上市公司，即百胜全球公司(Tricon Global，现公司名为YUM)，这也便于集中精力进行品牌建设和品牌营销。

资料开发：在中国，以百事可乐为代表的众多知名企业常常欢迎社会各界人士组团前往企业生产基地参观，并将此作为宣传和强化品牌的一种公关途径。请同学们结合小资料，试编制一份参观百事可乐公司广州分公司生产基地的参观计划书。

(2)学习主题

学习主题是参观活动的常见主题，旨在学习或者分享某些知识、经验、成果、方法技巧、制度、理论等等，旨在通过参观达到学习知识、提升某种水平和能力的目的。如每年全国各中小学校常常安排的参观当地名人纪念馆、历史档案馆、博物馆、科技馆、动物园类的活动，都是以学习社会科学文化知识和自然科学文化知识为目的，许多单位组织的外出考察参观活动，也常常是以学习同行业先进经验和做法等为目的。

(3)业务主题

业务主题可以理解为业务交流与洽谈，参与或者举办一些业务交流会、洽谈会通常会安排产品或成果展示参观活动，业务主题的参观是通过展示和介绍来拓展业务关系、寻找业务合作伙伴、进行业务洽谈的载体，是现代业务交流的常见形式。

小资料3:广东省中山市古镇灯博会

中国·古镇国际灯饰博览会(以下简称古镇灯博会)是以“中国灯饰之都”古镇为产业依托，立足产业源头，整合灯饰照明行业的优势资源，采用展店联动的创新模式，打造70万平米超大规模，为照明生产企业及采购商、经销商构筑采购直接、贸易方便、超高性价比的灯饰一站式商贸平台。

古镇镇是闻名国内外的“中国灯饰之都”。位于广东省中山市西北面，在中山、江门、佛山市(顺德区)三市的交汇处，毗邻港澳。全镇总面积47.8平方公里，由古镇、曹步、海洲三大自然村组成，下辖12个行政村、1个居委会，户籍人口6.9万人，外来人口超过10万人，历来是外商投资和发展经济贸易合作的理想宝地。

从1982年发展至今，逐渐形成了以灯饰照明为主导的区域性特色经济和专业化竞争力的产业集群，成为全国最大的灯饰生产基地和批发市场，在国际上享有较高的知名度和美誉度。经过31年的发展壮大，古镇全镇拥有灯饰及配件工商企业1.5万家，其中灯饰商户8131家，灯饰总产值达142.8亿元，占全国市场份额60%以上，出口总额5.0亿美元，产品远销130多个国家和地区，并已成为世界几大灯饰专卖市场之一。

改革开放以来，古镇镇按照“工业立镇，工农商并举”的发展思路，逐步从单一的农业经济镇发展成为区域特色经济明显，以灯饰、花卉苗木两大产业为支柱的工业城镇。经济建设和社会各项事业的全面发展，为古镇赢得了各种荣誉，被授予和评为“中国灯饰之都”、“国家文明镇”、“国家卫生镇”、“首届全国投资环境百强乡镇”、“全国造林绿化百佳镇”、“广东省首批工业卫星镇”、“省教育强镇”、“省农业现代化示范区”、“广东省产业集群升级示范区”等一系列荣誉称号。2008年，全镇实现工农业总产值222亿元，国内生产总值近70亿元，人均9.77万元;各项税收9.47亿元，农民人均收入16756元，全市第一;年末银行存款余额首次超过一百亿，达105亿元，居民储蓄余额78.85亿元。

2014年开始，古镇灯博会在中国照明电器协会和政府部门的大力支持下，联手上海博华国际展览有限公司建立专业的运营团队，由一年一届(秋季展)改为一年春秋两届，春季展以灯饰内销为主，秋季展以灯饰外销为主，覆盖全产业链，为广大展商和买家提供更专业化的服务。

资料开发：古镇每年灯博会期间，前往考察参观的组织和个人络绎不绝，为它的发展带来了巨大的商机与活力，你的身边有此类的业务主题的参观活动吗？请举例并进行课堂讨论。

(4)人际主题

人际主题的参观活动多数是以各单位的工会、党组织组织的活动为主，旨在通过活动安排，促进参与人员的相互了解，提升组织的活力、凝聚力和向心力水平，强化成员团队意识、荣誉感和自豪感，或者体现对成员的人文关怀。具体而言，通常包括组织本单位的离退休老年人参加参观活动、妇女节女职工参观活动、优秀员工奖励性旅游参观活动、党员参观活动等等，参观内容多与历史人文、公益、自然环境等有关。

2. 拟定参观活动的方案

参观活动的方案主要包括：

(1)参观主题确定

参观活动安排主题应该明确、合理，与本组织的运作目标有关联性，且得到相关领导的同意或者审批。

(2)参观人员名单确定

参观人员名单确定涉及到后续众多参观环节的安排，要把握相关性原则与适度原则。相关性原则即指参观参与人员都必须是与本次参观活动主题有关联的人员，无关人员、闲杂人等不宜随意安排参加。适度性原则即指人员数量和参观规模要适度，不要超出对方或者己方的参观容纳能力，不要影响对方或者己方其它正常工作的运行。

(3)参观时间确定

参观时间的确定需要兼顾参观方与被参观方的时间安排，可安排在一些特殊的日子里，如周年纪念、庆典、重大节庆、开业以及惯例性参观日等，也可综合协调双方时间，拟定具体日期与时间日程。

(4)参观地点与路线确定

选择参观地点要在经主管领导审批同意的情况下，综合考虑参观人员需求和参观展示的效果来决定。在路线选择上，要尽量选择体现特色、能引起参观者兴趣、能保证参观者安全、不干扰正常工作以及有利于保密的路线设计。

(5)参观具体内容与日程确定

参观活动的具体内容通常包括基本情况介绍、实物展示和现场考察体验三个环节。基本情况介绍环节既可进行人工介绍，也可发放简明生动的印刷品以作介绍；实物展示环节通常向参观者陈列展示产品、模型、样品、资料等成果，展示的同时也需要进行解说介绍；现场考察体验环节可让参观者体验产品、参观生产经营设备、工艺流程、组织环境、设施安排以及感受专业人员工艺水平等等，但要做好保密和安全防护措施。

(6)参观组织方式确定

弄清楚参观活动如何组织、由谁牵头、组织分工如何、由谁联络都是参观活动能够实行的前提，参观组织方式的确定既关系到参观活动能否顺利开始，也关系到参观活动能否顺利结束，以及能否达到预期效果。

(7)参观经费情况说明

参观活动的人员安排、物资准备、交通通讯、食宿安排等等都涉及到经费问题，在组织参观活动时，需要做出经费预算并给出明确经费说明，以免活动难以成行。

(8)参观要求与其它事项

参观活动中，对参观人员的着装、行为举止、禁忌事项有要求的需作额外说明(如进入车间应关闭手机、穿着防菌服、要走专用通道、参观结束后可领取体验性产品等等)。

二、参观活动的注意事项

1.迎送事项

参观活动不可避免的就是参观人员的迎来送往，根据参观人员的身份和个人情况可有不同的接待形式。对于来访的参观者，秘书人员应该起身迎接，握手寒暄致意，参观人员离开时，应该离座相送。对于比较重要的参观对象，秘书人员需要到电梯口、大门口迎送。对于一些贵宾，要安排交通工作到固定地点或者车站、码头、机场接送，上下车时，秘书人员要为贵宾开关车门，照顾其上下车。有一些涉及到参观接待规格的场合，要遵循规格对等原则，除秘书人员外，还要安排与参观宾客级别相当的己方人员负责迎送。

2.陪同事项

有些参观活动安排中，活动主办方会安排秘书人员陪同对方参观、游览，这时秘书人员要做好陪同准备。参观陪同工作应以迎接到对方参观人员为起点，以送别对方参观人员为终点。首先，秘书人员到车站、机场、码头、酒店、单位门口等地等候对方参观人员到达，接到客人后，引导对方按照准备好的参观路线进行参观。参观过程中要处处照顾，做好休息、用餐的事先安排，并对参观内容进行适当讲解，直到结束参观，将宾客送离。陪同参观对秘书人员的沟通能力有较高的要求，同时也要求其观察敏锐、耐心细致，在高规格、高级别的参观陪同中，陪同人员除秘书人员外，必须有级别相当的领导人员参加陪同。

3.其他事项

在具体的参观活动中，因参观地点、性质等的不同，有些参观接待单位会在参观前具体规定一些参观注意事项，如安保事项、着装要求、拍照要求等等，需要参观人员配合执行，也需要秘书人员做好书面提醒和口头提醒的准备。

小资料4:中国国家博物馆观众参观注意事项

一、参观须知

请观众朋友在开放时间内到票务中心凭有效证件领取免费参观券后参观，提前预约观众请从西门南侧票务中心换领免费参观券并从西门入场;未预约观众(包括现场排队领票或自助取票观众)请从西门票务中心换领免费参观券并从西门入场，其中持二代身份证自助取票观众请从西门北侧票务中心取票，持其他有效证件观众请从西门南侧票务中心取票;

观众自带液体饮料经本人试喝检验后可以带入场馆，观众自带食品经安检后可以带入场馆;

请勿将各类管制刀具、打火机、光盘、危险品及宠物带入场馆;

为快速完成安检，请尽量不要携带箱、包入场(尤其是双肩包和单一尺寸超过40厘米的大包)，如已随身携带箱、包，请先持国家博物馆门票经安检、存包后再进入场馆参观;

违禁的私人物品请存包或于馆外自行处理;

参观前请您整理好衣物，衣冠不整者谢绝入内；

参观时请勿大声喧哗并请将手机设置为静音以免影响他人参观；

参观时请勿触摸展品；

请您在指定区域就餐；

场馆内请勿吸烟；

场馆内请勿奔跑、追逐、攀爬、躺卧；

请您协助我们维持好展厅内的参观秩序和良好的参观环境；

基于国家博物馆藏品举办的基本陈列和专题展览观众可以拍照留念，但请勿使用闪光灯和三脚架。引进的临时性展览，将依据办展协议确定是否可以拍照，若不可拍照，将在展厅内设立明显的提示标识。

感谢您的理解与支持！

二、参观拍照须知

基于中国国家博物馆藏品举办的陈列展览，欢迎观众拍照留念，但请勿使用闪光灯和三脚架，拍照时请注意自身、他人及展品安全。引进的临时性展览，将依据办展协议确定是否可以拍照，若不可拍照，将在展厅门口及展厅内设立明显提示标识，请您注意查看，或咨询展厅服务人员。感谢您的理解与支持。

新闻记者若因工作需要，须进入展厅进行拍照，请参照《国家博物馆新闻采访办法》的相关规定办理手续。

三、存包须知

本馆存包处是为我馆观众设立的临时寄存行李包裹的场所，非来馆参观的游客请勿使用；

观众携带的拉杆箱、行李箱及所有尺寸大于40公分的包裹等物品须寄存，存包处提供有偿寄存服务；

观众存包前请自觉接受安全检查，不得存放易燃，易爆及易腐蚀性化学物品和国家明令禁止的物品，未经过安全检查的物品不予寄存；

本存包处不予存放现金、首饰、易损易碎等贵重物品；

观众如存放电子产品、各类收藏品等特殊物品，需如实填写《物品存放登记表》并由本人签字后方可寄存，物品寄存期间出现损坏等后果由寄存人自行承担；

观众应妥善保管好存包凭证，凭证取回所存物件。存包凭证如有丢失，应立即办理挂失手续（需缴纳存包卡工本费20元），丢失期间所存包件若被冒领，所造成的损失由寄存人承担；

办理存取手续一律在存包处前台，禁止进入存包室内；

所存物品请于当日17:00前取出，闭馆后不再办理取包手续（夜场至闭馆时间）；

当日未取物品，每超过8小时按照收费标准再计费一次；

留存物品出现变质、自然损坏等情况由物品所有人承担。（食物类物品在存放期间发生变质等情况，工作人员有权进行销毁处理）超过30天仍未取走将视为丢弃，工作人员将进行销毁处理。

四、存包收费标准

30公分以下的行李包件，每次存放收费2元；

30～60 厘米的行李包件，每次存放收费 5 元；

60 厘米以上及《物品存放登记表》登记物品箱包，每次存放收费 10 元。

五、观众请勿携带物品清单

枪支、军用或警用械具类（含主要零部件）及上述物品的仿制品；

爆炸物品类，包括炸药、爆破器材、烟花爆竹制品及上述物品的仿制品；

管制刀具类，如匕首、三棱刀（包括机械加工用的三棱刮刀）、民族刀、带有自锁装置的弹簧刀以及其他类似的单刃、双刃、三棱刀等；

管制刀具以外的利器、钝器，如菜刀、餐刀、大型水果刀、工艺品刀、剪刀、钢（铁）锉、斧子、锤子等；

易燃易爆物品，如：酒精、汽油、煤油、柴油、打火机、火柴、发胶、摩丝、指甲油、染发剂、去光剂等；

带有毒害性（汞、剧毒农药等）、腐蚀性（盐酸、硫酸等）的危险物质；

液体类物品（各类软、硬包装的饮料制品经本人试喝检验后可以带入场馆）；

违反相关法律规定涉及政治、宗教、商业等宣传展示活动的印刷品、宣传品；

任何可能影响参观秩序的标语、条幅、旗帜；

除上述物品以外，中国法律法规明令禁止的其他可能影响观众参观或文物安全的物品。

（资源来源：中国国家博物馆官方网站，http://www.chnmuseum.cn/Default.aspx？TabId=202&AspxAutoDetectCookieSupport=1）

第二节 宴请

一、宴请概述

1. 宴请程序

（1）确定宴请规模与规格

宴请是现代社会活动中的一种常见行为，宴请活动的第一步，是确定宴请规模与规格，通俗来讲，也就是要确定宴请宾客的数量、名单以及宴请的级别、档次，这是后续安排的前提与基础。

（2）选择宴请场所，确定宴请时间并发出邀请

确定好宴请规模和规格后，可根据宴请人员数量和级别选择符合相应规模要求和级别要求的场所，根据与宴请对象的沟通结果协调好宴请的时间，并向宴请对象发出口头邀请或者书面邀请。

具体而言，宴请场所的确定，要依据规格决定，规格高的一般安排在高级饭店或者酒店，一般规格安排在适当的饭店即可，宴请场所确定时还要尽量兼顾环境、卫生、交通、饭店特色等因素。

宴请时间的确定，要请示领导意见，并综合考虑宴请对象的时间安排，一般公务宴请不安排在重大节日、假日以及对方的一些重大活动日。

宴请邀请的发出，通常使用口头通知、电话通知、电邮通知等等，对于特别正式的邀请，还要向宴请对象发出正式请柬或者邀请函，以显正规合乎礼节。

(3) 确定菜单

宴请菜单可根据宴请的时间安排和紧急程度，分为事先确定和现场确定两种，一般点菜工作都由秘书人员负责。

确定菜单时，主要考虑经费因素、地域习惯因素、特色因素、宴请对象的个人口味因素、禁忌因素等。经费因素即指安排宴请的经费预算，一般公务接待对于宴请经费都有具体的规定，菜单安排首先不能超支超标违反制度规定；地域习惯因素即指各地的饮食风俗，如我国广东地区习惯在宴请中先点汤品，江浙一带喜好甜味菜肴等，在安排菜单时要考虑到；特色因素即指在安排菜单时要考虑到宴请地点的招牌菜和特色菜；个人口味因素，是指安排菜单时要考虑到宴请对象的男女比例、年龄构成、口味甜咸、荤素喜好等等；禁忌因素是指要考虑到参加宴席的人员是否有宗教饮食禁忌和个人其他禁忌等，以防尴尬。

(4) 掌控宴请流程

宴请流程包括迎客、入席、敬酒、交谈、散席五步，宴请方要安排好这五个流程的细节，实现宾主尽欢，总体时间一般控制在一个小时到一个半小时左右。

2. 宴请座次

宴请座次的安排是秘书人员在宴请活动中通常会遇到的问题，宴请的座次安排有席次安排和座次安排两种情况：

(1) 宴请席次安排

宴请席次安排大体上可以概括为：主桌定位，中间为上，以右为尊，近高远低，如图 1 至图 4 所示：

图 1：

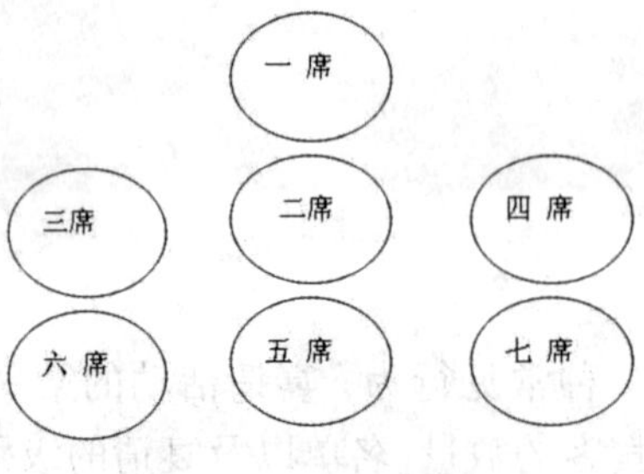

图 2：

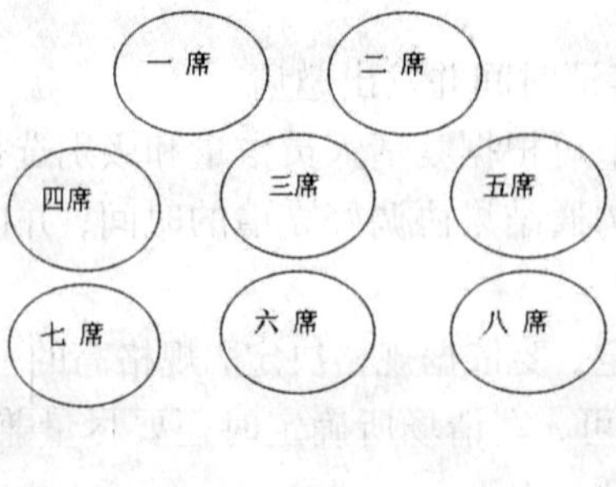

图3：

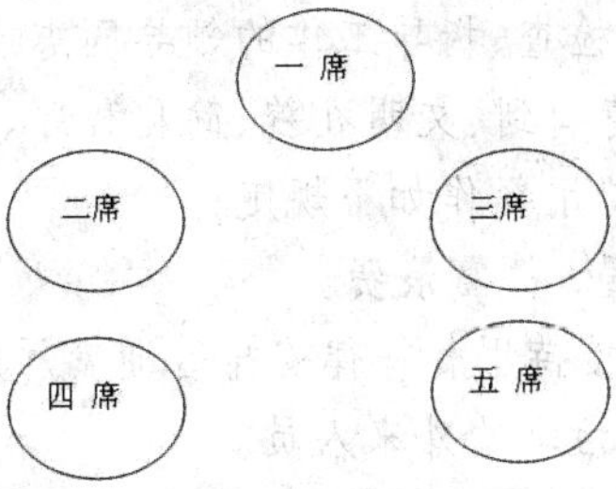

图4：

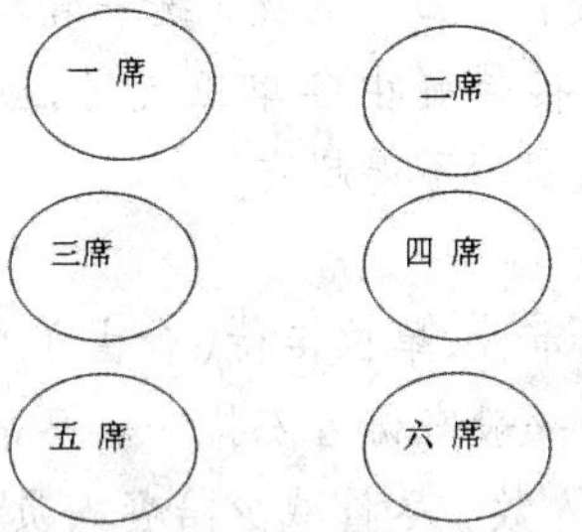

(2)宴请座次安排

当宴请仅为一桌时，通常在包间内举行宴请活动，其座次安排要遵循以下原则，即面门为上、观景为佳、领导定位、以右为尊、近高远低、交叉排列，如图5所示：

图5：

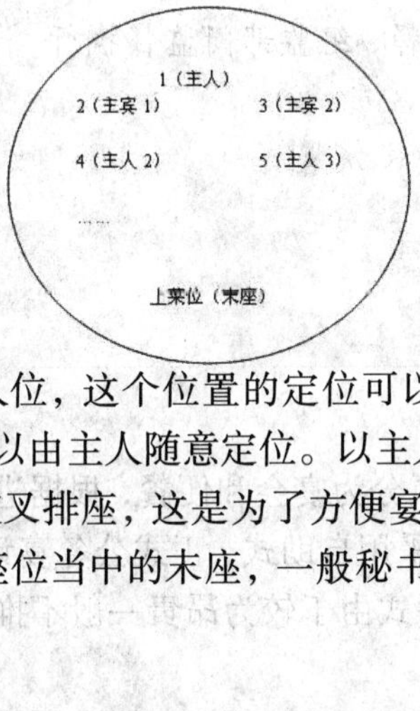

如图所示，通常一号位为主人位，这个位置的定位可以选择面对包间门的位置、面对电视的位置、面对景观的位置，也可以由主人随意定位。以主人位为标准，其右手位为1号主宾位，左手位为2号主宾位，宾主交叉排座，这是为了方便宴请间的相互交谈。与主人位相对的位置即为上菜位，也就是宴请座位当中的末座，一般秘书人员坐此座位附近，方便席间加菜及安排各种服务等。

3. 宴请注意事项

宴请活动安排时，秘书人员应注意宴请次数、陪餐人数以及宴请标准的把握，一般情况下同一批客人不在短时间内多次重复宴请；陪餐人数宜少于客人人数，或最多不能超过客人人数，避免出现“客少主人多”的情况；宴请标准不能违反相关单位接待标准规定，不能超越职权额度滥用宴请经费。此外，公务宴请还应索取和保管好相应票据，以便事后按照报销管理的有关规定履行财务报销手续。

小资料5:关于公务接待用餐的有关规定(范文)

接待上级领导机关来我单位检查、指导工作的领导同志或兄弟单位来我单位参观学习、联系业务、帮助工作的客人，要热情周到、文明礼貌、简化程序、确保安全，同时坚决杜绝大吃大喝、铺张浪费现象。现将公务接待用餐作如下规定：

一、严格禁止用公款大吃大喝，挥霍浪费。

除外事或特殊需要外，公务接待用餐一律安排普通餐厅用餐，严格禁止超标准接待。

严格禁止用公款接待非公务活动的外来人员。

严格禁止各单位内部各部门举行各种名目的宴请。内部会议原则上不用餐。

二、公务接待用餐采用“分头接待，归口列支，统一管理，目标控制”的原则。

凡由各业务部门负责接待的，接待费由各单位支付；应由单位负责接待的，经费由单位列支。各部门应严格控制接待费数额，不得超支。

三、严格接待用餐审批手续

各部门接待，由单位主管领导审批；单位接待(含由单位经费列支的机关各部门接待)一律由行政部门审批，并登记备查。一般来访者安排一次宴请，其余时段实行工作用餐。

四、严格控制接待范围和陪餐人数，尽量减少陪餐人员。

五、宴请标准：客人来访期间如确有需要，可根据具体情况安排宴请。上级领导按实际需要安排，费用每人一般不超过80元，其他客人费用每人一般不超过60元。接待时应突出地方特色。

六、外事接待按有关文件规定执行。

七、本规定由行政部门负责解释，纪监部门监督执行。

行政部某某办公室

2015年3月1日

二、中餐宴请

1. 用餐的方式

中餐宴请可根据用餐的规模区分为宴会和便餐，根据进餐方式可划分为分餐式、公筷式、自助式、混餐式，一般工作餐建议采用自助式，正式公务宴请建议采用混餐式，公筷式由于干净卫生近年来正在广泛使用，分餐式由于较为昂贵一般不推荐使用。

2. 时空的选择

安排宴请时，要注意时间和空间的选择，在时间选择上要入乡随俗，遵循民俗惯例，还要注意主随客便，适当控制用餐时间，中午用餐时间原则上控制在一个小时左右，晚宴用餐时间也不要超过两个小时。在空间选择上，要选择环境优雅、卫生良好、设施完备、交通方便的地点用餐，尽量使参加者感觉到便利、卫生、安全、舒适。

3. 餐具的使用

中餐中的主餐具包括筷、匙、碗、盘，辅餐具包括水杯、湿巾、水盂、牙签。在使用时，筷子不要跨放或者竖放在其它的餐具上，应该端正摆放在碟子旁边；夹菜时主动使用公筷，不用筷子在空中比划、在盘中翻找食物；不用筷子在其它餐具上敲击发出异响等等。匙子在使用时不要在碗中立正或者敲击。碗主要用来盛装饭菜，不可一次性夹取太多菜肴装得过满。碟主要用来装食物残渣，可以及时要求服务员帮忙更换。湿巾不要当做洗脸毛巾来使用，一般仅作餐前擦手或者餐间擦去手上污渍使用。水盂一般在南方地区宴请中出现较多，用于盛装洗涮餐具用水。牙签剔牙时尽量避人或使用餐巾纸等遮挡，不可大大咧咧，引人反胃。

4. 中餐用餐的表现

参加中餐宴请，餐前原则上应该适度修饰、准点抵达、各就各位、适度交际、倾听致词。适度修饰即指根据自身工作性质与工作地位，选择大方得体的打扮或者妆容出席宴请，准点抵达一般指在宴请活动开始前后十分钟内抵达，一般领导人员会稍迟几分钟抵达以显身份；各就各位，即指各位参加宴请的人员根据自己在宴请参加者中的身份地位选择符合自己身份的位置入座；适度交际即指在宴请期间，参加人员之间要相互进行适当的交谈，以避免冷场，在某些宴请场合，交际是最重要的事情，交际的意义远远超过宴请本身；倾听致词，即在宴请活动开始时，主人或者主宾会发表致词，对本次宴请的原因、目的、基本情况作简要的介绍和交待，这时参加宴请的人员应该认真倾听，不能只顾埋头大吃，有损形象，也颇为失礼。

在用餐过程中，参加人员应该不违食俗、不坏吃相、不去布菜、不乱挑菜、不争抢菜、不玩餐具、不吸烟、不清嗓子、不作修饰、不乱走动。基本的公务应酬类用餐的程序为：餐前所有参加宴请的人员到达宴请现场，并相互进行自我介绍和寒暄交谈；宴请开始时，主人或者主宾简单致词和相互介绍；开始上菜后，大家进餐，并伴随简单的相互交流；用餐二十分钟以后，领导开始敬酒，主客双方相互敬酒致词交际；四十或五十分钟后，宴请基本进入尾声，主人或者主宾举杯致词，宣布本次宴请结束。

三、西餐宴请

在宴请活动中，我国中餐宴请比较频繁，但是随着改革开放的发展和业务类型的多样化，西餐接待也逐渐进入人们视野，成为秘书人员进行宴请接待安排时必须常握的一项内容。

1. 西餐的菜序

西餐分为正餐和便餐，正餐包括开胃菜、面包、汤、主菜、点心、甜品、果品、热饮八个程序，便餐较为简单，仅包括开胃菜、汤、主菜、甜品、咖啡五个程序。

开胃菜主要是指色拉，有时也会有海鲜和果盘。吃色拉时，一般只用餐叉，海鲜主要有鲜虾、牡蛎、蜗牛等，果盘一般也以切割好的水果为主，开胃菜通常只需要使用餐叉。

面包包括鲜面包和烤面包。西餐中的任何食物一次不宜取用过多，每次放入嘴巴的食物最好吃完，一次性入口一小块是不错的选择。无论哪种面包，都可以沾取果酱或者其它配料，但都不要狼吞虎咽，不要用来蘸汤和擦盘子。

西餐中的汤包括红汤、白汤和和清汤，红汤一般加入了蕃茄、白汤一般加入了奶油芝士等，清汤中一般有洋葱。喝汤时，应该以右手握匙，由近而远，然后再喝，不可直接端汤来喝，也不可以趴到汤盘上吸食，亦不可用嘴巴对着汤吹气，这些动作都不雅观。

西餐中的主菜指的是白肉、红肉、泥子、冻子等。白肉一般是指鱼和鸡，这类肉品煮熟后呈白色，红肉指的是牛羊肉等，这类肉品煮熟后呈红色，冻子是煮熟的食物汤汁冷却凝结而成的，泥子是将一些海鲜和动物肝脏等加工搅拌制成的泥状食物。这些食物根据形态和大小，可直接使用餐叉取食，也可用餐刀切割后再用叉取食，但是西餐中所有食物的食用原则，都是每次入口的份量以正好一口吃下为宜，尽量避免啃咬、撕咬食物的情况出现。

西餐中的点心有饼干、馅饼、三明治、通心粉、土豆片、烤土豆等，甜品有布丁、冰淇淋等，果品有草莓、菠萝、苹果、香蕉、橙子、葡萄，热饮一般是指红茶和什么都不加的黑咖啡，其中热饮之所有选用什么都不加的黑咖啡，是为了化解西餐食物中的油腻。在我国，由于饮食适应程度不同，也可选择不同种类的咖啡。

2. 西餐的座次

西餐中座次排列的法则是女士优先、恭敬主宾、以右为尊、距离定位、面门为上、交叉排列，如图6. 图7：

图6：

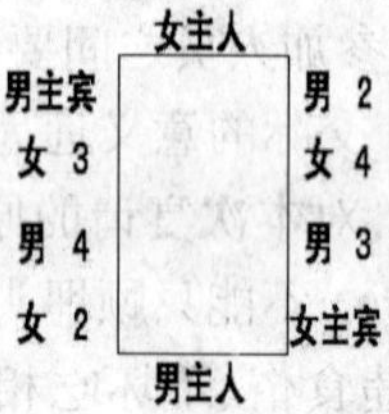

图7：

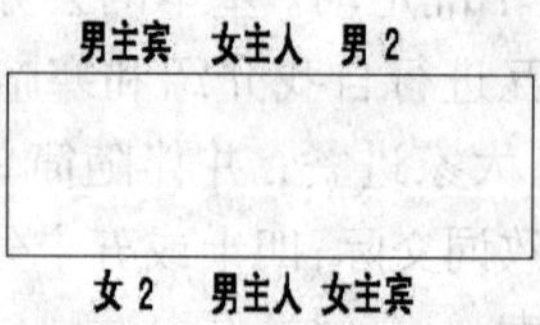

3. 西餐的餐具

西餐的餐具包括刀叉、餐匙、餐巾三类。使用刀叉，一般是左叉右刀，切割时用叉子按住食物，刀沿叉齿切割，切割的食物大小宜以一口可吃下为准，切时不要发出异响，双手不要动作幅度过大，临时放下刀叉时，应该刀向内、叉齿向下摆放。注意有锯齿的刀一般用来切割肉类，无齿的刀一般是用来涂抹黄油的，不可混用。餐匙使用时，通常大的是用来喝汤的，小的是用来吃甜品的，除此之外，不可用来直接舀取菜肴，不可直立在盘中或者菜肴中，一次取用不可过量，不可用匙舀取红茶或者咖啡饮用。餐巾在西餐中主要用来保洁服装和揩拭口部、掩口遮羞，此外，女主人铺开餐巾表示宴会开始，将餐巾放在桌上表示宴会结束，用餐者中途暂离还可将餐巾放在座位上进行暗示。

4. 西餐的要求

西餐接待时，要求参加人员举止高雅、衣着考究、尊重女性、积极交际。举止高雅即指进食禁声、不发出异响、慎用餐具、姿态优美、吃相干净，衣着考究则指有时需要穿着礼服、正装或者较为庄重的便装，尊重女性即指礼待女主人、照顾女宾客、忌用女侍者，积极交际即指主动与附近的来宾或者主人进行沟通和交谈，交谈前可先用餐巾轻轻蘸蘸嘴，防止失礼于人。

四、宴请酒水

酒水是宴请场合中不可或缺的角色，特别在我国具有重要的影响和地位。在不违反国家相关制度规定和不超过单位规定的接待标准的前提下，酒水在宴请中可以直到融洽气氛和推动交际的作用，秘书人员必须对此有所了解。

小资料6:关于饮酒的国家相关制度规定

1.公安部五条禁令

为严明纪律，树立公安队伍良好形象，中国公安部于2003年1月22日发布了“五条禁令”:

一、严禁违反枪支管理使用规定，违者予以纪律处分;造成严重后果的，予以辞退或者开除。

二、严禁携带枪支饮酒，违者予以辞退;造成严重后果的，予以开除。

三、严禁酒后驾驶机动车，违者予以辞退;造成严重后果的，予以开除。

四、严禁在工作时间饮酒，违者予以纪律处分;造成严重后果的，予以辞退或者开除。

五、严禁参与赌博，违者予以辞退;情节严重的，予以开除。

民警违反上述禁令的，对所在单位直接领导、主要领导予以纪律处分。民警违反规定使用枪支致人死亡，或者持枪犯罪的，对所在单位直接领导、主要领导予以撤职;情节恶劣、后果严重的，上一级单位分管领导、主要领导应引咎辞职或者予以撤职。对违反上述禁令的行为，隐瞒不报、压案不查、包庇袒护的，一经发现，从严追究有关领导责任。

此禁令自2003年2月1日起施行。公安部指出，原有规定与此禁令不一致的，以此禁令为准。

2.《道路交通安全法》关于饮酒驾驶的规定:

饮酒驾驶机动车辆，罚款1000元~2000元、记12分并暂扣驾照6个月;饮酒驾驶营运机动车，罚款5000元，记12分，处以15日以下拘留，并且5年内不得重新获得驾照。醉酒驾驶:

醉酒驾驶机动车辆，吊销驾照，5年内不得重新获取驾照，经过判决后处以拘役，并处罚金;醉酒驾驶营运机动车辆，吊销驾照，10年内不得重新获取驾照，终生不得驾驶营运车辆，经过判决后处以拘役，并处罚金。

第九十一条，饮酒后驾驶机动车的，处暂扣六个月机动车驾驶证，并处一千元以上二千元以下罚款。因饮酒后驾驶机动车被处罚，再次饮酒后驾驶机动车的，处十日以下拘留，并处一千元以上二千元以下罚款，吊销机动车驾驶证。

醉酒驾驶机动车的，由公安机关交通管理部门约束至酒醒，吊销机动车驾驶证，依法追究刑事责任;五年内不得重新取得机动车驾驶证。

饮酒后驾驶营运机动车的，处十五日拘留，并处五千元罚款，吊销机动车驾驶证，五年内不得重新取得机动车驾驶证。

醉酒驾驶营运机动车的，由公安机关交通管理部门约束至酒醒，吊销机动车驾驶证，依法追究刑事责任;十年内不得重新取得机动车驾驶证，重新取得机动车驾驶证后，不得驾驶营运机动车。

饮酒后或者醉酒驾驶机动车发生重大交通事故，构成犯罪的，依法追究刑事责任，并由公安机关交通管理部门吊销机动车驾驶证，终生不得重新取得机动车驾驶证。

讨论:除以上材料中列举的情况外，在现实生活中，宴请过度饮酒还有哪些风险?请举例说明。

1. 酒水的种类

宴请中的酒水的种类大体上可以分为白酒和洋酒(包括烈酒、啤酒、葡萄酒等),除啤酒外,其它酒种在现代宴请活动中都使用得较为普遍。

中餐宴请中通常会出现白酒、烈酒、葡萄酒,而西餐宴请中出现的酒基本都是葡萄酒。

白酒又名烧酒、白干,是由粮食或者某些果品发酵、蒸馏而制成的,酒精含量高,属于烈性酒。宴请用酒一般选择具有本地特色的白酒品牌,同时考虑到酒水的档次是否与宴请对象相匹配,敬酒时讲究"酒满敬人",中国各地出产的白酒众多,如茅台、五粮液、水井坊、剑南春等,但本着经济节约的原则,高档酒在宴请中应该谨慎选择。

洋酒是国外进口的一些酒类的统称,除啤酒外,烈性酒和葡萄酒都经常出现在我国的宴请餐桌上。威士忌酒和和伏特加都是烈性酒当中的有名代表,而以葡萄为原料酿制的酒包括白葡萄酒、红葡萄酒、桃红葡萄酒、发泡葡萄酒(即香槟)、蒸馏葡萄酒(即白兰地酒,知名品牌有马爹利、轩尼诗、人头马、拿破仑等)。在宴请饮用时,洋酒通常不讲究"杯满敬人",而选择高脚玻璃杯盛装,以品酒为主。特别是葡萄酒,不同的酒类对饮用温度还有不同的要求,在配用西餐宴请时,一般遵行"红肉配红酒、白肉配白酒"、"上一道菜换一种酒"的搭配方式,这和中餐宴请中仅一两种酒类的情况截然不同。

2. 饮酒注意事项

在宴请过程中饮酒,一般要有祝酒词,以推动宴请气氛,正式祝酒词通常在餐前开始,用餐过程中的祝酒词则不宜过长,对他人发布祝酒词要表示尊重。干杯是宴请中的另外一个常见行为,白酒干杯讲究一饮而尽,而洋酒干杯则可量力而行。敬酒祝酒是表示对他人的礼貌和尊重,但不可过多过频,不宜强迫他人过量饮酒,点到即止即可。拒绝他人敬酒要有礼貌,委婉表明原因和意愿,避免冷场和尴尬,可使用如"身体不适"、"要开车回家"、"工作规定"等等理由,以取得他人谅解。饮酒表现要文明,不可借机耍酒疯,不可酗酒,不可灌酒,不可划拳行令,以免惹人生厌。

小资料7:叩指礼的由来

在饮酒场合,主人斟酒时,客人可行"叩指礼",表示感谢主人斟酒。行"叩指礼"时,客人把食指、中指并在一块,指头轻轻在桌上叩几下。

此礼是从古时中国的叩头礼演化而来的,叩指即代表叩头。据说是乾隆微服南巡时,到一家茶楼喝茶,当地知府不小心知道了这一情况,拼了老命也得去护驾,否则万一出事,吃饭家伙就没了。因为天威难测。到了茶楼,直接在皇帝对面末座的位上坐下了。皇帝心知肚明,也不去揭穿,久闻大名、相见恨晚的装模作样一番。皇帝是主,免不得提起茶壶给这位知府倒茶,知府惶诚惶恐,但也不好当即跪在地上谢主隆恩,于是灵机一动,弯起食指、中指和无名指,在桌面上轻叩三下,权代行了三跪九叩的大礼。敬茶喝茶是人之常情,又咋知你是微服皇帝,反正你敬我茶,我叩这么几下,也不花多少功夫,省得后患无穷。于是这一习俗就这么流传下来。

小资料8:茶水常识

1. 茶叶的品种

茶叶包括绿茶、红茶、乌龙茶、黑茶、花茶、砖茶、袋茶等。

绿茶即指对新鲜茶叶进行炒制,以高温破坏其中的酶,并制止其发酵后制成的。绿茶讲究饮用新茶，清明之前采摘的茶叶称为“明前茶”，通常品质最好。绿茶茶汤碧绿清澈、清新宜人，适合夏日饮用，较为著名的品种有龙井、碧螺春、毛峰、毛尖等。以龙井和碧螺春为例，西湖龙井是绿茶，龙井茶属于绿茶扁炒青的一种，扁炒青品质特点是形状扁平光滑，因产地和制法不同，分为龙井、旗枪、大方三种(冲泡温度,八九十度) 。其余各级龙井茶随着级别的下降，外形色泽由嫩绿一青绿一墨绿，茶身由小到大，茶条由光滑至粗糙;香味由嫩爽转向浓粗，四级茶开始有粗味;叶底由嫩芽转向对夹叶，色泽由嫩黄一青绿一黄褐。碧螺春条索紧结，蜷曲似螺，边沿上一层均匀的细白绒毛,将它轻轻投入水中，即沉底，有“春染海底”之誉。带着细细的水珠，约2分钟，几乎全部都舞到杯底了，只有几根茶叶在水上飘着，多数下落，慢慢在水底绽开，颜色浅碧新嫩，香气清雅(冲泡温度,七十度) 。碧螺春的冲泡程序为点香(焚香通灵) ——涤器(仙子沐浴) ——凉水(玉壶含烟)——赏茶(碧螺亮相)——注水(雨涨秋池)——投茶(飞雪沉江)——观色(春染碧水)——闻香(绿云飘香)——品茶(初尝玉液)——再品(再啜琼浆)——三品(醍醐贯顶) ——回味(神游三山)。绿茶不易保存，最好是冷藏保存。

红茶是通过使新鲜茶叶完全发酵后制作而成，在冲泡前，色泽乌黑厚重，冲水后色泽较深，能暖胃补气，适合秋冬时节饮用。红茶中较有有名的有产于安徽祁门的祁红，产于云南西双板纳的滇红，以及产于广东英德的英红等。

乌龙茶即指介于红茶和绿茶之间的半发酵茶叶，也称青茶，外形粗硕、松散，茶叶边缘发酵，中央不发酵，较好的乌龙有“绿叶红镶边”的说法，整体外观黑褐色，冲泡后色泽鲜亮，芳香宜人，可以化解油腻、健胃提神。乌龙茶中最著名的为福建安溪铁观音以及产于武夷山的武夷岩茶。铁观音是乌龙茶的极品，其品质特征是：茶条卷曲，肥壮圆结，沉重，常称“七泡有余香”，而武夷岩茶的代表为“大红袍”。相传明朝举子丁显上京赴考，路过武夷山时突然得病，巧遇一和尚取所藏大红袍茶泡与他喝，病痛即止。中状元之后，前来致谢和尚，并用锡罐装取大红袍带回。回朝后，恰遇皇后得病，百医无效，便取出那罐茶叶献上，皇后饮后身体渐康，皇上大喜，赐红袍一件，命状元亲自前往武夷山披在茶树上以示龙恩，同时派人看管，采制茶叶悉数进贡，不得私匿。从此，武夷岩茶大红袍就成为专供皇家享受的贡茶。传说每年朝廷派来的官吏身穿大红袍，解袍挂在贡茶的树上，因此被称为大红袍。每当采茶之时，要焚香祭天，然后让猴子穿上红色的坎肩，爬到绝壁的茶树之上采摘茶叶。所以粤语中把这种猴采茶称为“马骝茶”。

普洱茶，是一种广受欢迎的大叶种青茶,具体分为生普和熟普两种。生普是指采摘后以自然方式发酵，茶性较刺激，宜放多年后熟，茶性会转温和，好的老普洱通常是采用此种制法。而熟普则是1973年后以人为发酵法发酵制成的，茶性温和，茶水达到软水好喝。生普的茶汤颜色通常为明亮的黄色，口感生涩，而熟普颜色通常为红褐色，口感醇和。目前普洱茶主要产于云南，主要销往广东。普洱茶冲泡方法为:“孔雀开屏”，即向客人展示茶具——“温壶涤器”，即以沸水冲洗茶具——“普洱入宫”，即撮茶入碗，投茶量为茶碗之1/4——“游龙戏水”，即以铜壶之沸水呈45度角快速冲入盖碗，令茶随水流翻滚而洗涤，充分释放其味——“淋壶增温”，即以碗中茶汤淋洗公道壶——“祥龙行雨”，即以铜壶之沸水由低至高冲入盖碗——“出汤入壶”，即将碗中茶汤拂去浮沫后倒入公道壶(第1－3泡，5－10秒钟，每增加一泡即增加5－10秒钟，)——“凤凰点水”，即将茶汤以“凤凰三点头”之势倒入公道壶中——“普降甘霖”，即将壶中茶汤均匀地依次倒入品茗杯(碗)中(以七分满为度)——“齐眉敬奉”，即将品茗杯(碗)呈园状放置于托盘中，然后举杯齐眉一一奉敬。

花茶又称香片，是通过各种香花熏制绿茶而形成的茶叶，较为常见的有玫瑰花茶、茉莉花茶等，冲泡后芳香扑鼻、口感浓郁，适合女士饮用。

砖茶是深受少数民族喜爱的一种茶，它将茶叶压成砖型，通常与奶、糖等一起煮饮，是奶茶的主要原料。

2. 饮茶注意事项

《红楼梦》第四十一回“栊翠庵茶品梅花雪”里说到贾母带刘姥姥来到栊翠庵参观，里面有一个叫妙玉的带发修行的尼姑，很爱喝茶，并且对茶有独特的理解。她请贾宝玉喝茶时，给了他自己平时常用的茶杯绿玉斗，没想到贾宝玉嫌这杯子小，于是妙玉说:“一杯为品，二杯即是解渴的蠢物，三杯便是饮牛饮骡了。”一句话弄得宝玉不好意思，林黛玉和薛宝钗都笑了。由此可见，喝茶是有讲究的。在我国许多地区，来客奉茶是一种礼仪习俗，接到对方泡好的茶后，不要急着一口喝下去，通常要做到“一观、二闻、三品、四赞”，即首先观察茶色，然后轻嗅茶香，接着品尝茶味，最后赞赏茶叶或者泡茶人的水平。这样可以有效的拉近人际距离，融洽人际关系。

除饮茶的程序要注意外，给客人泡茶，不宜泡得过满，酒满敬人，茶满则有欺人之嫌，且一般续水不过三回，酒过三巡，是宴请渐入佳境，而茶过三道，则是要举杯送客的节奏了。

小资料9：

咖啡常识

在现代职场中，一些前单位都会配备咖啡等饮料供给员工饮用或者待客，秘书人员待客时也常准备咖啡，因此，了解一些咖啡常识是必要的。根据配料划分，咖啡可分为黑咖啡、白咖啡、浓黑咖啡、浓白咖啡、爱尔兰式咖啡、土耳其式咖啡，其中黑咖啡是指的既不加奶、也不加糖的纯咖啡，在西餐宴请中最后出现的就是这种咖啡，它适用于化解油腻；白咖啡是加入牛奶、奶油或者特制植物粉末的咖啡，也称为法式咖啡，是否加糖可由饮用者自行决定，通常中国人比较适应饮用这种咖啡；浓黑咖啡全名叫意大利浓黑咖啡，浓白咖啡全名叫意大利浓白咖啡，都是以特殊的蒸汽液压方法制作，浓黑咖啡极黑极浓，饮用时可加入少量糖和茴香酒，浓白咖啡则是加入奶油或者奶皮，也可加入柠檬汁和少量糖；爱尔兰式咖啡是指饮用时加入威士忌酒的咖啡，相传是拿破仑攻打俄罗斯时偶尔发明的；土耳其式咖啡量大混浊，可加入牛奶和糖，很受中东地区人们喜爱。

第三节　庆典

一、庆典活动的程序

庆典活动是组织隆重大型的庆祝活动，活动主题一般围绕组织纪念日或者值得纪念的重大事件展开。通过庆典活动，组织可以增强其社会影响力、知名度、美誉度，增强组织成员凝聚力和向心力，扩大对外交流与合作，同时展示自身形象。

1. 做好庆典活动的宣传工作

组织庆典活动，秘书人员及其他庆典策划人员首先要注重宣传工作，宣传可以为庆典活动的开展造势。根据组织经费预算，可运用传播媒介在报刊杂志、电视台、广播电台、网络上发布相关信息，引起目标群体注意，扩大影响力。庆典活动的宣传一般提前三到五天为宜，宣传内容包括庆典举行的时间、地点、主要内容等，还可邀请媒体记者到现在进行摄像、拍照、采访、报道，予以正面宣传。

为了协助宣传，秘书人员可组织编写宣传材料和新闻通讯材料，在相关材料中列出庆典主题、背景、活动内容等。材料编写完成后，可以发送给媒介以方便记者写作新闻稿件，也可以寄送给庆典来宾，增强来宾对庆典活动的了解，还可以印发传单或者宣传手册，赠送给有需要的客户群体。

2. 确定庆典规模与规格

庆典的规模与规格即指庆典的场面大小、人员多寡以及庆典级别。庆典规模和规格首先由主管领导提出并由领导层讨论决定，秘书及具体策划人员按照既定规模和规格安排场地、庆典花费、人员数量、人员名单等等即可。

3. 准备各种发言用稿

庆典活动开始时通常是领导和嘉宾致词环节，在此环节中，通常需要秘书人员准备各种发言稿。根据庆典活动特点，发言稿要体现喜庆、热烈的气氛，要符合发言者的身份地位，要和组织庆典紧密结合起来。

小资料10：庆典致辞

各位领导，各位来宾，各界朋友：

今天是我们公司25周年庆典的喜庆日子，在这热烈祥和的气氛中，我谨代表我们公司全体员工对各位的到来表示最热烈的欢迎，对各位长期以来对我们公司的关心、爱护和支持表示衷心的感谢。

我公司成立于1980年，迄今已经25年了，在这25年中，我们始终不忘诚信为本，质量至上的创立宗旨，坚持为顾客服务的经营理念，在各位领导、各位来宾的支持下，在广大消费者朋友的信任中，一路披荆斩棘，风雨无阻，从一个名不见经传的小企业发展到今天年产值35亿的大中型企业。

我们企业，是一个朝气蓬勃，充满活力，富有想象力和创造力的企业，历经数年的商海遨游，培养了我们的经营之道，踏实的办事作风。今年，我们走入了企业发展的第25个年头，在这一年里，我们制定了未来五年的发展规划，继续探索企业发展方向，我们相信，经过自身努力拼搏，我们公司一定会逐渐成长壮大，谨此，我向所有曾经关心支持过我们的各界朋友表示衷心的谢意，希望你们能够一如既往的关注我们、支持我们。

谢谢大家！

4. 拟订庆典程序

庆典活动的一般程序为：主持人宣布庆典开始——主持人介绍庆典现场的重要领导和各方来宾——组织的重要领导讲话——来宾代表讲话——安排剪彩或礼仪仪式——安排参观活动——安排座谈或宴会——邀请重要来宾留言或提字。在庆典程序中，发言人和剪彩嘉宾分为己方人员和客方代表。己方人员通常选择本组织最高负责人，客方代表通常选择德高望重、社会地位较高的知名人士，选择的人选确定后，须与被选择对象进行沟通并征得本人同意。

5. 庆典准备

庆典准备首先要做好人员邀请准备，确定参加人员数量及名单后要及时发放请柬或者邀请函，邀请对象包括上级领导、政府官员、地方实力人物、知名人士、新闻记者、社区公众代表、客户代表、同行业代表或特殊人物等。邀请一般提前三到七天发出，重大庆典活动邀请可提前十天以上发出，并于庆典前三天一一确认参加人员的信息。

第二，庆典要做好物资准备。这些物资包括现场签到用品、馈赠用品、礼仪用品、宣传用品、饮料瓜果等用品、庆典设备等用品。

第三，庆典要做好人员准备。人员准备包括现场接待人员、服务人员、后勤人员等等。接待人员主要负责对所有来宾的热情接待，从来宾迎接、签到、位置安排到来宾留言、食、宿等方面都要由专人负责；服务人员主要提供庆典现场服务，如茶水饮料、传递信息、现场布置调整等，都由这些人员负责；后勤人员主要做好庆典后保障工作，保证现场所需各种资料足量及时供应，并保持现场清洁有序。

第四，庆典场地布置。在选择确定好庆典场地后，需要提前一到两天布置好庆典现场。布置内容包括，主席台布置与坐椅设置，人名台签摆放，红地毯铺置，悬挂横幅、标语、气球、彩带、花篮、牌匾等等设置，务必体现现场喜庆的气氛。此外，室外场地布置前要提前了解天气预报，及时根据天气情况做出预备方案和调整计划，防止因天气变化影响庆典活动的开展。

6. 馈赠纪念

按照惯常做法，参加庆典类活动的来宾通常会获得由主办方送出的馈赠礼品。，这类礼品通常不会选择价值过高或过于贵重的物品，而是选择设计具有宣传性、荣誉性、独特性的物品。在可以兼顾的前提下，有时还可考虑实用性，旨在使受赠者增强对主办方好感，接收宣传信息，明确纪念意义。

二、庆典活动注意事项

庆典活动是主办组织面向社会和公众展现形象的机会，也是对自身的组织策划能力、社交人气以及礼仪综合素养的检验。因此，举办庆典活动时，秘书人员和策划人员应注意以下事项：

1. 庆典设计的计划性

庆典活动是一个整体性活动，要事先做好详细的计划，切忌想一事办一事，容易造成一盘散沙的混乱局面。具体说来，庆典计划应试包括：

(1)确定庆典活动主题并精心策划，广而告之。

(2)确定出席庆典活动的人员名单，且牢牢把握邀请人员的代表性与知名度原则。

(3)拟定并及时公布庆典程序，使庆典流程有条不紊的进行。

(4)做好各种文稿准备，尽量少说空话、废话、套话，言简意赅、幽默风趣的语言更易引发听众好感。

(5)确定礼仪人员与礼仪嘉宾代表参加剪彩、揭牌、托牌等活动。

(6)安排各项接待事宜，务必给庆典参与人员带来宾至如归的感受。

(7)可在庆典活动中安排烘托气氛的题词、舞龙舞狮、参与人员游戏与互动等活动，强化公众参与感，激发活动热情。

(8)庆典结束后，可组织相关人员继续参观本组织的设施、产品展示等，强化宣传效果及影响。

(9)通过座谈会、茶话会、留言簿等形式，广泛听取吸纳各方意见建议，以便总结经验，徐图改进。

2. 选择好时机

庆典活动安排前，应该通盘考虑当前行业、市场、社会环境中对庆典活动可能的反应以及庆典活动的安排效果，如有必要，还可先做公关调查，尽量避开同期热点庆典和事件活动安排，选择最容易抓住人们注意力的时机安排庆典活动。

3. 注重媒体公关

要使庆典活动取得最大化的影响和效益，做好媒体公关是必不可少的环节。一方面，可以通过媒体使得庆典设计更具新闻价值，扩大宣传效果，另外一方面，也可以通过媒介视角，发掘出庆典设计的新颖之处，吸引公众目光。

第四节　息发布

一、信息发布会的程序

1. 会前准备

(1)确定信息发布会的主题与时机

信息发布会的主题通常包括说明性主题和解释性主题，而时机的选择与主题相关。

说明性主题的信息发布会通常是在组织推出新产品、举行新活动、进行重大机构改革等等时机举办，一般根据具体情况提前一个月到几天不等。如×××娱乐公司为推出新的歌手专辑、新的电影上映，×××企业推出新的产品上市、×××企业进行资产重组改革信息发布会等等，都是为了发布信息、说明情况而在事件发生前举行的。

解释性主题的信息发布会通常是在出现××重大事件后为了对发生事件进行解释和情况通报而举办的，通常举办的时间不宜距离事件发生时间太久，一般性事件，在发生后三到七天通常会举办发布会，重大事件和较为复杂的事件，可能举办多次信息发布会。如××企业产品质量问题出现后，可举行信息发布会，××地区出现地震等自然灾害后，当地政府可能举办一次或者多次震后信息发布会。

在举行信息发布会时应该注意，每一次信息发布会的主题应集中、单一，不能同时发布几个不相关的信息，发布的时机要把握好，不要等到媒体和大众已经没有了兴趣，或者已经彻底失去了人心时再举行发布会。信息发布的情况应该客观、真实，不可弄虚作假。如果信息发布方有一些与主题相关的资料，应该及时在信息发布会中发布，并发放给媒体记者，以利于宣传。

(2)确定信息发布会的地点

信息发布会选择的地点，通常可以考虑本组织所在地、事件发生地、惯例性发布地(如每届人大会议结束后会在人民大会堂举办信息发布会)、当地的宾馆和会议厅、大礼堂等。

在确定地点时，一是要考虑到场地的使用成本问题，二是要考虑到场地的容纳量与信息发布会的规模是否相符合，三是要考虑到场地的设施配备情况是否符合信息发布会的要求，四是要考虑到场地的选择对于信息发布会的召开是否有特殊意义。

(3)确定参与人员名单并发出邀请

根据信息发布会的主题，确定邀请的对象是信息发布会能否成功举办的关键环节。一般而言，信息发布会的邀请对象应该包括：举办方信息发布人、举办方主要领导和信息发布相关人，新闻媒体代表，广告公司代表、客户代表、同行代表等等。说明性主题的信息发布会为了扩大影响面，可广泛邀请媒体记者参加，解释性主题的信息发布会则通常邀请具有代表性的媒体记者参加。

信息发布会的邀请要提前三到十天发出，可使用邀请函、电话邀请、电邮邀请、传真邀请、专人邀请等形式，邀请后还应及时与对方联系确认是否到场。

(4)选择信息发布会的主持人和发言人

信息发布会的主持人通常由举办方的行政办公室主任或公关负责人担任，发言人通常由负责和主持与发布主题相关工作的领导担任。自2003年SARS事件爆发后，中国政府开始密集举办各种事件的信息发布会，全国各地的信息发布会和信息发言人制度也开始不断的建立和完善起来。不论是政府还是企业，信息发布的意识都在不断的规范和强化，许多的单位都纷纷建立了信息发布会制度和信息发布人员工作规范。

小资料11：××公司信息发布制度(范文)

第一章 总 则

第一条 为加强××公司对外宣传和沟通，建立健全信息发布工作体系，规范××××信息发布工作，为公司发展赢得×××××，根据国家相关法律规定×××××有关要求，结合公司实际，制定本规定。

第二条 公司信息发布工作坚持“××××”的原则，按照“××××”的要求开展工作。

第三条 信息布工作应遵守××××纪律和有关保密规定，维护××××合法权益；应坚持正确的××××导向，展示良好企业形象。

第二章 工作职责

第四条 ×××××信息发布人由×××××主任担任，代表××××对外发布信息。

第五条 信息发言人主要职责：……

第三章 信息发布的内容和形式

第七条 信息发布的主要内容：……

第八条 信息发布要严格执行×××××纪律和××××有关保密规定，不得泄露××××××秘密。未经批准，任何部门或个人不得以公司名义举办信息发布活动或对外发布信息。

第九条 信息发布可采取以下方式：信息发布会……

第四章 信息发布工作机制

第十条 信息发布工作实行审批管理

第十一条 信息发布的工作程序：明确发布主题——收集发布资料——制定发布方案——

邀请相关媒体——事后效果评估。

第五章 附 则

第十二条 本规定由××××××负责解释。

第十三条 本规定自印发之日起实施。

(5)准备材料

信息发布会需要准备的材料有：主持人的发言稿、发言人的发言稿、回答提纲、新闻资料、其它辅助材料。

主持人的发言稿要注意措施委婉、诚恳、符合主题气氛；发言人的发言稿和回答提练要务实、全面、准确、生动；新闻资料要预先将事件的具体情况、数据、资料打印出来，给新闻媒体的报道提供详细资料；其它辅助性的资料包括图片、视频、实物、模型、样品等等，综合运用可强化信息发布的效果，加深发布会参与者对信息的印象和理解。

(6)预算费用

发布会的预算费用应该包括：场地租赁费、设备使用费、会场布置会、文印费、茶水点心费、礼品费用、交通通讯费以及必要人员经费等。

2. 发布会程序控制

(1)签到

发布会开始前，通常需要提前半个小时以上进行签到，签到有利于了解会场人数并进行会场控制，签到时，发布会工作人员可对会场进行最后检查，对意外情况进行补救。

(2)分发资料

签到时或者发布会入场时，工作人员可将分装好的资料进行发放，这些资料包括信息发布稿、技术性说明(必要时发放)、发布会流程介绍及要求，若有产品或者宣传主题的，还可印发一些宣传资料。

(3)发布会开始

发布会主持人宣布发布会开始，简要向与会者说明召开发布会的原因和目的，对到场人员表示感谢，简要介绍事件情况和发言人情况等。

(4)发言人讲话

发言人讲话主要围绕发布事件做一些背景和解释性说明，并邀请在场人员提问。

(5)回答提问

回答提问环节是发布会的重中之重，在时间安排上通常占据整个信息发布会一半以上的比例。这个环节中，各方媒体、客户、行业代表等均可提问，并要求发言人给出解答。在选择提问人员时，尽量兼顾到各方代表，避免集中只回答一两家提问的情况出现。

3. 会后工作

发布会结束后，主要要做好清理现场、反馈信息和评估效果的工作。

二、信息发布会的注意事项

1. 不利情况的预判与防范

信息发布会的举办，出发点在于进行说明性宣传或者解释性公关，但是发布会举行的后果，却不一定符合主办方的预期，有时会出现一些负面的、甚至具有攻击性报道或者舆论后果，面对这些风险，举办方在举办信息发布会前，要做好充分的思想准备与应变准备。

2. 失误的避免与弥补

在信息发布会现场，人员众多，气氛紧张，会议主持人特别是发言人若是出现失误，会造成误会甚至产生严重的后果。为了避免失误的出现，事先要做好规范要求、资料准备和人员培训工作。

发布会的信息发布，必须真实准确、发布有度、口径统一、留有余地。也就是说，首先，发布会上发面的信息，应该是关于发布事件最权威、最真实的信息，弄虚作假的成分一旦被发掘出来，在社会上会被无限的放大，造成恶劣影响；再者，发布信息和把握信息保密尺度是不冲突的，什么样的信息是可以完全公开的，什么样的信息是涉及保密的，发言人要有明确的理解和良好的掌控；第三，口径统一也就是指作为信息发布方，在同一场信息发布会或者多场信息发布会、不同信息发布场合的发言人尽量只有一个，说法尽量统一，不要出现前言不搭后语、前后说法冲突打架的情况，这样会丧失公信力，留下语柄；第四，留有余地，即在发布信息和回答问题时，对事件的情况说明和判断要留有转圜的空间，切忌一口气将话说得太满，以免失信于媒体，失信于公众。

全方位的资料准备是避免和弥补失误的第二条途径。有的信息发布会信息量大，言语间难以对所有的信息和问题给出最完美的解答，在这种情况下，对重点和难以理解的、热点的问题进行现场的沟通和交流，其它问题用详细、全面的资料进行说明是个好方法。它不仅可以避免因信息的缺漏而造成参会人员断章取义、不明前后的理解发布信息，还可以大大降低解释的工作量，节约现场时间。与次同时，有文字或者音像资料做保障，也可以较好的避免一些误会的产生。

人员培训主要指的是发言人的培训工作。发言人的素质对信息发布会的成果有着重要的影响作用。一个合格的发言人，必须头脑清醒、表达流利、耐心沉稳、细致谨慎，并且具有较强的随机应变能力和良好的心理素质。要达到这样的要求，就必须进行人员培训。

小资料 12：发言人的类型

一问三不知型：召开信息发布会的目的是发布信息，这种一问三不知型的发言人通常是出现在解释类信息发布会中，当被询问到任何问题均不知，以“无可奉告”来回答提问者。过多过频的此种回答会使信息发布会失去意义，这是面对媒体大众的一种消极沟通方式，应该尽量避免。近年来，随着发言人制度的完善和发展，这种一问三不知的情况在发布会中出现的频率明显降低，2010 年 4 月，重庆市政府新闻办主任表示，如果发言人说“无可奉告”，将追究责任。

大包大揽型：发言人仅仅是组织的传声筒，在发布会上就发布事件的信息进行公开的宣传、解释和回答。有些发言人在发言现场自我感觉良好，定位错误，将自己当成了决策者。容易头脑发热，口出激动之语，以主观感受代替客观评价，以主观想法代替客观事实，造成媒体误读与公众误解，为组织带来损失和麻烦。

照本宣科型：此类发言人本身发言水平有限，或者对信息发布持不重视、不在乎的态度。无论现场情况如何，只按照事先准备的稿子念完了事。使用这种发言人的信息发布会本身只是一种姿态，没有任何实际的意义。

自我辩护型：通常出现在解释性主题的信息发布会中。自我辩护型发言人观点偏向明显，旨在维护本组织利益，一味砌词狡辩，容易引起媒体反感和公众反弹，使信息发布会的效果向相反的方向发展。

报喜不报忧型:这是大多数组织在举办信息发布会时的心态，旨在宣传组织正面形象，刻意回避负面新闻。可是回避解决不了问题，作为发言人，对于正面的和负面的信息和问题都要勇于面对，才能最终真正的维护组织形象。

恼羞成怒型:此种类型的发言人通常是在被记者追问多次、觉得窘迫的情况下出现。通常表现为面对问题无法回答时，用恼怒来掩饰自己的尴尬，甚至口不择言。如我国某厅级官员面对记者追问时恼羞成怒的说:你是站在政府这边还是站在老百姓那边？此言一出，舆论大哗，体现了这种人的素质低下和高人一等的官本位思想，最终这位发言人丢了乌纱帽。

感情错位型:通常出现在灾难性事件发生后的信息发布会上。这类发言人回避关于事件发生原因和责任归属问题，大谈特谈领导工作、救助工作等等，缺乏基本的人性化关怀，容易引发媒体和公众恶感。

3. 会场秩序的控制

在信息发布会现场，理论上是应该井然有序的，但是事实上，由于天气、设备、人员等等因素，可能会发生一些突发事件。如户外发布会中途突然下雨、扩音设备损坏和音像设备失灵、有人员捣乱等等。为了预防这类事件的发生，就要进行应变准备，以控制会场秩序。具体做法通常为:了解和关注天气情况，选择合适的发布地点;检修设备并安排备用设备;布置安保工作，加强入场安检等等。

小资料13:记者和信息发言人的关系问题。

1. 丹·拉瑟和尼克松的嘴仗

丹·拉瑟在一次记者招待会上惹恼了尼克松，尼克松反唇相讥:你是想盘问我吗？丹·拉瑟回答:你是怕人盘问吗？一些人批评丹·拉瑟不尊重总统，另一些人则认为尼克松应该给记者一个实质性的回答。

这个故事说明，记者和信息发言人是什么关系？

2. 原国务院信息办主任赵启正认为，记者和信息发言人的关系是挑战者与被挑战者的关系:

“记者既不是你的学生，也不是你的下属，不是你的敌人，也不是你的朋友，他是你的挑战者。”

这个说法说明信息发言人应该做什么？（提示:不能对记者的采访推诿扯皮。面对友好的问题或是挑衅性的问题，通常都要友善的对待。）

记者应该怎么做？（提示:有理有节，不以问倒对方为目的，而以得到充分、有价值的答案为目的。蓄意挑衅既是对他人的不敬，也是把自己推到对立面上去，不仅得不到对方友善的回答，也得不到对方没有戒备状态的真情实感的流露。有理有节，才能获得真实准确的信息。）

3. 记者和信息发言人最理想的状态是什么？有问必答。

对方说“对不起，无可奉告”怎么办？

不愿意发布某一信息，本身就是一种表态。记者在报道时，直接叙述对方的态度即可，让读者自己去分析判断。

小资料14:信息发布会的采访准备

1. 记者该怎样亮相?

着装:庄重得体

姿态:在回答问题时，记者最好一直站立，直到对方回答完你的问题再坐下。这样便于补充提问。如果不需要追问问题，记者提问后可先行坐下。

语言:语言文明礼貌，语气客观公正。先自报家门，然后再提问。

2. 如何抓住信息发布会的机会？抢座位，抢提问。

为什么要到现场？如果本媒体记者无法抵达信息发布会现场，就无法发布本媒体独家信息，只能等待使用其他媒体或通讯社的稿件。

为什么要抢座位？为了引起发言人的注意，赢得提问机会，记者必须要提前到场，在前排就座。

为什么要争取提问？如果本媒体记者有提问，则可作为本媒体的独家信息。每个媒体的读者关心的问题都不同，争取提问可以让信息发言人着重回答本媒体读者希望了解的相关内容。

记者一般提几个问题？2007年3月16日温家宝记者招待会上,《华尔街日报记者》提问，请看一共几个问题：我有两个问题。一个问题是现在国际投资者都非常关注中国的股市，您是否认为在过去的两年，中国的股市上涨或者发展的过快、过猛？您是否认为普通的投资者现在承担着过大的风险？中国政府打算采取什么样的措施来给股市降温，或者说来调控股市？另外一个问题是有关中国的外汇储备投资的。中国的政府也提出要建立一个新的投资机构，寻求外汇储备的多元化。我想问的是，中国新成立的这种机构，它将把投资投向哪些具体的资产?

提问太多会出现什么问题？对方很难记住。常常回答完前面的问题，会再次问你后面的问题，造成重复叙述，耽误时间。最好不超过3个问题

小资料15:提问技巧

1. 吴小莉向朱镕基的提问

A、问:去年亚洲爆发金融危机,香港的危机也开始显现。现在香港经济回升,股市指数又创新高。请问,香港如果出现困难,中央政府会采取什么措施帮助支持?

朱镕基重申了中央政府支持香港经济的政策,请香港人民放心。

B、问:人们称您为“经济沙皇”,您对此有何感想?

朱镕基表示他不喜欢外界说他是中国的戈尔巴乔夫，经济沙皇。他还用感人肺腑的话语向全世界发表了他的施政宣言:

“不管前面是地雷阵，还是万丈深渊，我都会勇往直前，义无返顾，鞠躬尽瘁，死而后已”。

如果你准备两个问题，不妨采用一硬一软的搭配。一硬:指提一个了解对方观点立场的问题。一软:指提一个激发对方情感的问题，展现对方的个性。

2. 提具有一定挑战性的问题或带有质疑性的问题，激发对方回答。

法国《世界报》记者问温家宝：最近您在《人民日报》发表了一篇文章，我想引述其中的一些话，您提到社会主义制度和社会主义民主并不是相互排斥的，您同时还说社会主义的初级阶段还要建设一百年。请问您是否意味着说中国在未来的一百年都不需要民主？

温家宝：我最近这篇文章讲述了一个道理，就是社会主义民主与法制不是悖离的。我说民主、法制、自由、人权、平等、博爱，这不是资本主义所特有的，这是整个世界在漫长的历史过程中共同形成的文明成果，也是人类共同追求的价值观。我同时强调，世界上有2000多个民族，200多个国家和地区，他们的社会历史发展不同，他们的发展水平不同，民主的形式和途径也是不相同的。这种文化的多样性是不以人们的意志为转移的。

中央电视台记者：今年春运不涨价，但有消息说部分旅客列车还是涨价了，请问铁路部门对此怎么解释？

王勇平：应该说，铁道部作为中央政府的一个部门，我们对今年和以后在春运期间旅客列车的票价不上浮的承诺是严肃的，是负责任的。您所说的这个问题可能是指部分新型空调列车，在国家有关部门规定的价格范围内，在运输淡季实行的折扣价，准备在春运期间恢复原价。尽管这个问题与春运期间票价不上浮不是一回事，但是铁道部也给予了高度的重视，铁道部已经要求各铁路局对执行折扣价的新型空调列车要继续执行折扣价，不得恢复原价，这个态度是非常坚决的。

非典时期，《纽约时报》记者提问王岐山："在北京有一些人在散布一些谣传，说北京一些地方，比如一些楼宇里或一些社区里，正在发生像香港陶大花园的社区感染事件，在北京有没有在社区内或者大学内部的交叉感染事件呢？"

王岐山："据我所知，在一些社区发生过。我们关于隔离的措施实际上就是针对这些情况的，我们对一些场所实施了隔离，比如在北方交大，我们对发生感染的学生宿舍楼实行了隔离封闭。"

为了让信息发布人了解问题提出的原因和核心，记者在提问前做了适当陈述。其目的是限定发言人回答的范围，以便得到翔实、具体的答复。

陈述的内容：说明提问原因、交代信息背景、限制回答问题的范围、借用典故传说等。

美联社记者：中国在今年进行了反卫星武器的试验，尽管美国和前苏联也进行了这样的试验，但他们在最近的20年里没有再进行这样的试验。这次的试验和中国不断地加强军事力量这一事实，是否与中国倡导的和平崛起和和平发展相矛盾？这是负责任的大国的行为吗？

温家宝：中国最近进行的空间试验，不是针对任何一个国家，也没有威胁任何一个国家，也不违反国际有关条约。

小资料16：克林顿的回答

2003年1月10日，克林顿在清华大学"AIDS与SARS国际研讨会"演讲，之后回答了包括清华大学学生、媒体记者、医药公司代表以及一名艾滋病患者等在内的个人的提问。

清华大学信息与传播学院的陆娅楠："如果您现在是一名艾滋病病人，您有三个选择：A：权利，包括个人尊严、社会地位、被团体接纳、平等地被对待；B：爱人，包括您的父母和您的妻子、女儿以及知己好友；C：人体功能，包括感觉、知觉、运动能力、理性思维、记忆力以及性能力。如果您只能保留一项的话，您会选择哪一项，为什么？"克林顿略加思索，说："如果我能够作出选择的话，我会选择第一项，A 权利，我要求别人尊重我，取得平等。”

宋鹏飞：“总统先生您好，我是一个感染者，今年21岁，已经感染艾滋病病毒6年了。我想知道，在美国，多少岁的青少年可以知道艾滋病是什么样子？多大年龄就可以知道怎样使用安全套？在美国有很多安全套的商业广告，还有一些公益性广告，作为政府是怎样对待媒体宣传安全套广告的？政府是什么样的态度？”

克林顿：“特别感谢您，您非常勇敢，您这么做对于这个国家，对于会议室里所有的人都做了一个非常好的典范。不知道会议室里是否还有其他感染艾滋病病毒的人，你们相互之间应该多见面，多聊天，当做日常生活的一个部分，应该正视它。”

网络资源

1. 百事可乐中国官网：http://www.pepsico.com.cn

2. 中国国家博物馆官网：http://www.chnmuseum.cn/tabid/40/Default.aspx

本章实训题

1. 开业典礼情景模拟

小琳是一位刚应聘一间新开业公司的新秘书，老板对她各方面的表现都很满意，并且还特地跟她说：“小琳，我们公司下个月要准备开业典礼，现在需要你来协助下，就是把开业典礼的准备工作安排好。你可以胜任这项任务吗？”小琳笑着回答老板说：“好的，谢谢领导给我这个机会，我会好好表现的，争取把这次的开业典礼安排工作做好的！”领导对小琳的回答给了赞扬，并表明如果这次的开业典礼举办成功，将会大大奖励小琳。小琳听后高兴极了，整个人充满了干劲。但是静下来以后，小琳就担忧了，她是刚毕业出来找工作的，对秘书这行还不熟悉，而且这次要她负责开业典礼那么大型的活动，突然不知道从哪做起，头脑里一片空白迷茫。

这时小琳上司李总秘书长走近她：“小琳，怎么愁眉苦脸的？”小琳看到李秘书长请教他说：“李秘书长，我们公司下个月打算举办开业典礼，您觉得应该怎样做好开业典礼的筹备工作呢？”

“小琳，首先呢，必须得清楚我们的开业典礼的基调是喜气的欢乐的，所以我们的材料颜色的选择必须是鲜艳的，多选用红色的材料，如鲜花，礼炮，气球和横幅等等。会场的布置是件大工程，你必须要细心认真。然后，就是开业典礼当天活动人员的安排工作，你也需要统筹兼顾。一方面让大家各司其职，坚守自己岗位，争取让下个月的开业典礼活动圆满开展，另外让来参加我们典礼的嘉宾都能满意我们的招待，见证我们的真正实力。所以，在开业典礼的前期，你必须做好嘉宾的邀请工作，发放请柬。当然最好也邀请些有知名度的媒体过来，这样可以让我们的开业典礼活动得到更好的宣传，更可以帮我们公司打了个有价值的广告。”

“好的，谢谢李秘书长了，李秘书长的教导真可是详细又到位，让我又学习到了很多，我会认真办好这次的典礼的！对了，李秘书长，典礼的开幕词是不是也是需要我编辑呢？”“这个嘛，你可以先请示下老板，如果他个人想自己写的话，你就可以不用写。不过一般都是需要秘书写的，因为老板比较忙。”

“好的，真是太谢谢李秘书长了，我现在就按您的指导准备开业典礼筹备工作。”

"好的，小琳辛苦你了，加油！"

2. 新闻发布会情景模拟

某公司由于受到社会谣言的攻击，公司老板要求公司的秘书小李负责开一次新闻发布会并做好新闻发布各方面的筹备工作。接到任务后，小李首先在公司市场部收集顾客反馈信息，并迅速网上查找外界媒体对公司和公司产品的评价。掌握了第一手资料后，小李重新整理好素材，并从各方面详细说明了公司产品实际的生产状况，生产流程及出货的流程，准备了实际的数据加以分析。

针对外界对公司产品的误会，小李作出了较详细的纠正，客观指出社会对公司产品存在着错误的看法，表示对于正确的积极的评价会肯定并继续坚持把公司产品做得更好，但对于攻击性强不负责任的评价会极力反击。

小李找到比较熟悉公司产品的负责人做为公司的新闻发言人。同时紧急联系了有知名度的媒体记者来报道此次的新闻发布会。最后，新闻发布会在小李的合理安排下，取得了较好的效果，更是得到了社会上公众的一致好评，公司产品的谣言风波也随之淡去，产品恢复正常的运作。

3. 宴请活动情景模拟

某俱乐部为了提升本身的知名度，打算宴请社会上的知名人士到俱乐部总部参加晚宴活动。俱乐部的会长把宴请嘉宾的任务交给了他的秘书小丽，要求小丽按邀请嘉宾名单进行电话邀请。小丽平时工作细心周到，但是有个缺点就是过于内向，不善言辞，有点害羞。在电话邀请的过程中，从开始介绍自己时就支支吾吾，有时还会把嘉宾的名字叫错，然后嘉宾听不清楚并再次询问时，由于紧张，她就开始在乱说一通。但最后成功邀请到的嘉宾只是寥寥几位。导致晚宴活动的举办进行得非常不顺利。

4. 谈判情景模拟

小静是某广告公司市场部李总经理的秘书，常要跟李总经理出差谈判生意。某天李总经理跟小静说："小静，你现在收拾下资料，我们现在要出去谈一笔生意。"于是小静就匆匆和总经理来到某外贸公司。

某外贸公司最近要新货上市，想借助媒体宣传的力量能尽快把新产品的品牌打响，所以小静和李总经理这次来的目的就是以较高的广告费用拿下这单广告。某外贸公司的黄总经理介绍了一下他们即将要投资广告的情况后，就直接问李总经理："李经理，我们以前新货上市的广告投资费用大多是投在你们公司，所以这次的广告费用不知道贵公司可不可以再优惠点的呢？"这时李总经理就笑着对他说："很感谢贵公司对我们广告公司的厚爱与支持！不过我们公司在广告设计和宣传方面一直很出色的，同时我们每次都给贵公司的产品宣传都要重新设计包装才能将产品推广出去。所以这广告费用并不是我们报价高了，我们是按照实际的报价报给贵公司的。希望黄经理能理解。"听到李经理的讲述后，黄经理就点点头表示赞同。这时，小静就赶紧把以往做得比较出色的广告方案和合作协议合同拿出来。黄经理看到这些出色的广告方案后，也就马上和李经理签下了广告合作协议合同。事后，小静和李总经理回到公司，李总经理大大表扬了小静，说小静在谈判环节团队默契非常好。

5. 参观访问情景模拟

小娜是某学校秘书处新上任的女秘书，某天秘书处领导跟小娜说："小娜，最近有上级领导来我们学校参观，另外还会参观我们学校的教学质量管理部门，你准备下参观活动的接待安排工作，并整理好教学质量管理的文件，知道吗?”“好的，我会认真做好准备工作的。”紧接着小娜就先在网上查找参观访问接待准备程序，还虚心向学校的前辈请教，经过系统的整理，做好了来访的前期筹备工作。小娜制作完成了参观访问的活动策划书，并及时给全体师生发布了上级领导来访的通知。同时，小娜还安排了各部门清洁工作，通知相关人员整理教学质量材料，以便上级领导查看。在小娜的细心安排下，这次的上级领导来学校的参观访问活动开展得很顺利，也得到了领导们的表扬。

6. 内部庆典情景模拟

小琳是某公司的秘书，有天老板对她说:“小琳，再过一个月就是我们公司成立八周年了，所以我们决定在公司内部搞个庆典活动。你就负责做好庆典活动的安排工作。”小琳先做好各种物质准备和策划安排,最后让小琳头痛的是不知道选用什么作为内部庆典的礼品。她觉得太贵的话成本会超支，但太便宜的话又显得有点俗气。就在小琳不知如何是好时，这时一位领导走过来:“小琳在想什么呢，那么认真?”“黄领导，下个月我们公司就准备搞8周年庆典活动，是由我负责庆典活动的筹备工作，但是现在我都不知道选用什么作为庆典活动的礼品赠送。”“哈哈，瞧你着急的。这庆典礼品最主要是选择有意义的礼品就好了，不要太在乎价格，价值更重要。所以庆典活动的礼品如果有宣传性、荣誉性和独特性的话，这样的价值就显得非同一般。”“呵呵，领导您说得太好了！真是谢谢您了，我会按照您说的宣传性、荣誉性和独特性这三个特点去选择庆典活动的礼品的。”

7. 课堂模拟新闻发布会

8~10人一组，其中一个人担任主持人，2~3人担任相关新闻发言人，5－7人担任现场提问记者，每个记者提两个问题。新闻发言人要就主题搜集足够的资料，并做开场致辞(不超过3分钟)。

记者注意提问时的姿势和口齿的清晰。

如果有可能去演播室录制。

模拟结束时进行分析。

成绩:各组成员商议决定。

参考文献

1. 姜爽，赵莹. 秘书学. 北京:北京大学出版社，2010 年
2. 赵锁龙. 管理秘书实务. 北京:中国人民大学出版社，2011 年
3. 陆瑜芳. 秘书学概论. 上海:复旦大学出版社，2007 年
4. 陈国海. 组织行为学. 北京:清华大学出版社，2013 年
5. 金正昆. 社交礼仪教程. 上海:中国人民大学出版社，2009 年
6. 楼红霞. 秘书实务. 北京:科学出版社，2008 年
7. 陆瑜芳. 秘书实务. 上海:上海社会科学院出版社，2006 年
8. 宋湘绮. 秘书实训. 北京:清华大学出版社，2008 年
9. 吴雨平，李正春. 秘书学与秘书实务教程. 广州:暨南大学出版社，2008 年
10. 向国敏. 现代秘书实务. 北京:首都经济贸易大学出版社，2005 年
11. 张丽荣，王军. 办公室事务. 大连:大连理工大学出版社，2008 年
12. 张再欣. 秘书理论与实务. 北京:清华大学出版社，2008 年
13. 谭昆智，汤敏慧，劳彦儿. 公共关系策划. 北京:清华大学出版社，2013 年
14. 陈妙云. 现代应用写作. 广州:中山大学出版社，2008 年